디지털 미디어를 활용한

놀이지도

장은미 임수영 김현지 이진숙 송주희 이효정 이주은 하영아 공저

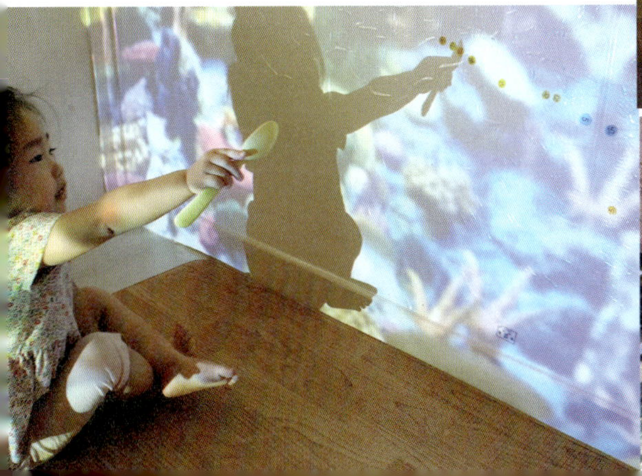

YANGSEOWON
양서원

머/리/말

"놀이지도"는 영유아가 삶을 배워가는 방식이자 과정인 놀이를 어떻게 지원하는지 교사의 역할을 수록한 책이다. 전통적으로 "놀이지도"에서는 인간 대 인간의 면대면 상호작용을 강조하였고 구체적이고 감각적으로 사고하는 영유아의 발달 특성상 실물을 활용한 감각적 놀이를 중요하게 다루어 왔다. 본 교재에서 강조하고 있는 디지털 매체의 활용도 전통적인 영유아 놀이지도에서는 주로 대그룹으로 이루어지는 이야기나누기 시간이나 안전교육 시간에 활용되는 정도로 머물러 있었던 것이 사실이다.

그러나, 태어날 때부터 디지털 기기에 둘러싸여 성장해온 디지털 네이티브(Digital native) 세대인 우리 영유아들은 마치 언어를 구사하는 것처럼 자연스럽게 디지털 매체를 사용하여 놀이한다. 즉, 교육기관에 오기 전 이미 어린 연령에서부터 터치스크린과 모바일 기기를 사용할 줄 알고, 인터넷에 접속하여 디지털 미디어 및 콘텐츠를 통해 다양한 놀이를 즐기고 있는 디지털 네이티브인 것이다. 디지털 미디어로 동요나 동화를 보거나 한글 · 숫자 놀이를 하는 영유아들을 주변에서 쉽게 찾아볼 수 있는 이유이다.

이와 같은 현상은 2020년 이후 COVID-19 팬데믹으로 인하여 비대면 활동이 가속화되면서 온택트 기술의 발달로 디지털 미디어의 사용이 급증하게 된 사회적 변화와 무관하지 않다. 많은 수의 영유아들이 오랜 기간 가정에 머무르면서 디지털 매체에 대한 접근성이 높아지게 되었고 원격수업을 하는 유치원이나 어린이집이 늘어나면서 디지털 미디어의 활용 여부가 영유아교육에까지 큰 영향을 미치게 된 것이다. 사실 그동안 영유아교육에서 디지털 미디어를 사용한다는 것에 대해서는 다양한 찬반 의견들이 있었고, 특히 디지털 미디어를 활용한 놀이에 대해서는 부정적인 의견들이 지배적이었지만 COVID-19 팬데믹을 거치면서 디지털미디어는 영유아들의 놀이와 일상 가까이에 자리 잡은 매체가 되었다.

또한, 2019 개정 누리과정 및 4차 표준보육과정이 개정되면서 놀이 중심, 영유아 중심 교육과정으로의 전환은 영유아들의 놀이를 새로운 시각으로 바라보는 계기가 되었고 영유아들의 놀이를 지원하는 교사의 역할 또한 새롭게 조명되었다. 놀이와 활동에 대한 명확한 개념 정리와 더불어 영유아의 주도적이고 자율적인 놀이에 대한 중요성이 부각되면서 놀이 속 다양한 매체의 활용이 강조되었고 디지털 미디어의 사용은 다양한 놀이 사례의 핵심매체로 등장하게 되었다. 교사는 영유아의 놀이를 항상 관찰하며 놀이 상황과 맥락을 고려하여, 영유아가 필요로 하는 매체와 자료, 공간 등을 지원할 수 있어야 하는데 이때, 교사가 영유아의 놀이를 이해하고 지원하는 과정에서 디지털 미디어를 활용하는 것이 가능하며 장려되고 있다고 볼 수 있다. 특히, 영유아들의 놀이를 관찰하고 기록하고 평가하는 부분에서 디지털 미디어를 활용하는 사례는 개정 누리과정과 4차 표준보육과정에서 유능한 교사의 역할로 강조되어 소개하고 있다.

이와 같이, 디지털 미디어의 활용은 오늘날 영유아의 삶과 놀이 가까이에서 영향을 미치고 있을 뿐 아니라, 놀이 중심 영유아교육과정에서 새로운 방향성을 제시하며 교육 현장의 흐름을 주도하고 있다. 더구나, 최근에는 원격교육법 제정과 함께 교육부의 디지털 인재양성 종합방안(2022)이 국정과제로 제시되면서, 생애 전 주기를 통해 디지털 친화적 인재 양성이 강조되고 있다. 영유아교육 분야에서도 디지털 기반의 놀이환경을 구축하고 다양한 디지털 매체를 활용할 수 있도록 현장지원 자료 및 온라인 교육콘텐츠의 연구 · 개발 · 보급이 시급한 과제로 떠오르고 있다.

따라서, 본 교재에서는 영유아 중심, 놀이 중심 교육과정에 따른 놀이지도를 집필하면서 디지털 미디어를 활용한 놀이환경과 놀이기록에 관한 교사의 역량을 강조하였고 디지털 미디어를 활용한 다양한 놀이 사례를 수록하였다.

본 교재에서 소개하고 있는 놀이 사례의 특징을 소개하면 다음과 같다.

첫째, 아날로그와 디지털 맥락을 구분하기보다 두 맥락 모두 서로 영향을 미치며 영유아들이 주도성을 가지고 놀이하고 있는 사례들을 제시하였다. 영유아들은 자연스럽게 아날로그와 디지털 맥락을 넘나들며 주도적으로 놀이의 흐름을 이어가고 있음을 사례 속에서 볼 수 있다.

둘째, 사례에서 제시한 놀이에서 디지털 맥락은 영유아 발달에 긍정적으로 기여하며 영유아의 창의성과 심미감을 발달시키는 역할을 한다. 디지털 매체가 활용될 때 영유아들은 더 적극적으로 배움의 순간을 맞이하였고 놀이에 몰입하였다.

셋째, 영유아가 놀이하는 과정에서 실물을 직접 보고, 만지고, 느끼는 것과 영상, 스마트폰의 앱을 활용하는 것과 같은 디지털 매체의 활용은 동시에 일어나게 되므로 디지털 미디어 및 콘텐츠 활용이 실물교육, 감각교육을 방해하는 것이 아니며 오히려 놀이의 확장을 불러일으키게 되었음을 알 수 있다.

넷째, 영유아교육에서 어떤 미디어를 선택하여 활용하는지, 영유아의 배움에 그 미디어가 어떻게 기여하는지 보여주는 사례들을 수록하였다. 각 연령 영유아의 놀이와 호기심에 맞게 디지털 미디어를 선택하였고 활용한 사례들을 볼 수 있다.

다섯째, 영유아 간 상호작용이 활발하게 이루어지고 있는 놀이 사례를 수록하였다. 디지털 미디어가 활용될 때 오히려 상호작용의 빈도는 증가하였고 놀이를 위해 협력하고 소통하는 모습을 볼 수 있었다.

영유아들의 놀이를 지원하는 교사의 역할과 디지털 미디어 사용에 대한 막연한 두려움과 불안함을 가지고 있는 많은 영유아교사들과 예비교사들이 본 교재를 통해 보다 쉽고 재미있게 미디어 및 콘텐츠를 선별하고 활용할 뿐 아니라 행정 업무 및 학부모, 동료와의 소통에 효과적으로 디지털 미디어를 활용하는 즐거움을 누릴 수 있기를 고대해본다.

끝으로 이 책을 집필하는 과정에서 자신들의 놀이 사례를 공개해주시고 놀이 중심 교육과정을 실행하는 과정에서 만나는 어려움들을 토로하면서 조언을 아끼지 않으셨던 여러 원장님들과 교사들에게 감사의 인사를 드린다. 아울러 꼼꼼하고 세심하게 편집하여 원고의 수준을 높여주신 양서원 출판사에도 감사의 인사를 드리며 이 책을 통해 소중한 한 걸음을 떼는 교사들에게 큰 격려의 박수를 보낸다.

저자 일동

차/례

CHAPTER 4 영유아 발달과 놀이

CHAPTER 5 영유아의 놀이를 지원하는 교사의 역할

CHAPTER 6 놀이와 디지털 미디어

CHAPTER 7 디지털 미디어 놀이환경

CHAPTER 8 놀이를 지원하는 매체

CHAPTER 9 놀이관찰, 기록 및 평가

CHAPTER 10 장애 영유아를 위한 놀이지도

PART 1

〈거북선을 소환하다〉
거북선 입체표상

이론

CHAPTER

1

놀이의 개념

〈우리들의 패션쇼〉
색종이로 옷 디자인하기

1. 놀이의 정의
2. 놀이의 가치

우리는 모두 일상적으로 놀이를 할 때의 기분 상태는 알고 있지만 정확히 놀이가 무엇인지, 어떤 상태인지에 대한 정의를 명확히 내리기는 쉽지 않다.

놀이를 하면서 대부분의 시간을 보내는 영유아들은 놀이를 통해서 신체를 발달시키고, 세계와 주변 사물에 대해 배우며, 심리적 갈등을 해소하고, 또래와 함께 더불어 살아가는 지혜를 배우고, 약속 지키기나 순서 기다리기 등과 같은 규칙, 질서, 협동 및 성 역할 이해하기 등의 수많은 사회성을 배우게 된다.

이와 같이, 놀이는 영유아의 생활이 되며 생활 속 놀이를 통해 영유아의 신체, 인지, 언어, 정서 및 사회성 발달이 이루어지게 된다. 이 장에서는 영유아들에게 무엇보다 중요한 놀이의 정의와 가치에 대하여 알아보기로 한다.

1 놀이의 정의

놀이에 대한 의미를 표준국어대사전에서 검색해 보면 "놀이란 여러 사람이 모여서 즐겁게 노는 일이나 활동, 일정한 규칙과 방법에 따라 노는 일"(국립국어원, 2017. 04. 24)로 검색되어진다. Oxford 대사전에서는 놀이에 대한 개념을 세 부분으로 나누어 풀이하였는데 "놀이란 첫째, 즐거움을 위해 하는 행동으로 특히 어린이들이 하는 행동을 말하며, 둘째, 진지하지 않게 하는 말이나 행동, 셋째, 가상현실을 재현하는 게임이나 스포츠 경기에 임하는 것"으로 정의하고 있다(Oxford Dictionary, 2017. 04. 23). 이와 같이 놀이에 대한 정의는 사전에서도 다양한 뜻으로 풀이되고 있다.

인간은 생득적으로 놀이에 대한 본능을 가지고 태어나며 인간의 표현과 생각을 이해하기 위한 근원으로 놀이(play)가 시작되었다. 놀이에 대한 관심은 고대에서부터 시작되어 플라톤(Platon)과 아리스토텔레스(Aristoteles)에 의해 여러 차례 언급되었다. 플라톤(Platon)은 『공화국(Republic)』에서 '강요된 학습은 마음속에 머무르지 않으니, 놀이를 통해 학습할 수 있도록 하라'고 조언하면서 영유아의 놀이는 경험을 통한 학습의 중요 부분이며 영유아에게 교육의 기회로 놀이를 제공해야 한다고 하였다(지성애 외, 2012). 아리스토텔레스는 "인간의 가장 탁월한 능력은 무엇이든 그 자체를 즐기는 태도에 있다"라고 하였고, "인간은 놀이를 통해 생각하고 느끼고, 반성하고 창조하는 것을 경험하게 된다. 이렇게 무엇인가를 진심으로 즐기고 좋아하는 활동 그 자체가 바로 놀이"라고 하였다(한경애, 2007).

이와 같이 놀이에 대한 관심과 연구는 고대로부터 시작하여 현대에는 철학, 인류학, 교육학, 심리학 등 다양한 분야의 학문과 연관성을 가지면서 놀이의 본질과 의미를 규명하는 다양한 연구로 이어지고 있다.

1) 영유아교육에서 놀이의 정의

'아이들은 놀면서 자란다'라는 말이 있다. 이는 놀이가 단순히 노는 것에서 끝나는 것이 아니라 영유아의 발달과 성장에 매우 중요한 영향을 미친다는 것을 의미한다.

영유아에게 있어 삶 그 자체가 놀이로 이루어져 있으며, 영유아가 경험하는 세계 또한 놀이로 이루어져 있다고 볼 수 있다. 영유아는 놀이를 통하여 '나'와 나 아닌 '다른 사람', 그리고 나와 다른 사람을 둘러싼 '세계'와의 경험에 의미를 부여하면서(임부연 외, 2016) '세계'를 구성해 간다. 이때, 영유아는 역동적인 자기표현으로 세계를 주체적으로 구성하여 창조적인 의미를 부여한다. 이와 같이, 놀이를 통해 영유아가 새롭게 부여하는 의미있는 경험들로 영유아들의 세계는 구성되어 있다.

유치원의 창시자 프뢰벨(Fröbel)은 놀이는 아동기 발달의 최고 형태로서, 내적 필요와 충동에 의해 생기는 자발적 표현이라고 하였고 내적인 생활을 드러내는 인간의 가장 순수한 정신적 활동이라도 하였다(강숙현 외, 2013). 특히, 가장놀이(pretend play)는 상상력을 발휘한 탐구학습에 효과적이라고 하였으며 자연스러운 활동을 제안하였고 환경을 탐구할 수 있는 실외 활동에 가치를 두었고 미술, 만들기, 음악, 책읽기 등과 같은 창의적인 활동을 중시했다.

에릭슨(Erickson)은 놀이를 통해서 영유아들이 성장하여 간다는 것은 자기중심적인 개인이었던 영유아가 놀이를 통해 여러 가지 갈등을 해결할 수 있는 사회적이고 집단지향적인 개인으로 발달하게 된다는 것을 의미한다고 하였다.

또한, 피아제(Piaget)는 영유아 및 아동기의 놀이 활동을 통해 인지적 성장이 일어나게 되고 영유아들은 놀이 가운데 자기가 선택하고 시작하는 활동을 기초로 하여 사고를 구성해 간다고 하였다. 놀이는 영유아가 현재 가지고 있는 인지구조 속에 실제 세계를 동화시키려는 행위이며, 이러한 영유아의 놀이방법은 인지발달 단계를 따르게 된다고 하였다.

비고츠키(Vygotsky)는 영유아가 놀이를 하면서 도구와 신호를 사용하게 되어 인지구조가 구성되어가기 때문에 인간의 추상개념의 발달에 놀이가 중요한 역할을 한다고 주장하였다. 놀이 활동은 현실 속에 할 수 없는 것을 하게 하므로 발달에 도움을 주며 어린이들의 사고 활동을 강화하는 데 있어 성인의 역할이 중요하다는 것을 강조하였다.

1960년대 이후 피아제 이론에 의해 영유아를 능동적인 학습자로 인식한 이후 브루너(Bruner)는 놀이가 문화나 관습의 제약을 뛰어넘게 하고 영유아기의 환경과 인지발달이 서로 밀접한 연관성이 있음을 연구하였다.

이와 같이, 영유아 발달에서 놀이의 역할에 강조점을 두었던 피아제, 비고츠키, 브루너와 같은 구성주의학자들은 "놀이는 영유아 주변의 환경과 다른 영유아들 그리고 자기 자신과의 상호작용을 통해 지식과 기술을 구성하고 확장시키는 것을 가능하게 해준다"고 하였고, 영유아의 이전 학습경험을 반영하는 놀이는 학습과 관련성을 가지며 학습을 위한 중요한 자원임을 인식하였다.

이러한 학문적 관심과 발달은 특히 영유아교육학에서 놀이의 위치가 확고하게 다져지는 계기가 되었다. 이후, 프뢰벨의 영향을 받은 아이작(Isaacs)은 놀이가 영유아들의 느낌을 표현하는 수단이라고 보았으며, 형식적 학습은 약 7세 이후에 하는 것이 바람직하며 그 이전에는 놀이를 통해 학습하는 것이 효과적이라고 하였다. 위니콧(Winnicott)은 놀이란 사회적 및 정서적 발달에 필수적이며, 놀이와 학습은 매우 밀접하게 관련되어 있어서 특히 곰인형과 같이 아이를 편안하게 해주는 놀잇감(대체적 사물)이 효과적임을 역설하였다.

학자들이 정의한 놀이를 정리하면 다음의 표와 같다.

표 1-1 놀이의 정의

학 자	놀이에 대한 견해
John Dewey (1859~1952)	• 놀이는 어린이의 신체, 정서, 인지, 사회발달을 도모하는 수단
Friedrich Fröbel (1782~1852)	• 놀이는 아동기 발달의 최고 형태로서, 내적 필요와 충동에 의해 생기는 자발적 표현이며 내적인 생활을 드러내는 인간의 가장 순수한 정신적 활동 • 영유아는 활동적 놀이를 통해 학습하며, 특히 가장놀이(pretend play)는 상상력을 발휘한 탐구학습에 효과적 • 자연스러운 활동을 제안하였으며 환경을 탐구할 수 있는 실외 활동에 가치를 두었고 미술, 만들기, 음악, 책읽기 등과 같은 창의적인 활동을 중시함
Erickson (1902~1994)	• 자기중심적인 개인이었던 영유아가 놀이를 통해 여러 가지 갈등을 해결할 수 있는 사회적이고 집단지향적인 개인으로 발달하게 됨
Jean Piaget (1896~1980)	• 영유아의 놀이방법은 인지발달 단계를 따름. 놀이는 영유아가 실제 세계를 자신이 현재 가지고 있는 인지구조 속에 동화시키려는 행위
Lev Vygotsky (1896~1934)	• 놀이 활동은 현실 속에서 할 수 없는 것을 하게 하므로 발달에 도움. 또한 어린이들의 사고 활동을 강화하는 데 있어 성인의 역할이 중요
Bruner (1915~2016)	• 놀이가 문화나 관습의 제약을 뛰어넘게 하고 영유아기의 환경과 인지발달이 밀접한 연관성이 있음을 연구함
Susan Isaacs (1885~1948)	• 프뢰벨의 영향을 받아 놀이가 영유아들의 느낌을 표현하는 수단이라고 봄. 형식적 학습은 약 7세 이후에 하는 것이 바람직하며 그 이전에는 놀이를 통해 학습하는 것이 효과적
D.W. Winnicott (1896~1974)	• 놀이란 사회적 및 정서적 발달에 필수적이며, 놀이와 학습은 매우 밀접하게 관련되어 있음. 특히 곰인형과 같이 아이를 편안하게 해주는 놀잇감(대체적 사물)이 효과적

2) 놀이의 특성

휴즈(Hughes, 1995)는 놀이의 특성을 기술하면서 놀이는 내적인 동기로 유발되어 참여가 자유롭고, 놀이 그 자체가 즐거움이요 목적이라고 하였다. 또한, 놀이는 비실제적인 것으로 영유아들은 놀이를 통해 탐색, 실험, 조사하는 과정을 해봄으로써 의미를 이해하고 구성하고 재구성해 보는 과정을 가진다고 하였다.

놀이의 일반적인 특성을 살펴보면 다음과 같다.

(1) 내적 동기화

내적 동기화란 영유아 내부에서 놀이에 대한 동기가 자발적으로 우러나와 놀이를 하게 되는 것을 말한다. 놀이는 누군가 시키고 강제로 해서 이루어지는 것이 아니라 영유아들의 자발적인 동기에 의해 이루어진다. 놀이는 그 자체가 목적이며 다른 동기가 필요하지 않다.

(2) 긍정적 정서

놀이는 즐거움과 기쁨, 만족을 동반하는 활동이다. 즐거움과 쾌락이 없는 놀이는 있을 수 없다. 때때로 영유아들은 놀이를 하다가 슬프거나 화가 나기도 하지만 놀이를 통해서 슬픔과 같은 부정적 정서도 긍정적 정서로 바뀌게 되는 많은 경험을 하게 된다.

서로 빨간 자동차를 서로 가지고 놀겠다고 싸우는 민수와 서정이

민수: 내가 먼저 탈 거야. 내놔.

서정: 아니야! 내가 먼저 타고 있잖아 넌 저거 타.

민수: 으앙!! 선생님 서정이가 자동차 안 줘요 으앙~

선생님: 민수야 서정이가 빨간 자동차 아직 다 안 탔나 봐. 서정이에게 얼만큼 탈 건지 물어볼까?

민수: 서정아! 너 얼만큼 탈 거야? 언제 줄거야?
서정: 음 알았어. 10바퀴 타고 줄게. 하나, 둘, 셋 ~~

10바퀴를 돌고 난 서정이는 민수에게 빨간 자동차를 주었고 서정이는 민수에게 타라고 하며 뒤에서 밀어주었다.
민수와 서정이는 노래를 부르며 신나게 자동차를 타고 놀이한다.

---

(3) 결과보다 과정 중시

놀이는 목표를 성취하고자 하는 외적 압력을 갖지 않으므로 결과보다 과정을 중시하는 것에 중요성을 두게 된다. 영유아들은 블록놀이를 할 때 자동차를 만들어야 한다는 목표가 정해져 있는 것이 아니므로 처음에 자동차를 만들려고 했어도 놀이 도중에 기차로 바꾸는 놀이로 진행할 수도 있다. 즉, 결과보다 과정을 중시하는 놀이는 융통성을 더 많이 가질 수 있는 특성이 있다.

(4) 적극적 참여

자발적으로 선택하여 놀이에 참여하는 영유아들의 모습을 관찰해 보면 산만하거나 지루해하는 모습을 찾아보기는 어려울 것이다. 실제로 영유아들은 신나고 즐겁게 놀이에 적극적으로 참여하여 놀이를 이끌어간다.

(5) 비사실적 행동

영유아 놀이의 특성인 비사실적 행동은 상징놀이의 특성이라고 할 수 있다. 예를 들어 음식을 주문하는 놀이를 할 때 모형 핸드폰이 없다면 블록이나 작은 상자를 이용하여 핸드폰인 것처럼 놀이의 도구로 사용할 것이다. 선생님에게 "커피 드세요" 하면서 마치 뜨거운 커피가 들어 있는 척하며 모형 커피잔을 가져다 주는 영유아들의 모습을 쉽게 볼 수 있을 것이다. 이와 같은 가작화 행동은 "만약에 ~ 일이 일어난다면", "마치~인

것처럼"과 같은 가설적 추론을 이끄는 사고의 발달로 이어질 수 있다는 점에서 매우 중요하다.

(6) 외적 규칙으로부터의 자유

외적 규칙으로부터의 자유란 주어진 규칙이나 외부의 지시나 명령을 따르는 것에서 자유로운 것을 말한다. 영유아는 놀이를 할 때 정해진 규칙보다는 나름대로 정한 자신만의 방식을 따르며 놀이를 하게 된다. 아래의 예시를 통해 영유아들의 놀이 속에서 "외적 규칙으로부터의 자유"가 어떻게 나타나는지 살펴보기로 한다.

의자를 5개를 쭉 놓고 나서 민희가 소리친다.
민희: 얘들아! 기차야! 기차 출발해(출발~)
현수: 여기는 기찻길이라고 하자. 여기까지.
민희: 그럼 문이 있어야 돼(벽돌 블록을 갖다 놓으며). 여기서 기차는 멈추는 거야.

위 놀이에서 영유아들은 의자들을 늘어뜨려 놓고 기차로 정하기로 하는 장면, 보이지 않지만 나름의 방식대로 정해놓은 기찻길을 지나가야 한다고 정하는 장면이 등장한다. 이와 같이, 영유아들은 누군가 지시하거나 정해주지 않았지만 놀이를 하면서 자신만의 방법을 만들어 놀이에 즐겁게 참여하게 된다.

(7) 자유로운 선택

영유아기는 자율성을 기르는 매우 중요한 시기이므로 놀이를 자유롭게 선택하게 하는 것은 매우 중요한 과정이라고 할 수 있다. 놀이 선택에 강제성을 띠게 되면 곧 놀이는 재미없어지게 되고 매력적이며 즐겁고 기분이 좋아지는 특성이 사라지게 된다. 자유로운 선택에 의해 행해지는 놀이를 통해 영유아들은 잠재적인 능력을 최대한 표출하게 되고 놀이에 집중하고 몰입하게 된다.

(8) 유연성

유연성이란 다양성 또는 융통성이라고도 할 수 있는데, 영유아들은 놀이를 통해서 다양한 방법으로 탐색하고 실험을 하게 되므로 유연성을 가지게 된다. 놀이에는 정답이 없고 정해진 과정이 없으므로 영유아들은 다양한 시도와 방법을 통해 친구들과 놀이하는 과정을 즐기게 되고 이를 통해 유연하고 융통성 있는 사고를 하게 된다. 그러므로 놀이 경험이 많은 영유아들일수록 어떤 상황에서도 놀이로 만들어 즐길 줄 알게 되고 다양한 친구들의 특성을 받아들이는 유연한 사고를 갖게 된다.

생각해보기

놀이처럼 사람이 좋아하는 것이 있습니다. 그것은 바로 음식입니다.

놀이의 특성과 음식의 특성을 생각해보고 공통점을 찾아 적어 보세요.

놀이의 특성	음식의 특성

3) 놀이와 탐색, 그리고 일

놀이를 개념화하기 위해 비슷하거나 반대되는 개념들을 비교하여 설명해 보면 이해에 도움이 될 수 있을 것이다. 놀이와 비슷한 개념이라고 할 수 있는 탐색(exploration)과 놀이의 반대 개념으로 여겨지는 일과 비교하여 설명해 보고자 한다.

놀이와 탐색에 대해 비교분석한 허트(Hutt, 1971)의 연구를 살펴보면 놀이와 탐색은 서로 많은 질적인 차이를 보인다고 하였다. 그의 연구에서, 영유아들은 새로운 장난감을 보았을 때 탐색이 먼저 시작된다고 하였다. 장난감을 탐색하면서 "이 물체는 무엇일까?"라는 물음을 던지며 심각하고 진지한 표정으로 탐색을 하게 된다. 탐색이 끝나고 난 이후 장난감에 익숙해지게 되면 영유아들은 탐색에서 벗어나 놀이로 진입하게 된다. 영유아들은 즐겁고 가벼운 표정으로 "이 물체로 내가 무엇을 할 수 있을까?"라는 물음과 함께 놀이를 시작하게 된다. 휴즈(Hughes, 1977)에 의하면 탐색은 제한적이고 예측할 수 있는 행동들로 주로 이루어져 있지만 놀이는 다양하고 예측할 수 없는 행동들로 이루어져 있다고 하였다. 그러나, 놀이와 탐색이 서로 다른 질적인 특성을 지니고 있음에도 불구하고 탐색과 놀이는 같은 공간 안에서 이루어지는 경우가 많고 탐색과 놀이의 순서가 바뀌어 일어나기도 하며 그 순서의 앞뒤가 명확히 구분되기도 어렵다.

또한, 놀이의 개념과 반대되는 개념으로 일의 개념과 비교하여 생각해 볼 수 있다. 일반적으로 일이란 필수적이고 생산적인 활동으로 일상 속에서 이루어지는 것이라면 놀이는 일상에서 벗어나서 휴식을 주고 즐거움을 주는 활동이다. 그러나, 여러 학자들은 영유아기에 해야 하는 일의 개념이 놀이와 반대되는 개념은 아니라고 설명했다. 피아제(Piaget, 1972)는 '놀이는 아동의 특성을 나타내는 가장 본질적인 것으로서 성장하기 위한 가장 중요한 일'이라고 하여 놀이와 일을 같은 맥락으로 보았다. 듀이(Dewey, 1916)는 놀이와 일은 "능동적인 작업(active occupation)"이라는 단어로 함께 사용될 수 있고, 일로써 주어졌다 하더라도 놀이와 같이 스스로 선택하여 이루어진 작업이라면 모두 놀이라고 볼 수 있다고 하였다. 그러나, 긴 시간을 필요로 하고 장기간의 노력을 필요로 하는 활동이라면 놀이에서 일로 바뀌게 된다고 하였다. 영유아기에 놀이와 일은 연속선상에 있으면서 영유아의 성향과 선호, 상황에 따라 일에서 놀이로 변하기도 하고 놀이에서 일로 바뀔 수도 있다.

이와 같이, 놀이와 일을 하나의 연속선상에서 보는 시각은 최근 들어 영유아기뿐 아니라 성인기에도 적용되는 현상으로 일과 놀이의 개념을 분리하기보다는 하나의 범주에 묶고자 하는 노력이 많이 일어나고 있다. 일과 놀이를 분리하던 시대를 지나 이제 조화롭게 연결하는 과정을 통해 많은 회사들이 일과 놀이를 구분하지 않고 일하는 공간에 놀이공간을 도입하여 성공하는 사례들이 늘어나고 있다.

> 놀이터 같은 회사, 재미있어야 생산성과 행복감 높다
>
> **회사에 재미있는 요소들이 많이 있으면 과연 생산성이 높아질까.** 브라이트 HR 연구에 따르면 회사에서 재미를 찾으면 동기부여 강의보다 직원들에게 더 큰 자극을 준다. 병가나 결근 수가 줄고 스트레스 지수가 내려가며 생산성이 높아진다. 특히 밀레니얼 세대들의 79%는 "일에서 재미를 찾는 게 중요하다"고 했다.
>
> 
>
> 자기만의 알에서 일하는 시드니 구글러들
>
> 회사에 재미있게 놀 수 있는 것들이 많으면 더 일을 안 하고 생산성이 떨어질 것 같지만 반대로 일에서의 재미를 중요하게 여기는 젊은 세대들은 회사에서 재미를 느끼면서 더 열심히 일을 하며 효율적이고 생산적으로 일을 한다. 비교적 젊은 회사인 구글 역시 회사 내 재미를 통해 직원들에게 일의 만족감과 행복감을 더해 주고 있다.
>
> 구글 본사를 돌아다니면서 발견한 재미있는 공간들은 다양한 용도의 야외 공간과 놀이 공간이었다. 회사 내에 위치한 오락실에는 게임기, 음악 공간에는 피아노가 설치되어 있다. 야외에는 회의를 할 수 있게 칠판과 의자를 배치해 놓았다. 수영을 즐기는 직원들을 위해 야외 1인 수영장이 있고 회사 건물 바로 앞에 해변처럼 모래사장을 만들어 놓고 배구 경기장을 설치해 놓았다. 언제든지 일을 하다가 즐길 수 있는 시설을 마련해 놓은 것이다.

출처: https://blog.naver.com/kmacforever/221469706935

그리스어에서 놀이(paitheia)와 교육(paitheia)은 악센트의 위치만 다를 뿐 같은 단어다. 놀이는 마지막 음절에 악센트가 있고 교육은 두 번째 음절에 악센트가 있다. 동일한 단어인 놀이와 학습의 paitheia는 그리스어의 영유아(pais)에서 유래한 것으로 영유아와 놀이 그리고 학습이 서로 밀접히 연계되어 있음을 시사한다.

베르겐(Bergen, 1988)은 놀이의 특성을 어느 정도 가졌는지에 따라 자유놀이, 안내된 놀

이, 지시된 놀이, 놀이로 가장된 학습, 학습으로 나누어 구분할 수 있다고 하였다. 이때 각 활동을 구분하는 요인으로 교사가 언급되고 있다. 즉, 활동에서 교사가 주도적이고 능동적인 역할을 할수록 놀이의 특성이 결핍되며, 그 활동은 학습 측면에 가까이 놓인다고 할 수 있다.

낙엽들을 던지고 뿌리기도 하고 부스러트리기도 하면서 신나게 놀이하고 있는 영유아들에게 교사가 다가가서 "왜 낙엽은 나무에서 떨어질까"를 질문하며 주도적으로 영향력을 발휘한다면 영유아들의 놀이는 학습으로 변형될 것이다. 이와 같이, 놀이가 교사의 유도에 의해 학습으로 변화되는 것을 염려하는 많은 사람들도 있고, 한편으로는 영유아들의 놀이가 교사의 질문에 의해 의미 있는 학습이 되는 것이 바람직하다고 하는 의견들도 있다.

이와 같이, 탐색과 놀이와 일은 같은 선상에 놓여 있는 유동적이고 반응적인 행동이다. 책을 읽는 것을 좋아하는 영유아에게 책을 읽는 행위는 즐거운 놀이가 될 수 있지만 부모의 강요에 의해 억지로 책을 읽게 되는 영유아도 있을 수 있다. 어떤 이에게는 놀이인 것이 어떤 이에게는 일로 느껴질 수 있고 다른 사람이 보기에 놀이가 아닌 것이 당사자에게는 놀이가 될 수 있다.

② 놀이의 가치

영유아들은 놀이를 즐기며 놀이과정 그 자체에서 즐거움을 얻는다. 표면적으로 영유아의 놀이는 단순하게 보이지만 놀이는 모든 측면의 발달과 학습을 이끌며 영유아들은 자발적으로 놀이에 참여한다. 즉, 영유아에게 있어서 놀이는 발달과 학습을 이끌어주는 교육적 가치를 지닌다.

(1) 놀이는 영유아의 인지학습을 조직화하고 활발하게 한다.

영유아들은 놀이를 통해 새로운 상황을 만들게 되고 새로운 상황에서 발생하는 여러 상호작용을 통해, 영유아는 새로운 의미를 발견하기 위하여 더 복잡한 이해력과 기능을 개발하게 된다. 그러므로, 놀이는 지식을 구성하는 과정의 중요한 일부이며, 영유아로 하여금 무엇이 일어나는가를 통제할 수 있게 하고, 이해력과 발달을 증진시키기 위해서 영유아가 이미 알고 있는 것을 사용할 수 있게 한다. 이와 같이, 놀이는 영유아들의 전인적 성장과 발달을 이끌기 위한 필연적인 과정이 되며, 인지학습으로 조직화되어 인지적 성장을 이끌며 나아가 사회적 능력과 문제해결력을 발달시킨다는 것을 알 수 있다.

(2) 놀이는 영유아의 사회성 발달을 돕는다.

영유아들은 놀이를 통해 영유아기의 자기중심성에서 벗어나 타인의 역할과 입장을 이해할 수 있는 경험을 제공받게 된다. 영유아는 놀이를 통해서 물리적 지식뿐만 아니라 사회적 지식을 확장시키게 되어 다른 사람의 관점을 이해하는 데 매우 중요한 기회를 갖게 된다고 할 수 있다. 영유아들은 연령이 증가할수록 사회적 환경과의 상호작용이 증가하게 되어 또래들 간의 공유된 경험을 발달시키게 되고 친구들과 협동하고 경쟁하고 싸움하면서 친구들과 함께 살아가는 지혜를 배우게 되므로 놀이는 영유아의 인성 및 사회적 적응에 많은 도움을 준다고 할 수 있다.

(3) 놀이는 상징성(Symbolism)을 풍부하게 한다.

영유아는 만 2세가 되면서 눈에 보이지 않지만 사물이나 상황을 자발적으로 떠올릴 수 있는 능력이 있고, 이것으로 인하여 상징이 발생하게 된다(Piaget, 1962). 이와 같이 상징놀이는 "마치 ~한 것처럼" 행동하는 실제가 아닌 가상에 의한 놀이라고 할 수 있다. 또한, 비고츠키(Vygotsky, 1967)는 상징놀이를 영유아의 발달을 주도하는 요인으로 보고 상징놀이에 매우 중요한 의미를 부여하였다. 영유아는 가상적이고, 비현실적인 상징놀이를 하면서 표상적 기능, 즉 상징성이 발달하게 된다.

(4) 놀이는 창의적이고 혁신적인 태도를 길러준다.

영유아들에게 있어 창의성이란 호기심을 적극적으로 사용하는 행동으로, 새롭고 흥미로운 것에 대한 호기심은 탐색 활동으로 발전되고 이러한 탐색 활동은 자연스럽게 놀이로 이어지게 된다. 호기심에서 시작된 놀이는 영유아들에게 가장 즐거운 경험이 되며, 잠재력은 영유아의 놀이를 통해 발현되므로 영유아기는 창의성 발달에 가장 중요한 시기임을 알 수 있다. 놀이를 통해 영유아는 다양한 시도를 통해 만들고 싶어 하는 것들을 만들고 알고 싶어 하는 것들을 해결해 나가는 과정 속에서 혁신적인 태도가 길러진다는 것을 알 수 있다.

(5) 놀이는 정서적 긴장이나 불안을 제거하는 치료의 효과가 있다.

놀이는 영유아에게 즐거움을 제공함으로써 감정순화를 일으키고 정서적인 안정감을 줄 수 있다. 또한, 영유아의 적대적이거나 부정적인 감정이 놀이를 통해 건강한 방법으로 표출될 수 있으므로 놀이는 영유아의 정신건강에 도움을 줄 수 있다. 영유아는 놀이를 통해서 실제 상황에서 겪은 어려움을 극복하는 연습을 한다. 따라서 놀이란 영유아로 하여금 실제 사태를 겪었던 감정을 해소시키는 치료적 의미를 갖는다. 영유아는 놀이를 통해 억압된 감정을 방출시켜서 갈등과 좌절감, 적개심 등을 해소하며, 현실적으로 불가능한 소망을 충족시킬 수 있게 되며 훌륭한 정화 효과를 갖는다. 이러한 점에 근거하여 엑스라인(Axline, 1947)은 놀이치료(play therapy)를 고안해 오늘날 세계적으로 아동의 심리치료에 사용하고 있다.

(6) 놀이는 언어발달을 증진시킨다.

영유아는 놀이를 통해 언어능력을 발달시킨다. 특히, 영아기에 놀이를 통해 구두언어 사용이 촉진되며, 사회극놀이의 경우 의사소통은 새로운 단어의 학습에 대한 만족을 제공하며 상황에 따른 적절한 언어표현을 길러준다. 영유아는 말연습 놀이를 통해서 다양한 어휘들을 습득하고 문장표현력을 키우게 되고 여러 가지 놀이 상황에서 자연스럽게 단어나 문장을 사용하는 기초능력을 발달시킨다.

CHAPTER

〈자연과 만나요〉
지점토로 곤충 표현하기

2 놀이이론

1. 고전 놀이이론
2. 현대 놀이이론

다양한 놀이이론은 영유아의 놀이발달과 놀이에 대한 행동을 이해하는 데 많은 도움을 준다. 이 장에서는 19세기 후반~20세기 초 고전 놀이이론과 20세기 초 현대 놀이이론으로 나누어 알아보기로 한다.

고전 놀이이론	
에너지 조절 수단	잉여에너지 이론
	휴식이론
진화론적 입장	반복이론
	연습이론

현대 놀이이론
정신분석 이론
인지발달 이론
각성조절 이론
상위의사소통 이론
각본 이론

1 고전 놀이이론

19세기 이후부터 20세기 초반까지 놀이이론은 철학적 사고에 기초한 이론이다.

고전 놀이이론에서는 '왜 놀이가 존재하는가?' 놀이의 목적 관점에서 생물발생적 중요성을 강조하였다. 고전 놀이이론은 놀이를 바라보는 관점에 따라 잉여에너지, 휴식, 반복, 연습이론으로 나뉜다. 고전 놀이이론 대표 학자로 쉴러(Schiller), 라자루스(Lazarus), 패트릭(Patrick), 홀(Hall), 그로스(Gross)가 있다.

놀이이론	놀이 목적	대표 학자
잉여에너지 이론	남은 에너지 사용	쉴러(Shiller), 스펜서(Spencer)
휴식이론	에너지 재충전	라자루스(Lazarus), 패트릭(Patrick)
반복이론	인류의 발달적 단계 반복	홀(Hall), 글릭(Gulick)
연습이론	성인기 역할 연습	그로스(Gross)

1) 잉여에너지 이론

잉여에너지 이론에서는 인간의 욕구를 충족하고 남은 에너지를 사용하기 위해서 놀이를 한다고 주장하였다. 잉여에너지 이론의 대표 학자로는 쉴러(Shiller), 스펜서(Spencer)가 있다.

쉴러는『인간의 미학적 교육』에서 '에너지를 목적 없이 소비하는 것'을 놀이로 정의하였다. 모든 인간은 1차적 욕구에 필요한 에너지 이상을 생산하여, 1차적 욕구를 충족하고 남은 에너지로 놀이를 한다고 하였다. 영유아는 1차적 욕구를 충족하는 데 성인보다 많은 에너지를 사용하지 않으므로 더 많은 놀이를 한다고 보았다.

스펜서는 고등동물은 하등동물보다 에너지를 효율적으로 사용하므로 고등동물이 남은 에너지로 놀이 활동을 더 많이 한다고 하였다.

잉여에너지 이론에서는 남은 에너지를 사용하여 놀이한다고 하였지만, 영유아는 지친 상태에서도 놀이를 계속하는 모습을 보일 때가 있다.

이 부분을 잉여에너지 이론으로 설명하는 데 한계점을 가지고 있다.

2) 휴식이론

휴식이론은 부족한 '에너지를 충전하기 위해서 하는 것'을 놀이로 정의하여 잉여에너지 이론과는 상반된 관점을 보인다. 휴식이론의 대표학자로는 라자루스(Lazarus), 패트릭(Patrick)이 있다.

라자루스는 놀이는 일할 때 소모된 에너지를 재충전하기 위하여 잠을 자거나 일과 전혀 다른 여가 놀이를 통해 에너지를 재충전하는 것이라고 하였다.

패트릭은 일을 통해 정신적 · 육체적 에너지가 소진되어 몸을 피로하고 지치게 만든다고 하였다. 이때 소진된 에너지를 재충전해야 하는데, 이럴 때 피로를 풀고 휴식을 위해 뛰기, 레크리에이션, 운동 등을 한다고 보았다. 놀이는 하루에 소진된 에너지를 재충전할 수 있으며, 일의 능률을 향상시킬 수 있다고 하였다.

휴식이론에 따라 영유아교육기관에서도 영유아들의 놀이를 정적 활동과 동적 활동으로 번갈아 가며 일과를 계획하고 있다. 또한, 정신적 스트레스가 심한 현대사회에서도 여가 활동이나 놀이를 통해 고갈된 에너지를 재충전한다고 설명할 수 있다.

하지만 휴식이론은 영유아의 놀이를 해석하기에는 설득력이 부족한 부분이 있다. 일을 통해 받은 피로를 풀어주고 소모된 에너지를 재충전한다고 하였는데, 영유아가 일을 하는 성인보다 놀이를 더 많이 하는 부분을 설명하는 데 한계가 있다.

3) 반복이론

반복이론은 하등동물에서 인간이 진화되었다는 진화론에 근거하고 있다. 대표적인 학자로는 홀(Hall), 글릭(Gulick)이 있다.

홀은 영유아는 인류의 역사를 놀이를 통해 보여준다고 하였다. 영유아의 놀이가 인류의 발달적 단계인 동물단계에는 기어오르기, 야만인 단계에는 치기 놀이, 부족 단계에는 팀 게임 놀이로 나타난다고 보았다.

놀이의 주요 기능으로 정화를 지적하였다. 영유아는 놀이를 통해 성인생활에 필요하지 않은 종족본능이 제거되며 세련된 활동으로 성장한다고 하였으며, 본능을 다 발생시켜 복잡한 형태의 행동으로 발전될 수 있다고 하였다.

글릭은 놀이에서 계통발생을 반복한다고 하였고, 원시인의 놀이를 현대 놀이에서 재현한다고 보았으며, 방망이 맞추기, 정확하게 던지기, 달리기는 초기 사냥을 재현한 것이라고 하였다.

반복이론은 현대사회의 영유아들의 놀이 변화(컴퓨터 게임 등)에 대한 설명이 부족하고, 영유아들의 놀이과정이 복잡하고 다양하여 인간의 발달적 단계와 동일 단계로 보기에는 한계가 있다.

4) 연습이론

연습이론에서 놀이란 미래의 성인이 되었을 때 성인의 역할 수행을 위한 연습이라고 하였다. 인간은 태어났을 때 미성숙한 상태로 태어나 불완전한 본능을 가지고 있어 놀이를 통해 실질적인 기술로 된다고 보았다. 연습이론의 대표 학자로는 그로스(Gross)가 있다.

그로스는『동물의 놀이』,『인간의 놀이』에서 놀이는 영유아기의 전유물이라고 하였으며, 하등동물보다 고등동물의 놀이시간이 길다고 하였다. 진화된 고등동물일수록 성인기 생존에 필요한 높은 수준의 기술이 필요하기에 하등동물보다 놀이시간이 길어진다고 하였다.

아동의 발달에 따라 놀이가 달라지며 인간의 놀이는 사회적 놀이, 실험놀이로 구분할 수 있다. 사회적 놀이는 대인기술을 연습하게 하며 신체놀이와 사회극놀이가 이에 속한다. 실험 놀이는 사물을 조작, 구성하는 놀이로 감각운동연습을 통해 성인기의 자기조절을 연습하게 한다.

연습이론은 영유아가 성인기에 필요한 기술을 놀이로 습득하고도 놀이가 계속 이루어지는 점과 놀이는 전인적인 발달(신체, 정서, 언어, 사회 등)에 영향을 주는데, 단지 성인기에 필요한 기술만을 위해 연습한다는 점에 대한 설명에 한계가 있다.

② 현대 놀이이론

현대 놀이이론은 20세기 초기에 등장한 이론으로 영유아들의 놀이를 과학적 방법론과 객관성 가치에 이론을 두었고, 발달심리학적 요인과의 관계성을 밝히기 위해 시도하였다.

현대 놀이이론에서는 정신분석 이론, 인지발달 이론, 각성조절 이론, 상위의사소통 이론, 각본이론, 문화이론에 대해 살펴보도록 한다.

놀이이론	놀이 효과	대표 학자
정신분석 이론	불안 감소, 정화, 자아의 강화	프로이트(Freud), 에릭슨(Erikson)
인지발달 이론	인지발달, 추상적 사고, 융통성, 창의성	피아제(Piaget), 비고츠키(Vygotsky) 브루너(Bruner), 서튼-스미스(Sutton-Smith)
각성조절 이론	적정수준 각성 유지, 자극	벌린(Beryne), 엘리스(Ellis), 페인(Fein)
상위의사소통 이론	놀이 틀, 가장의사소통, 상위의사소통	베이트슨(Bateson), 가비(Garvey)
각본이론	활성화되는 지식구조	울프(Wolf), 그롤만(Grollman)
문화이론	놀이는 문화를 변화시킴	칙센트미하이(Csikszentmihalyi)

1) 정신분석 이론

프로이트(Freud)는 인간의 모든 행동에는 동기가 있다고 하였다. 영유아의 놀이는 경험했던 일 중 가장 기억에 남았던 일이 놀이로 표현된다. 영유아는 자신이 현실에서 이루지 못하는 일을 놀이로 이루어 욕구를 충족시킬 수 있다고 하였다. 프로이트는 놀이의 동기를 '쾌락의 원리'로 이야기하였다. 예를 들어 소방관이 되는 건 현실에서 불가능하나 놀이에서 경험해 볼 수 있고, 현실에서는 소극적이나 놀이에서는 적극적으로 행동하며 행복함을 느낄 수 있다.

프로이트는 놀이를 영유아가 일상생활에서 경험한 욕구, 갈등, 감정을 표현하고 해소하는 수단으로 보았다. 놀이는 영유아의 정서발달에 영향을 미치며, 영유아에게 부정적인 감정을 해소하고 정화하고 치료하는 효과도 있다고 하였다.

놀이의 동기	쾌락의 원리	자신의 욕구충족
놀이의 기능	정화 기능을 통한 치료적 효과	정서적, 불안감 감소, 효과적 치료수단
정화기능의 기제	역할전환	부정적 감정을 타인에게 전이하는 것
	반복	부정적 정서를 반복적인 놀이를 통해 약화

에릭슨(Erikson)은 심리사회적 발달과 함께 영유아의 놀이를 설명하였으며, 놀이를 통해 영유아 자아의 기능이 강화된다고 하였다. 놀이는 영유아의 사회적 기술과 신체발달을 시키고 영유아는 놀이를 통해 주변 환경에 숙달된다고 보았다.

놀이는 영유아의 심리사회적 위기 극복을 통해 정서적 · 사회적 발달을 초래하며, 이에 에릭슨은 『아동기와 사회』에서 영유아의 놀이 발달을 아래와 같이 설명하였다.

단 계	연 령	놀이의 특징
자기세계의 놀이	출생 후 1년	• 자신의 신체를 가지고 놀이 • 자신의 감각기관, 운동능력, 반복적인 놀이 • 자신을 탐색, 반사적 놀이
미시영역 놀이	2세	• 놀잇감이나 사물을 조작하는 놀이 • 혼자놀이 • 사물의 일정한 법칙
거시영역 놀이	3세 이후	• 영유아교육기관 • 다른 놀이친구와 놀이 • 극놀이 형태의 놀이 • 다양한 사회적 기술이 발달하는 단계

2) 인지발달 이론

피아제(Piaget)는 영유아의 놀이는 인지발달에 많은 영향을 미치며, 인지발달의 수준은 놀이를 통하여 나타난다고 하였다. 그는 놀이에서 동화와 조절이 나타나며, 동화가 더 우세하다고 하였다.

피아제는 인지수준에 따라 감각운동기, 전조작기, 구체적 조작기 단계로 구분하였다. 이에 단계에 따른 놀이로 연습놀이, 상징놀이, 규칙 있는 게임으로 나누어 설명하였다.

<table>
<tr><th>단계</th><th>연령</th><th colspan="2">놀이</th><th>특징</th></tr>
<tr><td>감각
운동기</td><td>출생~2세</td><td colspan="2">연습놀이</td><td>• 경험 있는 행동을 반복하는 순환반응
• 반복하는 행동 즐거운 놀이
• 신체감각 운동
예 놀잇감 쏟고 담기</td></tr>
<tr><td rowspan="5">전조작기</td><td rowspan="5">2~7세</td><td rowspan="5">상징놀이</td><td>전상징적</td><td>• 가작화 행동과 유사한 행동
예 컵을 입에 가져감</td></tr>
<tr><td>자기가작화</td><td>• 일상과 관련된 상징화
예 컵을 입에 들고 마시는 소리를 냄</td></tr>
<tr><td>분산된 가작화</td><td>• 유사한 사물을 가지고 행동함
예 컵과 비슷한 사물을 가지고 흉내 냄</td></tr>
<tr><td>가작화
놀이의 통합</td><td>• 놀잇감이 없어도 놀이함
예 대상 없이도 물 마시는 흉내 냄</td></tr>
<tr><td>계획적
상징놀이</td><td>• 무엇을 상징화하고, 필요한 도구가 무엇인지 판단 가능
예 친구와 다양한 역할극</td></tr>
<tr><td>구체적
조작기</td><td>7~11세</td><td colspan="2">규칙 있는 게임</td><td>• 구조화된 놀이의 형태, 규칙 이해
• 인지능력 발달
예 카드놀이</td></tr>
</table>

비고츠키(Vygotsky)는 놀이와의 사회적 맥락을 강요하였으며, 인지발달단계와 놀이를 이야기한 피아제와 다르게 인지발달을 놀이가 주도하여 인지발달에 직접적인 역할을

한다고 보았다. 놀이를 통해 영유아들은 일상생활의 행동보다 더 높은 수준의 행동을 보인다고 하였다. 또한, 영유아들은 생활환경에 필요한 지식, 문화적 가치 등을 주변의 부모, 교사, 형제, 친구와의 상호작용을 통해 형성된다고 보았다.

비고츠키는 영유아는 추상적 사고가 불가능하지만 가장놀이를 통해 추상적 사고가 발달한다고 주장하였으며, 놀이가 근접발달영역의 비계 역할을 하여 잠재적 능력이 개발된다고 보았다. 놀이를 통해 게임의 규칙, 타인과의 충동에서 자기조절을 경험하게 된다고 하였다.

비고츠키는 영유아의 놀이와 인지발달에 대해 다음과 같이 설명하였다.

첫째, 영유아의 놀이는 추상적 발달에 영향을 미친다.

영유아는 사물의 의미를 분리하여 사고하기 어려우며, 영유아들은 사물과 의미가 하나로 되어 있어 추상적 사고가 어렵다. 하지만 상징놀이를 통해 사물의 의미를 분리하는 것이 가능하다고 보았다. 예를 들어 실제로 강아지를 보지 않으면 강아지에 대해 생각할 수 없으나 가장놀이를 통해 강아지 대신 다른 사물을 사용하여 사물의 의미를 분리할 수 있다. 이를 통하여 사물과 의미를 독립적으로 사고할 수 있다.

둘째, 영유아의 놀이가 학습 맥락을 제공한다.

영유아기 근접발달영역 내에서 또래, 부모, 교사에게 일시적인 지원, 비계설정이 제공되면 스스로 할 수 없었던 활동에 참여할 수 있으며 자신의 능력보다 높은 수준으로 참여할 수 있게 된다. 이를 통해 사회적 지식과 인지발달이 이루어진다. 예를 들어 역할놀이에서 아빠, 교사가 되어 "우리 ○○이 신발을 바르게 신고 나가야지", "친구들과 사이좋게 놀아야 해요" 등 타인의 역할이 되어 높은 수준의 행동을 하게 된다.

셋째, 영유아의 놀이가 학습 촉진과 자기조절 도구가 된다.

놀이하며 영유아들은 자신을 앞세우게 되는데 이를 통해 자기조절, 또래와의 협동관계에서 자신을 확장해 나간다. 따라서 근접발달영역에서 비계를 설정하여 스스로 발달을 촉진한다고 하였다.

브루너(Bruner)와 서튼-스미스(Sutton-Smith)는 영유아의 놀이가 창의성과 사고의 융통성을 촉진한다고 하였다.

브루너(Bruner)는 영유아의 놀이에서 목적보다는 방법을 강조한다고 하였는데, 영유아는 목적을 위해 놀이를 하는 것이 아니며 자유로운 놀이 상황에서 다양한 방법과 새로운 시도로 문제해결 방법을 찾는다고 하였다. 이러한 다양한 문제해결 방법은 영유아들의 일상생활에서 활용되며 이를 통해 융통성을 기를 수 있다고 하였다.

서튼-스미스(Sutton-Smith)는 영유아의 놀이 개념으로 적응적 가변성에 대해 말하였다. 적응적 가변성이란 예측 불허성, 급격성 등을 포함한 가변적인 것을 이야기한다. 그는 놀이가 영유아들에게 앞으로의 세계를 살아갈 때 필요한 적응적 가변성을 알려주는 중요한 역할을 한다고 주장하였다. 앞으로의 세계에 필요하지 않은 학습보다는 적응적 가변성을 알려주는 놀이가 영유아들에게 더 필요하다는 것을 제시하였다. 또한, 영유아들의 놀이를 적응 잠재성의 개념으로 말하였다. 놀이를 통해 영유아들은 다양한 대안, 선택을 고려할 수 있으며 그 과정을 통해 융통성을 가질 수 있다는 것이다. 놀이의 다양성을 강조하며, 놀이가 문제해결과 창의성에 긍정적인 영향을 미친다고 하였다.

영유아의 가상놀이에서 상징적인 변형 행동은 영유아들의 정신적 융통성을 발달시킨다. 또한, 상징놀이에서 가상이 중요하며, 영유아는 놀이를 통해 상징적 구성을 확장할 수 있다. 영유아는 상징 변형을 통해 새롭고 자유로운 생각을 할 수 있어 창의력을 높일 수 있다. 예를 들어 놀이에서 막대기가 말이 되고, 종이 상자가 아파트가 되기도 하는 상징적 변형이 일어난다.

3) 각성조절 이론

각성조절 이론은 영유아의 놀이가 각성을 적정 수준으로 유지하고자 중추신경조직의 욕구를 만족하게 한다고 설명하는 이론이다. 각성조절 이론의 대표적 학자로는 벌린(Beryne), 엘리스(Ellis), 페인(Fein)이 있다.

학자	놀이
벌린(Beryne)	자극을 감소시켜 높은 각성을 낮추기 위한 놀이
엘리스(Ellis)	자극을 생산시켜 낮은 각성을 높이기 위한 놀이
페인(Fein)	다양한 자극을 제공하는 놀이

벌린(Beryne)은 영유아의 각성 수준을 유지하기 위해 중추신경조직의 욕구를 만족시키는 목적으로 놀이를 한다고 하였다. 영유아는 자극이 많아 각성 높은 상태가 되어 불안감이 높아져 이 상황을 해결하기 위해 자극을 감소시키는 활동에 참여한다. 예를 들어 영유아가 새로운 놀잇감을 만나게 되면 각성이 높이 올라가게 되는데, 놀이를 통해 그 놀잇감을 탐색하며 익숙해짐에 따라 각성 상태가 평형 상태가 된다. 반면 자극이 적으면 각성 수준이 낮아져 싫증을 내며 다른 자극을 찾으려고 한다.

엘리스(Ellis)는 영유아의 놀이를 적정 수준의 각성을 위한 자극추구 활동으로 주장하였다. 자극 때문에 각성의 높고 낮음이 결정된다고 보았다. 자극이 충분하지 않으면 각성이 낮고, 낮아진 각성을 높이기 위해 자극을 찾아 영유아들은 놀이한다고 하였다. 예를 들면, 영유아가 구슬 굴리기를 하다가 싫증이 나면 구슬 굴리기에 장애물을 놓음으로써 자극이 증가한다. 놀이는 각성이 낮은 상태에서 자극을 주어 적정 수준의 각성을 유지한다고 본다.

페인(Fein)은 놀이는 불확실함을 느끼고, 호기심을 일으키는 상황을 창조하기 위한 것이라고 정의하였다. 놀이는 영유아들에게 다양한 자극(신체적 · 지적 · 운동적 자극)을 제공하며, 영유아는 다양한 활동을 통해 자극을 찾는다고 하였다.

4) 상위의사소통 이론

상위의사소통 이론은 영유아들의 놀이에서 놀이 상황, 사건 등을 놀이하는 상대가 이해할 수 있도록 설명하는 의사소통이다. 예를 들면, 놀이하는 상대에게 "지금부터 우리는 공주와 왕자야."라고 설명함으로써 가작화한 행동을 이해시키는 것이다. 상위의사소통 이론의 대표 학자로는 베이트슨(Bateson), 가비(Garvey)가 있다.

베이트슨(Bateson)은 놀이 의사소통에 관심을 가지고 놀이의 틀, 가장의사소통, 상위의사소통에 관해 설명하였다. 놀이의 틀은 영유아들이 현실에서 놀이 상황으로 이동하는 것을 말한다. 놀이 전 상대방에게 실제 상황이 아닌 놀이 상황이라는 것을 설명하고 가장 먼저 놀이 틀을 설정해야 한다. 놀이 틀에 대한 부분이 놀이 상대에게 잘 전달되지 않으면 오해 상황이 되어 문제가 발생할 수 있다.

가장의사소통은 놀이 안에서 자신의 역할에 대해 가작화에 초점을 맞춘 의사소통이다. 예를 들면, 놀이에서 부모의 역할을 하며 "우리 ○○이 오늘 하루 잘 지냈니?", "밥은 꼭꼭 씹어 먹어 아가야!"라고 말하는 모습이다.

상위의사소통은 영유아가 놀이하며 놀이 틀의 안과 밖을 넘나들며 놀이 틀 밖에서 실제 정체를 인식하며 하는 의사소통이다. 예를 들면, "내가 이렇게 하면 너는 응애응애 우는 거야!", "너는 아기야. 그러니까 기어다녀야 해"라며 놀이 틀 밖에서 말하는 것이다.

의사소통 구분	의사소통의 특징
가장의사소통	• 놀이 틀에서의 역할에 대한 대사 • 놀이 틀에서 상대와의 의사소통
상위의사소통	• 놀이 틀 밖에서의 놀이 상황에 대한 의사소통 • 놀이 틀 밖에서 놀이 상대와의 이해 및 조율에 대한 의사소통

가비(Garvey)는 영유아들이 놀이에서 에피소드 시작부터 유지, 종결과 복원, 확장을 위하여 어떤 메시지를 사용하였는지 연구하였다. 영유아들은 극놀이를 하며 놀이에서의 역할과 놀이 틀 밖에서의 자신 사이에서 두 가지 임무를 수행하고 있었다. 놀이 중 문제 상황이 생겼을 때 놀이 틀 밖으로 나와 해결 후 놀이를 지속하려는 모습을 보였다.

상위의사소통은 대부분 명시적인 언어로 표현하는 경우가 많으나, 비언어적 신호로 표현되는 예도 있다. 명시적인 언어 표현은 자신의 변형, 역할의 변형, 행동의 변형, 사물의 변형, 존재하지 않는 사물의 변형 등의 의사소통을 말한다. 비언어적 신호 표현은 표정, 역할에 맞는 목소리 변화, 웃음 등으로 표현된다.

가비는 놀이에서의 대화를 분석하여 상위의사소통을 유목화하였다.

① 준비 대화 ② 가작화에 대한 직접적 지시(자아의 전환–타인의 전환–공동의 역할 전환–자신의 행동에 대한 전환–타인의 행동에 대한 전환–공동 행동에 대한 전환–사물의 전환–환경의 전환–존재하지 않는 사물의 전환) ③ 가작화 내에서의 대화 ④ 가작화의 부인(협상하기) ⑤ 놀이의 신호(신호 사용하기)

예를 들어 ① 준비 대화("가게 놀이하자") ② 가작화에 대한 직접적 지시("내가 가게 주인 할게"–"네가 손님 해"–"우리가 손님이라고 하자"–"내가 계산을 하고 있어"–"네가 물건을 사고 있다고 하자"–"우리가 과자를 샀다고 하자"–"이 종이가 과자라고 하자"–"텐트 속이 가게라고 하자"–(빈손으로 영유아에게 다가오며) "이거 돈을 너한테 줄게") ③ 가작화 내에서의 대화("돈을 내야지") ④ 가작화의 부인("나 돈 안 내고 싶어") ⑤ 놀이의 신호(웃으면서 말하기)로 설명할 수 있다.

5) 각본이론

각본이란 기억 때문에 활성화되는 지식구조로 정의한다. 영유아는 발달함에 따라 자신의 생활 속 경험을 통해 사건을 구성하며, 해석하여 각본으로 표현한다. 영유아는 성장함에 따라 각본이 복잡해지고 통합되며 개인적 지식이 나타난다. 각본은 장면, 하위활동, 역할, 관계, 장면 내에서의 소품, 각본의 변형, 각본의 시작과 끝을 알려주는 사회생활 조건 등으로 구성된다.

각본이론의 대표적인 학자로는 울프(Wolf)와 그롤만(Grollman)이 있다.

영유아들의 극놀이에 나타나는 이야기 수준의 구조를 분석하는 것으로 영유아의 성격과 자아개념, 언어발달, 지적 성숙을 예측할 수 있다고 한다. 놀이 이야기 수준에 따라 아래와 같이 설명할 수 있다.

수준	특징 및 예시
도식 수준	한 가지 사건에 관련되는 한두 가지의 단순한 활동 참여 예 인형에게 밥 주기
사건 수준	두 가지 이상의 도식이 나타나는 것 예 인형에게 밥 주고 안아주기
에피소드 수준	한 가지 목적으로 두 가지 이상의 사건으로 구성되는 것 예 놀이 찰흙으로 음식을 만들고 다른 영유아를 대접하기
	두 가지 개략적인 사건들로 구성되는 것 예 놀이 찰흙으로 다른 음식을 만들고 다른 친구들에게 대접한 후 설거지하기

6) 문화이론

칙센트미하이(Csikszentmihalyi)는 목적이 있는 행동을 놀이로 이해해야 하며, 놀이는 현실 유지가 아닌 현실에 대한 대안을 제시하는 것이라고 하였다.

놀이와 문화에 대해 학자들은 다음과 같이 제시하였다.

문화이론은 문화를 놀이 형태로 보며, 놀이를 문화 현상으로 이해하였다. 초기 문화의 형태가 놀이의 양식을 띠고 있어 놀이가 문화를 변화시킨 것이 아니라고 한다. 이에 따르면 놀이는 문화가 존재하기 이전부터 문화 속에서 함께 발전하였으며, 문화는 놀이의 요소를 가지고 있다. 성인은 영유아의 놀이에서 문화적인 메시지를 전달하며 영유아는 문화적 가치에 영향을 받고, 공유된 문화 안에서 놀이를 통해 문화를 습득한다. 문화는 놀이로부터 생겨나며 문화는 놀이에 영향을 미치고 놀이는 문화를 변화시킨다.

CHAPTER

3

〈멋진 건축물을 만나다〉
성 건축물 그림 표상

놀이 발달단계

1. 인지적 놀이 발달
2. 사회적 놀이 발달

놀이는 영유아의 삶을 이해하는 특별한 도구이다. 영유아는 일상생활과 밀접한 관련을 맺고 놀이를 통해 주변 세계를 만나고 또래와 관계를 맺으며 잠재의식 속에 내재되어 있는 가능성을 표출하여 신체, 인지, 언어, 사회 · 정서, 창의성 발달과 자아를 발견하고 자신의 세계에 대한 탐구과정을 통해 필요한 지식과 기술을 획득해 나간다(김근혜, 홍순옥, 2013). 영유아의 성장에 따라 놀이도 변화하고 발달한다. 발달단계에 맞춰 놀이할 수 있는 환경을 제공하고 놀이 매체를 지원하기 위해서는 놀이의 발달단계별 특징을 이해하고 있어야 한다.

놀이 발달에는 개별적 차이가 있지만, 보편적인 놀이 발달과정을 인지적 놀이 발달과 사회적 놀이 발달로 나누어 살펴보겠다.

1 인지적 놀이 발달

인지적 놀이란, 영유아에게 인지적으로 필요한 기술 및 능력을 발달시키는 놀이이다.

피아제(Piaget, 1962)는 영유아의 성장에 따른 인지적 발달로 영유아의 놀이를 연습놀이, 상징놀이, 규칙 있는 게임으로 구분하였다. 그 외에도 프로스트와 클라인(Frost & Klein, 1979), 스밀란스키(Smilansky, 1968) 등이 인지적 발달로 놀이 유형을 제시하였다.

<table>
<tr><th>Piget의 인지 발달 단계</th><th>Piaget</th><th>Frost와 Klein</th><th>Smilansky</th></tr>
<tr><td>감각운동기(0~2세)</td><td>연습놀이</td><td colspan="2">기능놀이</td></tr>
<tr><td>전조작기(2~6,7세)</td><td>상징놀이</td><td>구성놀이
상징놀이
사회극놀이</td><td>구성놀이
극놀이</td></tr>
<tr><td>구체적 조작기(7~11세)</td><td colspan="3">규칙 있는 게임</td></tr>
</table>

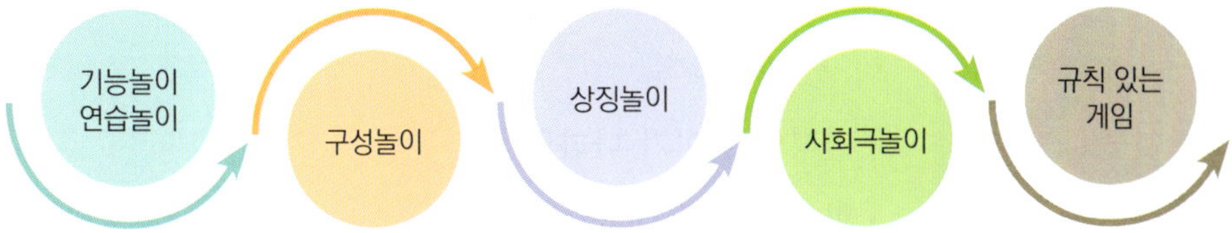

인지적 놀이 발달

1) 기능놀이/연습놀이

출생~2세의 감각운동기의 영아가 놀이하는 최초의 놀이로서 신체움직임을 반복적으로 되풀이하는 단순한 놀이이다. 예를 들면, 사각티슈를 뽑았을 때 뒤따라 나오는 휴지를 보며 반복적으로 휴지 뽑는 신체움직임을 한다거나, 물체를 쌓았다가 무너뜨리는 등의 놀이를 반복하는 놀이이다.

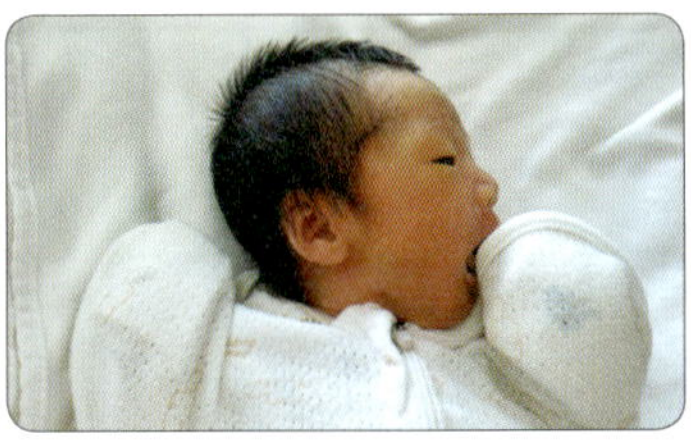

제1단계(출생~1개월)

- 빨기, 잡기 등의 선천적인 반사행동이 주로 일어남
- 빨기, 잡기행동에 숙달되기 위해 하는 놀이와 비슷한 행동이지만 진정한 의미의 놀이로 볼 수 없음

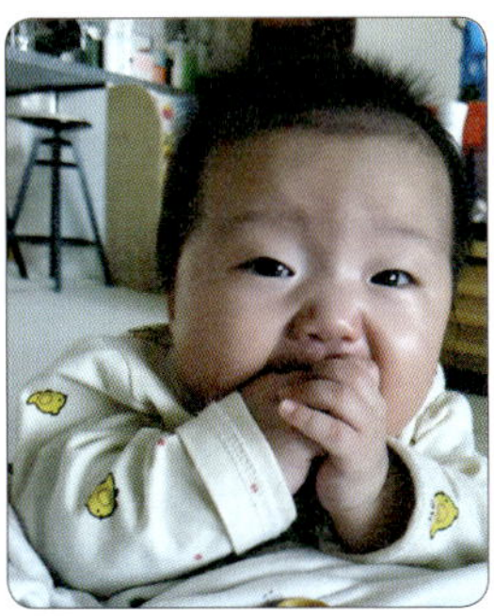

제2단계(1~4개월)

- 자신의 신체에 관심이 집중
- 우연한 행동으로 발견된 재미에 같은 행동을 반복함
- 행동에 의도성은 없고 단순히 반복적인 행동을 함
- 손가락 빨기, 물체 빨기 등

제3단계(4~8개월)

- 진정한 놀이가 나타나는 월령
- 환경적 사물이나 대상에 관심을 갖고 놀이를 시도함
- 팔을 내밀고 움켜쥐는 능력이 발달하여 딸랑이와 같은 매체를 흔들어 놀이하기 시작함

제4단계(8~12개월)

- 이미 학습하여 알고 있는 행동을 바탕으로 새로운 상황에 시도함
- 장애물에 감춰 놀잇감을 숨겨도 찾을 수 있고, 나중에는 매체를 찾는 목적보다 행동을 즐기면서 반복함

제5단계(12~18개월)

- 재미있는 결과를 위해 가상 실험을 하고 확인하는 월령
- 자신을 둘러싼 환경을 탐색하고 서고 움직임
- 매우 적극적으로 목표지향적인 시도를 하며 다양한 시행착오가 나타남

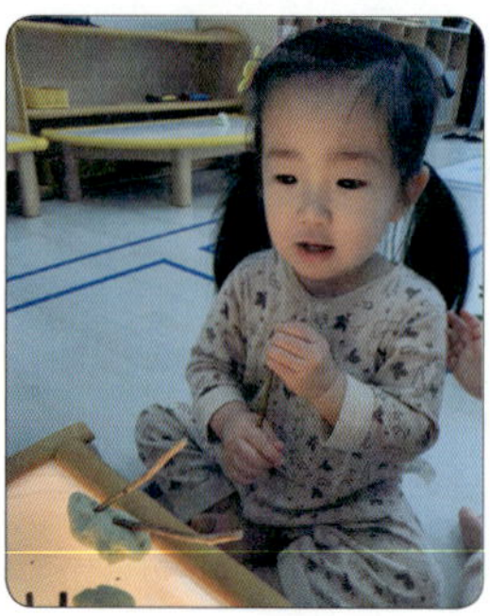

제6단계(18~24개월)

- 주변환경 세계의 여러 가지 현상을 내적으로 표상하고 사고할 수 있음
- 상징화가 가능하며 상징놀이로 변화하기 시작함

2) 구성놀이

구성놀이(constructive play)는 매체를 여러 가지 방법으로 활용하여 새로운 구성물을 만들어 내는 놀이이다. 기능적 활동에서 창조적 활동으로의 전환을 의미하며 사물을 조작하는 것에서 구성하는 단계로의 발달을 의미한다.

 # 물과 만난 휴지 놀이 사례

언젠가 컵을 엎어 쏟았던 물을 휴지 한 장으로 닦았을 때 아마 흠뻑 젖은 휴지를 처음 접해 봤던 영아들은 물과 만난 휴지죽을 손으로 참방참방 두드려 보기도 하고, 휴지죽 위에 손가락을 콕 찍었다가 움직여 물길을 만들어 보기도 하며 나름의 방식으로 탐색해 본다.

부채로 바람을 일으키면 날아간다는 가설을 증명해 보였던 영아들은 휴지죽을 향하여도 부채질을 한다. 꼼짝하지 않은 휴지죽.

다른 영아들도 부채를 가져와 또래를 돕는다. '혼자는 안 될 것 같아. 힘을 합치자.'는 듯이.

모두의 힘을 합쳤다.

영아들은 물이 휴지를 움직이지 않게 만들었다는 것을 알았을까?

혹 물에 젖은 휴지와 마른 휴지의 무게 관계를 눈치챘을까?

이전 경험이 바탕이 되어 새로운 가설을 세우고, 가설을 확인하고 증명하기 위해 탐색을 계속하는 영아의 모습이다.

3) 상징놀이

상징놀이란 눈에 보이지 않는 대상을 흉내 내어 표상하거나 사물이나 상황을 변형시켜 놀이하는 것을 말한다. 상징놀이는 12개월경 처음 시작된 후 점차 정교하게 발달한다.

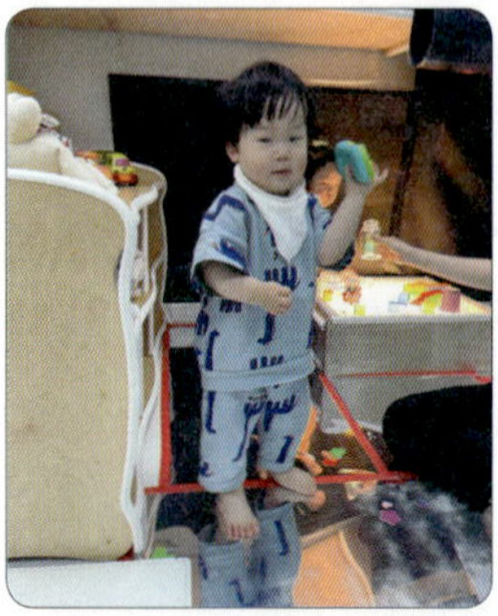

제1단계–전 가작화

- 상징놀이 초기에 가상행동에 참여하는 것 같지만 뚜렷한 행동이 보이지는 않음
- 전화기를 귀에 대기, 빈 컵을 입에 대기, 빗을 머리에 대기 등

제2단계–자기 가작화

- 자신에 관련된 가작화 활동에 참여가 분명해지며, 일상생활에 관련된 행동을 분명하게 가작화한다.
- 먹는 척하기, 잠을 자는 흉내 등

제3단계–타인 가작화

- 자기로부터 벗어나 타인에게 향하여 진행되는 가작화
- 일상생활 관련한 놀이를 타인에게 적용하거나, 타인을 흉내 냄
- 아기 돌보기, 생일케이크 촛불 끄기, 음식 먹여 주기 등

4) 사회극놀이

사회극놀이(sociodramatic play)는 상징놀이가 더욱 발전된 놀이 형태로 또래와 함께 참여하는 극놀이이다. 스밀란스키는 이스라엘 영유아를 대상으로 사회극놀이의 효과를 분석하였고 현실적 요소와 비현실적 요소가 내포된다고 하였다. 그는 수준 높은 사회극놀이의 여섯 가지 조건을 다음과 같이 말하였다.

- 역할의 가작화: 가상적인 역할이나 언어 또는 행동으로 표현(예 "나는 엄마 너는 아빠")
- 사물의 가작화: 사물의 용도를 다양하게 가작해서 언어나 행동으로 표현(예 "나는 주스를 만들고 있어"라고 말함)
- 행동과 상황의 가작화: 상황이나 행동을 언어로 가작화(예 "내가 지금 공룡의 알을 만드는 중이야")
- 지속성: 동일한 놀이 주제를 적어도 10분간 지속해야 함
- 상호작용: 동일한 놀이 주제를 두 명 이상의 또래가 상호작용함
- 언어적 의사소통: 놀이 주제에 대해 또래 간에 언어적 의사소통을 함

5) 규칙 있는 게임

피아제에 따르면 구체적 조작기가 되면 놀이는 정교해지고 실제 환경에 적용되어 규칙이 만들어지고 약속도 정해진다. 영유아는 이 단계에 도달하면 사고를 실제에서 조절할 수 있게 된다. 게임을 하려면 규칙을 정확히 이해하고 적정하게 적용하며 규정 안에서 영유아 스스로 행동을 통제할 수 있어야 한다.

파커(Paker, 1984)는 규칙 있는 게임의 종류를 다음과 같이 소개하였다.

- 경기장 게임: 경계선과 결승점이 표시된 사각형 모양의 커다란 경기장에서 움직이면서 하는 게임(축구, 농구 등)

- 테이블 게임: 규모가 작은 게임이며 주로 손으로 게임 도구를 사용하는 게임(공기, 젠가 등)
- 그림카드 게임: 사람이나 사물이 그려져 있는 그림카드나 종이판을 사용하는 게임(부루마블, 주사위 게임 등)
- 단어 게임: 특별한 도구 없이 말로 진행되며 기억력, 재치, 능변을 겨루는 게임(사물 알아맞히기, 스무고개 등)

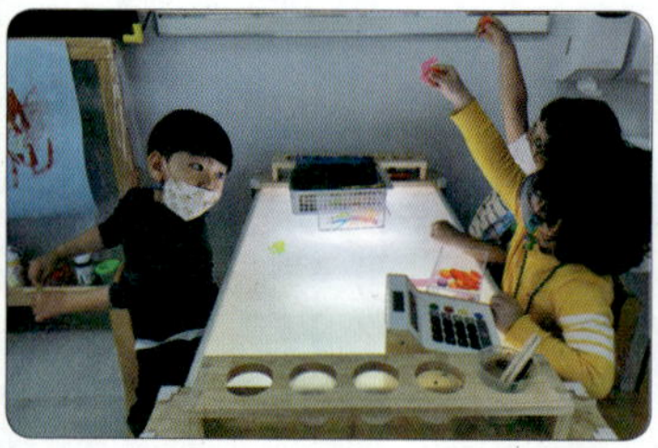

② 사회적 놀이 발달

영유아에게 사회적 놀이의 처음은 주 양육자인 엄마와의 상호작용을 통해서 이루어진다. 주 양육자와의 애착관계는 영아의 사회적 · 정서적 성장 및 발달의 기본 바탕이 되어 사회적 놀이를 할 수 있는 놀이능력이 발달한다. 사회적 놀이 유형을 분석한 파튼(Parten, 1932)은 여섯 가지 형태로 분류하였다(송승민 외, 2020).

표 3-1 Parten(1932) 사회적 놀이 발달단계

비참여 행동 (unoccupied behavior)	몰입하지 않는 행동으로 또래와 함께 참여하지는 않지만 다른 영유아를 쳐다보는 놀이이다. 또래의 놀이를 쳐다보는 것이 관심을 갖고 있다는 의미는 아니다. 놀이 영역에 혼자 서 있거나 왔다 갔다 움직인다.
방관자적 행동 (onlooker behavior)	혼자놀이라고 하며 다른 영유아와 가까이 앉아서 놀이하지만 함께 놀이를 진행하는 것은 아니다. 혼자서 놀잇감을 가지고 놀면서 스스로 놀이를 진행하고 또래에게 말을 걸기도 하고 가까운 거리에 있지만 상관없는 다른 놀이를 하는 형태이다.
단독놀이 (solitary play)	자유놀이시간에 관찰이 되는 형태이며 영유아가 놀이를 시작하지만 또래와 함께는 어떤 놀이도 하지 않고 자신의 놀이에만 집중하는 독자적인 형태이다. 옆에 있는 또래와 가까워지려는 시도를 전혀 하지 않는다.
병행놀이 (parallel play)	평행놀이라고도 하는데 같은 공간에서 같은 매체를 가지고 놀지만 서로 접촉하거나 간섭하지 않고 혼자서 놀이하는 형태이다. 또래와 함께 놀이하는 것보단 또래 곁에서 놀이하는 것이다.
연합놀이 (associative play)	또래와 함께 노는 집단놀이로 서로 매체를 교환하기도 하고, 또래의 놀이를 모방하기도 하는 놀이 형태이다. 놀이에 대한 이야기를 하거나 매체를 나누기도 하지만 역할을 분담하거나 놀이를 조직적으로 전개하지는 못한다.
협동놀이 (cooperative play)	영유아가 함께 지켜야 할 규칙이 있는 가장 발전한 사회적 놀이 단계이다. 한 명의 리더가 있고 서로 역할을 분담하여 한 가지의 목표를 위해 조직적으로 놀이한다. 협동놀이의 구성요소에는 참가, 수용, 협동, 상상, 즐거움, 규칙, 토의 등이 있다.

파튼의 연구 결과에 따르면(Parten, 1932) 단독놀이는 2세~2세 반, 병행놀이(평행놀이)는 2세 반에서 3세 반, 연합놀이는 3세반에서 4세 반, 4세부터는 협동놀이를 주로 한다고 하였다. 영유아는 놀이하며 사회적 자아가 발달된다는 연구 결과가 있다. 최소영, 신혜영(2015)의 연구에 의하면 영유아의 놀이는 혼자 하는 것보다 또래나 교사와 함께 이루어지기 때문에 사회적 놀이에 참여할 수 있는 기회를 마련해 주고 문제해결능력, 역할수용능력, 자기조절능력, 자아개념, 언어능력, 정서인식능력 등에 긍정적 효과를 낼 수 있도록 부모의 관심이 필요하다.

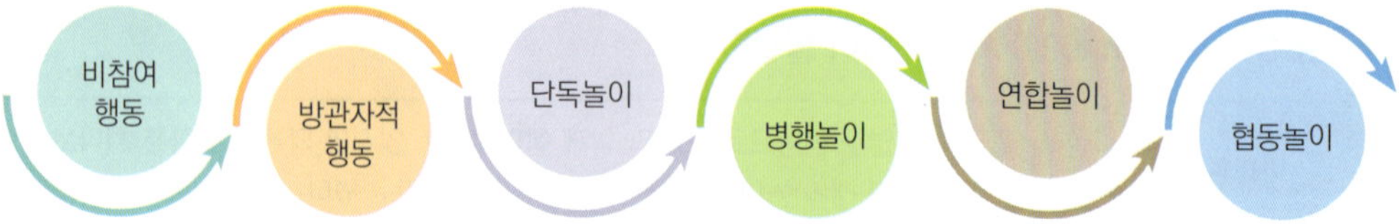

사회적 놀이 발달

2세반의 병행놀이 사례

증강현실이라는 디지털 기기를 통해 공룡 소리를 듣고 실감나게 공룡과 만나기 위해 아크릴 색깔 블록으로 놀이하고 있다. 같은 매체를 가지고 공간에서 놀이하지만 독립적인 놀이를 하고 있다.

3세반의 연합놀이 사례

유니트블록을 이용하여 또래와 함께 집을 표상하고 있다. 함께 유니트를 구성하고 의견을 나누고 서로 필요한 매체를 빌려주고 있지만, 구성물을 완성하기 위한 역할을 분담하는 등의 조직적인 형태를 띠지 않는다.

4세반의 협동놀이 사례

평면적인 종이에서 건물, 사람 등 입체적인 종이 표상물이 만들어지기까지 영유아들은 서로 의견을 나누고 조율해 나간다. 종이 사람은 나를 표현하는 매개체가 되어 가상놀이에 사용되었으며 자신이 만든 것을 소개하고 선생님, 언니와 동생 등 또래와 역할을 정해 협동놀이해 보는 표현의 수단이 되었다.

커다란 종이 사람 하나를 만들기 위해 팔을 만들 사람, 다리를 만들 사람 등 역할을 나눠 분담하여 보고 다 만든 사람의 이름을 정해보기 위해 의견을 내고 투표를 통해 가장 많은 표를 받은 '핑키'가 이름이 되었다.

CHAPTER

〈바다 생물 이야기〉
바다 생물 흙 표상

4 영유아 발달과 놀이

1. 신체운동발달과 놀이
2. 인지발달과 놀이
3. 언어발달과 놀이
4. 사회 · 정서발달과 놀이
5. 창의성 발달과 놀이

영유아는 놀이를 통해 주변 세계를 만나고 또래와 관계를 맺으며 잠재의식 속에 내재되어 있는 가능성을 표출하여 신체, 인지, 언어, 사회 · 정서, 창의성 발달과 자아를 발견하고 주변 세계에 대한 탐구과정을 통해 필요한 지식과 기술을 획득해 나간다.

다음은 신체운동, 인지, 언어, 사회 · 정서, 창의성 등 영유아의 발달 특성에 따른 놀이에 대해서 구체적으로 알아보고자 한다.

1 신체운동발달과 놀이

영유아기의 신체발달과 놀이의 관계는 다양한 놀이 동작을 통해 대 · 소근육이 발달하게 되어 신체 성장을 촉진시킨다. 즉, 대 · 소근육 운동 놀이의 뛰기, 던지기, 매달리기 등을 통해 기본 운동능력이 향상되고 건강하고 강한 체력을 기르게 된다. 특히 영아기에는 보고, 만지고, 두드리는 탐색 활동이 감각, 지각능력의 발달을 가져온다. 신체운동 발달을 통한 놀이는 영유아가 일상에서 접하는 모든 안전 상황에 적절하게 대처하는 능력과 혈액순환, 배설, 수면 등의 생리기능 또한 증진시킨다.

1) 영아기

영아기는 성장 급등기라고 불릴 정도로 신체 성장이 매우 빠른 속도로 진행된다. 신장과 체중의 급격한 성장뿐만 아니라, 근육과 골격 등의 발달도 급속도로 이루어진다. 수면과 배변, 수유와 이유 등 생리적 기능에서도 변화가 나타난다. 뇌와 신경계의 발달 또한, 급속도로 이루어지는데 전두엽(frontal lobe)은 사고와 운동기능을 관장하고, 후두엽(occipital lobe)은 시각, 측두엽(temporal lobe)은 청각을 관장하며, 두정엽(parietal lobe)은 신체감각을 관장한다. 영아의 뇌는 경험에 의해 구조나 기능이 수정될 수 있는 유연성 또는 가소성(plasticity)이 뛰어나다. 이처럼 지적 자극과 사회적 자극이 풍부한 환경에서 놀이는 영아에게 다양한 경험을 할 수 있게 하며 신체운동발달에 긍정적 영향을 미치게 된다.

영아는 자신의 신체발달을 위해 이미 가지고 태어난 잠재능력을 활용하여 놀이하고, 성인의 도움을 받으며 성장한다. 신생아기 때는 누워서 움직이는 물체를 쳐다보기만 하다가 목을 가누고, 기고, 앉고, 서고, 걸을 수 있게 되며, 두미발달 및 근원발달의 원칙에 따라 운동능력을 향상시켜 나간다.

신체놀이는 더 많은 운동기술, 신체기술을 필요로 하게 하고 이는 영아 스스로 운동능력을 발달시켜 나가게 하는 동력이 된다. 걸음마기 영아가 계단을 오르내리는 놀이를 하다가 양발을 교차하며 오르내리게 되는 대근육 발달부터 잡고 싶은 매체를 향하여 팔 전체를 움직였다가 두 손만을 움직여 물건을 잡는 소근육 발달까지 놀이를 통해 자신의 눈과 손의 협응력 및 대 · 소근육을 통제하는 능력 등을 급속히 발달시킨다. 신체 활동은 신체발달 및 인지, 정서, 사회성 발달 등과도 밀접한 연관이 있으며 두뇌발달을 촉진한다. 영유아교육기관에서는 다양하고 새로운 신체놀이를 하며 영아의 신체발달에 수반되는 발달을 놀이를 통해 경험할 수 있도록 실내 · 외 놀이환경과 놀이 매체를 제공해야 한다.

풍선, 스펀지로 된 공, 모빌, 촉감인형 등은 영아들의 감각을 자극하여 다양한 탐색을 할 수 있는 기회를 제공해 주며, 대근육의 발달로 영아는 도움을 받거나 혹은 스스로 기어오르거나 내려오기, 점퍼루, 자리에 서서 점프해 보기, 구멍 통과하기, 달리기 등의 놀이를 할 수 있게 된다. 또한, 소근육의 발달로 영아는 모양 끼우기, 고리 끼우기, 잡고 흔들면 소리가 나는 장난감 · 공 굴리고 받아보기 등 대상을 조작하는 놀이를 할 수 있게 되고 나아가 감각발달까지 함께 이룰 수 있게 된다.

2) 유아기

유아의 대근육 발달은 만 3세가 되면서부터 기본적인 운동기능이 확립되고, 자기통제를 할 수 있게 된다. 대근육을 사용하는 것을 즐기며 몸의 균형이 증가가 되고, 반

듯한 선을 따라 걸을 수 있게 되며, 스스로 옷을 벗고 입을 수 있게 되고, 4세경이 되면 약간은 복잡한 운동을 할 수 있게 된다. 선을 따라 걷거나, 3세 때보다는 더 오랜 시간을 한 발로 서 있고, 한 발로 뛰기가 가능해진다. 5세가 되면 10초간 한 발로 서 있을 수 있게 되고, 경기에서 출발, 회전, 멈추기와 같은 이동운동이 가능해진다. 소근육 발달은 3세가 되면 손과 눈의 조정이 잘 이루어져 한 눈을 감고 물건을 재빨리 집을 수 있게 되고, 간단한 모양을 쉽게 그릴 수 있으며, 연필을 잡고 원을 그리거나 글자를 보고 그릴 수 있게 된다. 미세근육이 발달하고 협응력이 증가했기 때문이다. 4세가 되면 미세근육을 사용하는 능력이 더 발달하여 선을 따라 가위질을 할 수 있게 되고, 스푼 사용, 이 닦기 등 일상생활에서의 도구 사용도 스스로 신체를 조절하고 통제하면서 할 수 있게 되고, 5세가 되면 3, 4세에서 이루었던 발달들이 더 세련되고 능숙해진다고 할 수 있다. 균형잡기가 가능해지고, 달리기, 공 던지기, 자전거 타기, 그네 타기 등의 대근육 운동뿐 아니라 쓰기, 블록 쌓기, 구두끈 매기, 색칠하기와 같이 눈과 손을 협응하여 손기술을 정확히 구사하는 소근육 운동도 발달한다.

자신의 신체를 다양하게 움직여 보고 점차 복합적으로 활용할 수 있게 되면서 움직임의 가능성, 공간인식, 유연성, 순발력, 지구력 등의 기초적인 신체조절능력을 기르게 되고 균형 잡힌 신체와 민첩한 동작은 유아에게 성공적인 경험의 기회를 제공하여 신체적 능력에 대한 자신감을 갖게 해준다.

놀이 중에는 운동량이 많은 놀이가 있는 반면에 소근육을 움직이는 놀이도 있다. 예를 들어 종이를 오려서 인형의 옷을 만들며 패턴 색종이를 이용하거나, 커다란 유니트와 바이오 블록을 조합하여 쌓기를 할 때 눈과 손의 협응력이 세밀하게 필요하다. 반면, 실외 공간을 뛰어다니며, 잡기놀이를 하는 행동과 놀이의 주제가 없이 밀고 당기며 올라타기도 하고 발로 차는 척하는 등의 거친 신체놀이(rough-and-trumble play)는 대근육 운동능력과 체력이 필요하다. 신체가 유연하여 다양한 자세와 움직임을 잘 받아들일 수 있으므로 활동적인 신체운동놀이를 하면서 놀잇감이나 놀이기구를 안전하게 사용하기 위한 태도와 기술을 익혀 위험 상황에 대처하는 능력을 기를 수 있다.

② 인지발달과 놀이

영유아기의 인지발달과 놀이의 관계는 놀이하며 수, 분류, 서열화, 공간, 시간, 보존 개념을 학습하게 된다. 놀이하면서 접하게 되는 새로운 매체, 상황들은 탐색과 실험을 통해 확산적 사고능력이 증진되고 문제해결력이 발달한다. 놀이에서 유추되는 생각들은 매체의 구성과 연관되며 놀이 상황에 따라 상징적인 의미를 부여하게 된다. 이러한 놀이를 통해 영유아는 인지적 발달의 추상적인 능력이 증진되어 놀이의 맥락을 이어가는 데 다양한 정보를 이용 수집하는 능력을 갖추게 된다.

1) 영아기

영아는 감각을 통해 세상을 알아가며 인지를 발달시켜 나간다. 기어가기를 시작으로 신체적인 자율성을 얻게 된 영아들은 구석구석 다양한 것을 찾아 조작하고 탐색하기 시작하고, 엄마 이외의 다른 사람 혹은 또래에게 관심을 보이기 시작한다. 이 시기의 영아들은 적극적으로 사물을 탐색하고 조작할 수 있으며, 행동의 원인과 결과를 추론할 수 있다. 또한, 지연모방을 시작한다. Piaget(1962)는 이 시기를 감각운동기라고 지칭하였다. 이 시기에 일어나는 감각운동놀이는 어느 날 영아가 우연히 자신의 움직임으로 인해 어떤 행위를 발견하였고, 그 행위가 자신의 욕구를 충족시켜 주고, 재미를 갖고 있기 때문에 영아들은 반복적인 행동을 보인다고 한다. 25개월이 지나면 영아는 자기를 중심으로 한 공간개념을 먼저 발달시킨다. 기본적인 색의 명칭을 이야기할 수 있고, 색의 짝을 맞출 수 있게 되며 재인 기억의 향상으로 간단한 모양의 짝도 맞출 수 있게 된다. 31개월이 지나면서 수에 대한 개념을 이해하는 비율이 증가하기도 하여 10까지의 수를 셀 수 있기는 하지만 10이 3보다 크다는 것을 인지하지는 못한다. 2세 말경이 되면 성인 뇌의 80% 크기까지 성장하게 되고, 상징적 능력이 발달하여 정신적 표상이 증가된다고 할 수 있다.

영아는 특정한 사람, 사물, 공간이라고 하는 대상에 대해 잡고, 차고, 밀고, 굴리고, 돌리는 등 직접적인 조작행동을 통해 자신과 다른 사람, 또 사물에 대한 지식을 습득해 간다. 놀이 매체에 대한 탐구를 시작하는 과정에서 영아는 예상치 못한 사물의 움직임이나 변화에 새로운 관심을 갖는다. 탐구과정에서 감각을 통해 관찰하고 비교하고 측정하고 예상하며 놀이를 통한 우연 속에 담긴 과학적 기술과 변인을 인식하고, 가설을 설정하여 결과를 도출해 낸다. 실험을 통해 새로운 행동을 학습하며 학습된 행동을 여러 상황에 재적용하면서 원인과 결과를 도출해 내고 시행착오를 경험하며 지적 발달 수준을 높여간다.

2) 유아기

3세가 되면 인지의 대부분이 형성되어 사건을 내면화하고 사물 대신 말 같은 상징을 활용하여 사고하는 능력이 증가하며, 인과에 대해 생각을 하기 시작하며 끊임없이 질문을 되풀이하기도 하고, 크고 작은 것의 차이를 알게 된다. 정확한 수 개념을 파악하지는 못하지만 자기 나이는 알 수 있다. 유아기에는 놀이를 통한 사회적 관계 맺기가 시작된다. 또래와 함께 여러 가지 놀이에 능동적으로 참여하여 경험의 폭을 넓힘으로써 인지발달이 촉진된다. 또한, 탐구과정을 통해 문제를 합리적이고 논리적으로 해결하는 능력의 토대를 기를 수 있다. 여러 가지 놀이 매체나 자연물을 가지고 놀면서 무게, 재질, 색깔, 모양, 공간, 비교, 측정 등 수학적 · 과학적 기초지식을 자연스럽게 습득할 수 있다,

연령이 높아질수록 체계적이고 순서적이며 계획적으로 사물을 사용하므로 연령 증가에 따라 논리적 · 수학적 지식을 필요로 하는 놀이를 추구한다. 영유아교육기관에서 유아가 즐겁게 놀이할 수 있도록 교사의 적절한 개입이 이루어진다면 놀이를 통한 유아의 인지발달은 보다 고차원적인 인지능력의 출현과 획득을 이룰 수 있을 것이다.

③ 언어발달과 놀이

영유아기의 언어발달과 놀이의 관계는 놀이를 통해 다양한 어휘를 습득하고 정확한 발음과 목소리를 내는 조절능력이 발달하며 문장능력도 증진된다. 영유아기는 특히 가상놀이를 통해 다양한 상황과 마주하게 되는데 이때 적합한 언어를 사용함으로써 올바른 상호작용이 길러지며 바른 언어 생활 습관을 자연스럽게 형성하게 된다. 점차로 유아기에 집단놀이가 정교화되면서 남의 말을 듣고 이해하며, 자기 생각을 적극적으로 표현하는 의사소통능력이 발달한다. 언어발달은 글자를 접하는 과정도 중요하지만, 놀이 상황을 통해 자발적으로 듣고, 말하고, 읽고, 쓰는 동기 부여의 놀이가 많을수록 증진된다.

1) 영아기

생후 3~6개월경 옹알이를 시작하는데 자기가 낸 소리에 놀라기도 하고 즐거워하며 옹알이 내기를 즐거워한다. 또한, 울음이나 표정, 몸짓 등 비언어적인 행동을 통하여 의사소통을 꾀한다. 울음으로 언어를 표현하는 영아들은 상황에 따라 다른 울음소리로 소통을 시작하고, 생후 3개월 이후 옹알이를 시작하며, 돌 즈음이 되면 간단한 말을 알아듣고 행동할 수 있게 된다. 영아는 단어가 아닌 말의 리듬, 고저, 강세에 따라 반응하며, 이를 통해 상대방의 말에서 감정을 알아차리게 된다. 엄마, 아빠, 까까, 멍멍, 야옹처럼 한 단어 혹은 의성어, 의태어의 사용이 많아지고, 단어를 이야기하면서 과잉확대현상, 과잉축소현상을 나타내기도 한다. 돌이 지나 18개월 이후부터는 두 단어를 결합시키는 의사소통을 시작한다. 이 시기의 영아들은 스스로 말하는 것을 즐겨하지만 아직까지는 표현언어보다는 수용언어가 더 많다고 할 수 있다. 생후 18~24개월 전후가 되면 언어표현이 정확해지며 질문이 많아지고, 보다 분명한 발음으로 사물을 표현하며 어른의 대화에 흥미를 가지고 주의 깊게 듣게 된다. 이후 3세경에 이르면 어휘 확장과 더불어 말의 기본 구문 구조를 이해하고 산출하기 시작한다. 언어적 · 사회적으로 풍부한 환경은 영아의 언어발달을 증진시킨다. 언어폭발기에 도달한 영아는 단일한 단어의 미분화된 사용이 둘 이상의 단어들로 결합하기 시작하여 많게는 300개의 단어를 이해할 수 있게 되고, 두 개의 단어를 결합하여 자신의 의사나 감정을 의미 있게 표현할 수 있게 된다. 영아들은 신체의 이름을 인식할 수 있고, 자신의 감정이나 생각을 말로 표현할 수 있게 된다. 주변 환경을 적극적으로 탐색하고 탐구하며 한 개와 여러 개를 구별할 수 있게 되고, 익숙한 위치와 장소를 알 수 있게 된다. 또한, 많고 적음의 의미를 이해할 수 있게 된다. "이거 뭐야?", "왜?"라는 질문을 많이 하면서 영아들이 갖고 있는 궁금증을 해결하며 사고를 확장해 가고, 이러한 궁금증에 대한 답을 스스로 연습하는 놀이나 모방을 통해 해결하기도 한다. 또한, 타인과 함께 해결해 나가려고 한다. 수용언어와 표현언어의 발달로 소리 나는 책을 통하여 의성어, 의태어가 많은 동화 듣기, 동시 듣기와 같은 놀이를 할 수 있고, 촉감동화와 같은 책에 관심을 보이며 촉감동화를 보는 것을 즐기기도 한다.

2) 유아기

3세가 되면 언어발달이 가속화되어 창의적으로 단어와 개념을 조화시킬 수 있게 되고, 무엇, 어디, 누구를 반복하는 말을 많이 쓴다. 언어기술이 점차 향상되면서 변명을 하기도 하고 공격적인 언어를 사용하기도 한다. 4세가 되면 불분명한 말들이 사라지고 억양이 좀 더 정확해지며 언어의 형태와 구조가 거의 완전해져 구문을 이해하고 자신의 의사를 말로 정확하게 표현할 수 있게 된다. 또한, 현재, 미래, 과거의 개념을 이해하고 이치에 대한 것을 알고 싶어 하고 연령이 거듭될수록 점차 논리적이 되며, 완벽한 발음체계와 풍부한 어휘를 사용할 수 있게 된다. 쓰기발달도 이루어져 자신의 이름이나 몇 개의 글자를 쓰는 것이 가능해진다. 이때의 유아들은 놀이에 필요한 다양한 언어 사용을 시도하며 언어능력을 습득하고 연습한다. 또래나 성인에게 자신의 의사를 전달하고, 타인의 의견에 반응하며, 의견을 조율하여 협동하는 방법 등을 알아나간다. 영유아교육기관에서의 사회관계는 또래와 함께 놀이에 참여하며 복잡하고 정교한 사회적 상호작용을 경험하게 하고 자신의 의견을 주장하기 위해 다른 사람들에게 생각과 의견을 말하는 방법을 배우게 된다. 이러한 사회적 관계 맺음으로 자기중심적 사고에서 점차 다른 사람의 말을 귀 기울여 듣고 이해할 수 있게 된다. 대화가 원활하게 이루어지려면 상대방의 말을 이해하는 것이 선행되어야 하고 자신의 의견을 적절하게 주장해야 되기 때문이다. 다른 사람과 함께 놀이하기를 즐기기 시작하는 유아는 또래에게 함께 놀이하기를 권유하거나 놀이방법을 설명하거나 의논하기도 하고, 새로운 방법을 만들기도 한다. 놀이가 원활히 이루어지기 위해서 규칙을 함께 만들고 규칙을 어기는 또래에게 잘못된 부분을 설명하고 이해시키는 과정도 필요하다. 함께 놀이하는 중에는 더 흥미로운 확장을 위해 방법을 변경하거나 다른 주제로 전환하기 위해 또래를 설득해야 하는 경우도 종종 일어난다. 이러한 과정의 반복은 유아의 의사소통 기능을 성장시켜 준다. 유아의 언어발달에서 지식이 풍부한 대상 즉, 부모나 영유아교육기관 교사와의 상호작용이 유아의 언어발달에 반드시 필요하고 영향력을 발휘하는 주체이다.

유아는 놀이에 참여하여 복잡하고 정교한 사회적 상호작용을 경험하며 일상생활 속에서 접하는 글자와 상징에 흥미를 느끼게 된다. 놀이 중 필요한 글자를 읽고 쓰는 경험은 단순히 글을 읽고 쓸 줄 아는 것을 넘어서서 글의 의미를 정확하게 이해할 수 있는 문해능력도 기를 수 있게 된다. 예를 들어, 부루마블 보드게임을 매개로 세계 여러 나라 놀이를 할 때 내가 알고 있는 나라의 이름과 국기를 그릴 수 있어야 하고, '구글 earth(구글 앱 중에 하나)'를 활용해 지구를 검색할 때 한글로 내가 보고 싶은 나라의 이름을 컴퓨터 키보드에 있는 자음과 모음으로 조합하는 기술도 필요하다. 친구와 함께 놀이하다가 다툼이 생겨 마음이 속상한 친구에게 보내는 편지에 자신의 감정을 담을 때도 글과 그림을 쓰는 행동을 한다. 또래에게 편지를 받을 때도 읽기 행동은 필요하다. 유아는 놀이 상황에서 주어지는 다양한 환경에 여러 가지 자료를 활용하여 글자와 수를 쓰기도 하고 그림도 그리며 자신이 쓴 것을 읽고 설명하는 행동을 반복하게 된다.

④ 사회 · 정서발달과 놀이

영유아기의 사회 · 정서발달과 놀이의 관계는 영유아의 정서가 부정적인 성향을 보일 때 놀이를 통해 정화시킬 수 있는데 이는 영유아 정신건강에 매우 도움이 된다. 또한 놀이를 하면서 긍정적인 자아개념, 성취감, 자신감, 자율성, 인내심 등 건전한 정서를 형성한다. 영유아는 놀이를 통해 감정을 통제하는 법을 배울 뿐 아니라, 언어로 마음의 여러 감정을 쉽고 편리하게 표현할 수 있게 된다. 또래 간의 갈등 상황은 영유아의 성향마다 다르게 나타날 수 있는데 타인의 정서를 이해하고 자신의 정서를 표현하거나 절제하는 능력이 다를 수 있다. 이를 위해 다른 사람들과 함께 살아가는 방법을 익히고 사회적 규칙과 기준을 학습하며 자아인식, 사회적 행동, 성역할, 도덕성 등 사회 · 정서발달이 놀이와 일상에서 어떻게 성장하는지 개별적인 관찰이 필요하며 영유아의 동일한 정서도 다르게 표현될 수 있다.

1) 영아기

신생아기의 영아도 배가 불러 만족스러울 때는 웃고, 세상을 응시하지만, 기저귀가 축축하거나 자신의 몸을 감싸고 있는 환경이 불편할 때는 울음소리를 내거나 팔다리를 움직이고 온몸을 비틀며 부정의 감정을 표현하며 기쁨, 분노, 공포 등 여러 가지 정서 반응을 한다.

'도리도리 까꿍', '짝짜꿍' 등의 놀이는 성인과의 친밀감을 느끼며 애착을 형성하게 하고 '보송보송 기저귀 갈이' 놀이는 기저귀를 갈 때, 양육자와 신체 접촉을 느끼고 생활 속 언어를 접할 수 있게 한다. 일상생활의 경험 자체가 세상을 탐색하고 주변 사람과 상호작용할 기회가 되며, 이와 같은 경험이 편안하고 즐거울수록 영아는 사랑받고 있다고 느끼며, 세상을 믿을 만한 곳이라고 믿게 된다. 따뜻한 촉감은 영아에게 높은 자아존중감을 형성하도록 도움을 주기도 한다. 영아의 온몸을 움직이게 하는 신체놀이는 영아의 스트레스를 감소시키고 긍정적인 정서를 갖게 하여 감정조절 기능을 향상시켜준다. 대부분 놀이는 순서가 있고 자극에 대한 반응을 갖고 있어 성인의 행동을 기다렸다가 영아도 반응하며 반대로 영아가 행동하고 성인의 반응을 기다리며 놀이를 하기도 한다. 이러한 과정은 영아에게 사회적 규칙을 경험하게 해준다. '내가 할 거야', '내 거야'를 주장하며 모든 상황에서 자율성 획득을 위해 부단히 도전하는 영아기에는 놀이를 하면서 마음대로 해도 되는 것과 내 마음대로 하면 되지 않는 것을 이해하게 되고 감정과 행동을 적절하게 표현하는 경험을 하며 자아인식이 발달하게 된다. 놀이와 놀이를 하기 위한 매체를 매개로 영아 자신의 정서를 표현하는 것뿐만 아니라 통제하는 방법도 배우고 부정적인 감정은 놀이로 표출해 나가며 정서적으로 위안을 받을 수 있는 것이다.

2) 유아기

유아기는 특정한 감정의 상태가 지속되는 시간이 짧다. 친구와 함께 같은 놀잇감을 가지고 크게 웃으며 놀이하다가도 갑자기 다툼이 시작되기도 한다. 그러다 초콜릿 하나를 나눠 먹으며 감정이 해소된다. 유아는 자신과 타인의 정서를 언어로 표현하면서 정서에 대한 이해력과 조절력이 더욱 발달한다. 유아의 긍정적인 정서발달은 성인, 또래와 친숙한 관계를 형성 및 지속하는 데 영향을 미치기에 중요하다. 정서이해능력과 표현능력 또한 급속도로 발달하여 단순 정서(기쁨, 슬픔, 놀람, 분노)가 느껴지는 이유도 이해할 수 있게 된다. 하지만 언어능력이 제한되어 있기 때문에 놀이를 통해 자신의 감정이나 생각을 표현하는 경우가 많다. 또래와 함께 가상놀이가 활발해질수록 사회 · 정서 감정에 대해 이해하기 시작하며 어휘로 표현하는 능력도 발달된다.

유아는 성장을 거치며 형성된 자아개념을 바탕으로 또래와 함께 놀이하면서 다양한 사회적 경험을 하며 자신을 유능하고 중요하며 가치 있다고 생각하는 자아존중감을 발달시킨다. 유아기에는 놀이를 하며 우정이 형성되는데 우정을 통해 또래에 대한 이해심을 발달시킬 수 있고, 사회적 상상 놀이는 사회적 상호작용뿐 아니라 정서이해와 표현력 발달에 도움을 주기도 한다. 또래와 놀이하며 경쟁하고 대립하게 되기도 하지만 함께하기 위한 기술을 배우고 집단에 수용되기 위한 규칙의 기준을 알게 되고 실행할 수 있게 된다. 영유아교육기관의 교사도 놀이 구성원 중의 하나가 되어 지식을 전달하는 역할이 아니라 유아들과 생각을 함께 나누고 고민하며 놀이의 즐거움을 공유하는 역할을 한다.

유아의 놀이에는 분명한 목적이나 동기가 없고 성패를 따지지 않으며 결과를 설명해야 할 필요도 없고, 의무적으로 수행해야 할 과제도 아니다. 목적 없이 즐거움을 추구하며 놀이한다는 것은 즐겁고 행복한 감정을 경험하는 것이다. 놀이하면서 성취감, 자신감, 자율성, 절대적 도덕심 등 건전한 정서를 형성하게 되어 이를 통해 조망능력과 공감능력의 기초를 다질 수 있게 된다.

5 창의성 발달과 놀이

영유아기의 창의성 발달과 놀이의 관계는 창의적 사고능력, 창의적 성향, 지식, 재능, 기술, 내적 동기와 같은 창의성 발현 조건의 개별 요소의 계발되는 순서가 다를 수 있다는 점을 고려해야 한다. 즉, 민감성, 집중력, 호기심, 자발성과 같은 창의적 성향을 키우는 것이 영아기부터 가능하다면 전두엽이 성장하는 유아기 이후는 확산적 사고나 문제해결력과 같은 창의적 사고능력을 키워나가는 데 보다 적절한 시기가 된다. 이와 같이 영유아기의 놀이와 창의성의 발달은 놀이를 하면서 호기심, 자발성, 민감성이 발달하고 다각적인 탐색이 일어나 확산적인 사고를 하게 되며 가작화 요소가 내포된 상상 놀이를 하면서 창의력이 발달된다. 또한, 놀이 중에 새로운 아이디어가 발현되면서 독창성이 발달하게 된다.

1) 영아기

인간은 모두 동등한 창의성을 지니고 있지는 않지만 태어나면서부터 인지적 행동과 창의성에 대한 능력을 잠재적으로 가지고 있으며, 타고난 창의성을 놀이를 통해 발현시킨다. 영아는 자신의 신체를 둘러싸고 있는 일상용품과 놀잇감을 가지고 놀이를 하면서 점차 시야를 넓혀간다. 신체의 움직임이 발달하고 가동반경이 넓어질수록 주변 세계에 관심을 보이고 감각과 지각능력이 발달함에 따라 탐색 영역을 확대해 나간다. 놀이는 영아기 생활 그 자체이다. 놀이는 영아가 자신의 능력을 사용하고 많은 기술을 배우는 가장 자연스러운 방법이다. 놀이 중에 발견한 우연한 현상은 영아에게 즐거움이 되고 호기심을 자극시킨다. 예를 들어 우연히 바라본 거울 속 나의 모습을 인식하며 새로운 신체운동을 시도하게 한다.

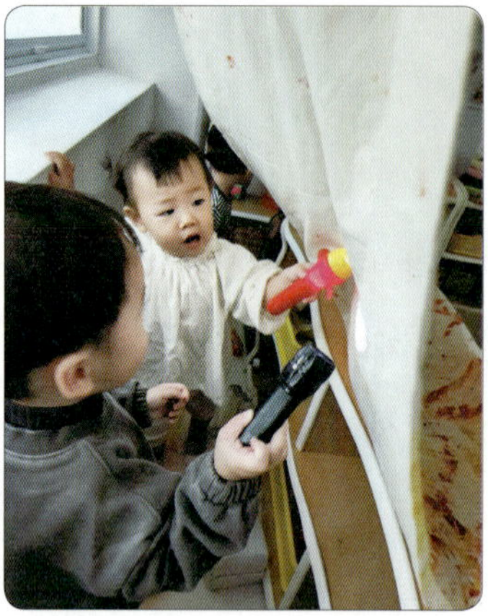

물티슈 한 장을 뽑으면 다른 한 장이 쏙 따라 나오고 잡았다가 놓친 두루마리 휴지는 떼굴떼굴 굴러가면서 기다란 줄이 펼쳐진다. 손전등을 손에 꼭 쥐고 들어간 커튼 뒤는 영아에게 탐색 욕구를 무한히 펼칠 수 있는 공간이다. 손전등은 햇빛과는 다른 빛을 내면서 어두웠던 공간을 비춰주고 내밀어 본 손으로 그림자가 생긴다. 내가 움직일 때마다 따라서 움직이는 빛은 영아로 하여금 상상하며 흥미 요소를 향해 새로운 시도를 하게 한다. 영아들은 발달상 구멍이나 틈을 좋아한다. 작은 공간에 몸을 구기고 들어가 어두운 곳을 비추며 시도하는 영아는 이미 무한한 상상력을 발휘해 내고 있다.

놀이를 통해 시도하는 탐색 활동은 다양한 도전을 하게 하며 이는 창의적인 사고의 원동력이 되는 상상력을 촉진하며 오감을 통해 다양한 정보를 받아들일 수 있다는 점에서 중요한 의미가 있다.

2) 유아기

유아기는 창의성 증진을 위한 결정적 시기로 앤드류(Andrew, 1930)는 창의성 계발에 꼭 필요한 창의적 상상력은 3세부터 4세 사이에 최고조에 달한다고 하였다(김문희, 2009 재인용). 전경원(2001)에 따르면 만 4~5세가 되면 창의적인 사고가 발전되어 창의적인 행동들이 뚜렷하게 나타나기 시작하는데 유아의 창의성 발달이 최고조에 달하는 때에 창의적인 특성이 최대한 신장될 수 있도록 최적의 인적 · 물적 환경을 조성해 주어야 한다.

탬버린 악기는 가상현실(VR)에 나온 공룡을 찾아 떠나는 유아에게는 자동차 핸들이 된다. 놀이의 확장에 따라 기존 체계 내에서의 놀잇감은 사고의 융통에 따라 독창적인

다른 쓰임새가 된다. 신체 표현하기를 통해 느낌이나 감정을 새로운 형태의 동작으로 나타내고, 창의적이고 다양한 놀이를 시도하며 매우 즐거워한다.

유아기의 놀이와 창의성 발달의 관계는 놀이를 통해 호기심, 자발성, 민감성이 발달하게 되고 다각적인 탐색을 하게 하여 확산적 사고능력이 증진될 수 있다. 또한, 극놀이를 통한 가작화 요소는 상상력이 발달하게 한다. 놀이는 항상 특별한 생각을 하게 하여 독창성이 발달하게 된다. 상상력은 유아가 체험하지 못한 영역을 뇌로 끌어들이는 가장 강력한 힘이다. 놀이는 유아가 머릿속으로 그려내는 힘을 생성할 수 있는 새롭고 가치 있는 행위이다.

CHAPTER

〈재활용품 로봇! 생명을 얻다!〉
상자로 만든 로봇

5

영유아의 놀이를 지원하는 교사의 역할

1. 놀이 중심 교육과정에서 교사 역할의 중요성
2. 놀이 중심 교육과정에서 교사의 역할

한 국가의 교육과정은 미래의 유능한 민주시민을 양성하는 근간으로서 교육의 방향을 규정한다. 2017년 교육부에서 영유아교육 혁신방안을 제시하게 됨에 따라, 2019년 영유아 중심, 놀이 중심 교육과정인 누리과정이 개정되었고 이어서 2020년 0~2세 영아를 포함한 제4차 표준보육과정이 고시되기에 이르렀다. 개정 누리과정과 제4차 표준보육과정은 '영유아에게 놀이는 배움이 가장 잘 이루어질 수 있는 방식이며, 배움이자 삶이다.'라고 말하면서 '영유아 중심, 놀이 중심'을 추구하는 교육과정임을 밝히고 있으며 교사가 계획하여 주도하는 교육과정에서 벗어나서 영유아가 주도적으로 놀이하며 배우는 교육과정으로의 변화를 촉구하고 있다.

이 장에서는 놀이 중심 교육과정을 운영하기 위한 교사의 역할에 대해 살펴보기로 한다.

1 놀이 중심 교육과정에서 교사 역할의 중요성

국가 수준의 교육과정이 현장에서 잘 시행되기 위해서는 무엇보다 교육과정 실행의 주체가 되는 교사들의 역할이 중요하다. 즉, 교육과정을 어떻게 이해하고 해석하는지, 교사들이 교실에서 교육과정을 어떻게 실행하는지에 따라 교육과정의 결과가 달라질 수 있다. 교사는 영유아와 함께 배우고 성장하는 전문가이며, 영유아의 놀이와 배움을 지원하는 교육과정의 주체로서 영유아의 놀이를 지원하는 교사의 역할을 강조하고 있다(보건복지부, 2020). 즉, 교사는 교육과정에 대한 정확한 이해를 바탕으로 급변하는 사회적 변화와 가치를 능동적으로 추구하고 실천하는 전문적 역량을 가져야 한다.

영유아는 놀이를 통해 즐거움과 행복을 경험할 뿐만 아니라 각자의 방식대로 느끼고 배우기 때문에 영유아의 놀이는 개별 경험을 바탕으로 하는 새로운 배움과 도전이 된다. 이와 같이 영유아의 흥미와 요구에 의해 발현된 놀이를 지원하기 위해서는 보다 유연하게 놀이 중심 교육이 운영될 필요가 있다. '영유아 중심, 놀이 중심' 교육과정의 성공적 실행은 기존 교육과정 실행에 대한 고정관념의 틀을 깨려는 교사의 노력 여부에 달려 있다고 해도 과언이 아니다.

② 놀이 중심 교육과정에서 교사의 역할

놀이 중심 교육과정에서 교사의 역할을 그림으로 제시하면 다음과 같다.

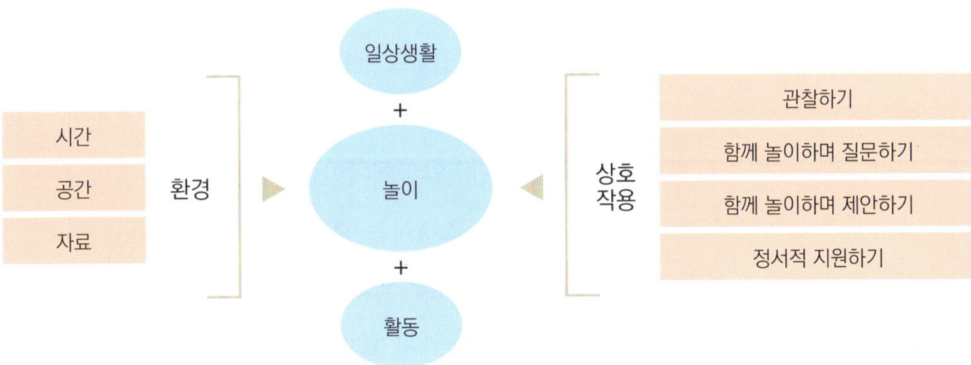

1) 놀이지원자로서의 역할

놀이지원자로서 교사의 역할은 영유아의 흥미와 관심을 존중하고 영유아가 주도적으로 탐구하고 경험을 구성할 수 있도록 교육적 지원방안을 계획 · 실행하는 교육 전문가로서의 교사의 역할을 제시한다. 영유아가 중심이 되어 주도하는 놀이는 교사나 성인의 간섭과 제지를 최소화하고 영유아가 다양한 놀이환경, 놀이 매체와 만날 때 보다 더 적극적으로 일어난다. 따라서 실내의 제한된 흥미 영역과 교사가 미리 정한 교육과정에서 놀이하는 방식보다는 영유아가 일상 속에서 자유롭게 놀이하며 흥미 있는 주제의 놀이를 발견하고 즐기는 방식으로 바꾸어야 한다. 교사는 영유아가 주도하는 놀이를 이해하려고 노력하고 그 속에 내재된 의미와 가치를 파악해서 무엇을 지원해야 하는지 발견한다. 그러므로 교사는 영유아들의 놀이 흥미와 주제 흐름에 따른 놀이 상황과 내용에 따라 새롭게 생성되는 영유아의 놀이를 존중하고 이해하면서 그들이 필요로 하는 놀이 자료와 놀이 공간과 규칙, 안전 등을 고려하여 필요한 지원을 해야 한다.

(1) 교육적 지원 계획하기

① 교사는 영유아들의 놀이를 지원하기 위해 연간, 월간, 주간, 일일계획안을 작성할 때 기관의 철학, 개인 수준의 다양성, 기관의 행사 등을 고려하여 자율적으로 수립하여야 한다.

② 연간, 월간, 주간계획안이 작성되었다 하더라도 영유아의 놀이가 발현되어 나타날 때는 즉각적으로 놀이 주제에 반영될 수 있도록 연간계획을 조정하는 것이 중요하다. 즉, 미리 작성된 연간, 월간, 주간, 일일계획안에 얽매이는 것이 아니라 영유아들의 놀이 상황에 따라 융통성 있게 조정하는 것이 바람직하다.

③ 영유아의 놀이를 관찰하고 이를 지원하는 방식으로 영유아의 경험을 제안할 수 있으나 교사의 제안을 받아들이는 것은 영유아의 권리이므로 영유아의 의견을 존중하도록 한다.

④ 매일 진행된 영유아의 놀이를 기록하고 매주 혹은 영유아의 놀이 주제에 맞추어 지원 계획을 수립하고 지원할 내용을 계획한다.

(2) 일과 구성하기

① 영유아들의 놀이가 진행되면서 중요한 배움의 순간이 포착되는 경우 놀이를 중단하지 않고 놀이시간을 연장할 수 있다. 놀이 지속을 위해 일상생활 운영방법, 일과 중 시간 배치 등의 변화를 통해 배움의 순간이 일어나는 놀이시간을 충분히 주

도록 한다.

② 날씨나 자연현상에 대한 관심을 놀이에 반영할 수 있다. 놀이 중심 교육과정은 정해진 놀이를 하는 것이 아니므로 날씨나 자연현상에 대한 관심으로 언제든지 새로운 놀이가 시작될 수 있다.

③ 영유아의 흥미와 놀이의 흐름에 따라 놀이 진행은 달라질 수도 있다. 영유아에게서 발현된 놀이 주제인 경우 놀이 주제가 달라지는 경우가 많으므로 억지로 놀이 주제를 이끌고 가지 않도록 유의한다.

④ 전날의 기록과 평가를 반영하여 다음날 일과를 다른 순서로 조직하거나 운영할 수 있다. 예를 들면, 실외놀이를 오전에서 오후로 변경하거나 간식시간을 실외에서 먹는 것으로 변경하는 등 영유아의 놀이 흐름을 존중하여 일과를 변경하도록 한다. 일과의 변화가 필요한 경우 영유아의 의견을 반영하도록 한다.

⑤ 교실에 전날의 놀이 흔적을 남겨둠으로써 또는 미디어를 통해 친구들의 놀이를 소개하는 시간을 가짐으로써 우리 반의 놀이 경험을 공유할 수 있다. 뿐만 아니라, 다른 연령의 영유아와 놀이 경험을 공유할 수 있다, 복도, 공동 놀이실, 실외놀이 등에서 다른 연령의 영유아와 놀이 경험을 공유할 수 있다. 예를 들면, 공동 놀이실에서 월드컵 축구 놀이를 하는 영유아들을 동생반 영아들이 응원하는 등 공동 공간에서 놀이 경험이 공유될 수 있다.

(3) 놀이와 연계된 활동을 통한 영유아의 배움 지원

교사는 일상과 활동에도 영유아의 흥미와 관심을 반영하여 영유아가 즐겁게 경험하며 배울 수 있도록 지원해야 한다. 교사가 활동을 운영할 때 영유아가 주도하는 놀이의 내용과 연계하면 영유아는 더욱 즐겁게 배울 수 있을 것이다. 예를 들면, 현재 교실 속 놀이에 통합되면서 영유아의 놀이 흥미나 관심과 관련된 동화 듣기, 노래 부르기, 요리하기, 게임 등을 제안하여 즐거운 놀이 참여를 이끄는 것이다. 또한, 영유아는 자신의 놀이를 친구들에게 소개하거나 놀이 규칙을 만들고, 특정 관심 주제에 대해 함께 알아보기 등 필요에 따라 이야기 나누는 것도 가능하다. 만약 교사가 영유아의 놀이를 지원하기 위해 다양한 활동을 이미 계획했더라도 이는 영유아의 흥미와 놀이 관심도에 따라 수정될 수 있다. 영유아의 흥미나 관심 등을 고려하지 않고 미리 정해진 생활 주제에 따른 활동만을 진행하기보다는 영유아가 주도해 가는 놀이와 연계하여 활동을 진행하는 것이 놀이의 성장을 위해 바람직하다. 더불어 교사는 영유아의 건강과 안전, 생활규칙을 위해 필수적으로 요구되는 일상생활습관 지도나 안전교육, 소방교육, 성교육 등을 계획하여 운영할 수 있다.

2) 놀이환경구성자로서의 역할

개정 누리과정과 4차 표준보육과정에서 놀이환경은 영유아가 놀이하는 실내 · 외 모든 공간과 놀이 자료를 포함한다. 영유아가 보고 듣고 만지며 자유롭게 표현할 수 있는 놀이환경은 놀이가 다양하게 이루어지도록 하는 중요한 교육적 자원이다. 따라서 교사는 다양한 실내 · 외 놀이환경과 풍부한 놀이 자료를 제공하여 영유아의 놀이가 활성화되도록 돕는다.

(1) 다양하고 안전한 실내·외 놀이 공간 구성

교실을 포함한 영유아교육기관의 실내 공간은 영유아에게 가장 친숙하고 익숙한 놀이환경이다. 교사는 영유아의 자유로운 놀이 지원을 위해 이와 같은 놀이 공간을 구성, 변형할 수 있다. 교실의 흥미 영역은 영유아들이 가장 좋아하는 놀이를 중심으로 구성하며, 영유아들이 흥미를 보이지 않는 영역은 다른 영역과 통합, 재구성하거나 다른 영역으로 대체하여 놀이 공간을 보다 넓게 확보해 주는 것이 좋다. 더불어 영유아의 관심과 흥미에 따른 주제, 또는 요구로 새로운 영역을 구성할 수 있으며, 이때 영유아들은 주도적이고 창의적으로 놀이 영역을 만들 수 있다. 교실 밖의 복도나 계단, 강당, 실내 유희실, 구석진 공간 등 영유아가 놀이할 수 있는 실내 공간은 먼저 안전을 확인한 후에 놀이 공간으로 구성할 수 있다.

실외 공간에서는 마음껏 뛰어놀며, 자연과 계절의 변화를 만나고 느끼며 탐색할 수 있는 놀이를 할 수 있다. 교사는 안전하게 놀이할 수 있는 공간과 자료를 구성하여 영유아가 자신의 몸을 충분히 움직여 즐겁게 놀이하고, 위험으로부터 스스로 안전하게 보호하는 능력을 기를 수 있도록 도와야 한다. 더불어 영유아들이 활발한 신체움직임을 통해 모험과 도전을 하면서 자유롭게 탐색하는 놀이도 다양하게 경험할 수 있도록 놀이환경을 구성한다. 실외 자투리 공간, 텃밭, 통로, 작은 마당 등은 공간의 특성과 안전을 고려하여 실외 놀이환경으로 구성하고, 영유아교육기관이 있는 위치와 주변 상황에 따라 인근 공원과 놀이터도 놀이 공간으로 활용할 수 있다.

(2) 풍부한 놀이 자료 제공

놀이 자료는 영유아가 놀이에 사용하는 놀잇감, 매체, 재료와 도구 등을 포함한다. 영유아에게 놀이 자료는 자신의 감정과 생각, 상상 등을 자유롭게 표현하는 수단이자, 세상을 이해하고 알게 된 지식을 드러내는 중요한 역할의 매개물이다.

여러 매체, 감각 자료, 그림책, 재활용품 등을 적절히 제공할 수 있으며 계절이나 행사, 국경일과 관련된 자료는 시기와 내용에 맞게 제공할 필요가 있다. 자연현상도 놀이의 매개 또는 놀이 주제가 될 수 있으므로 여러 열매, 낙엽, 솔방울 등을 주워 교실로 가지고 들어와 놀이 자료로 쓸 수도 있다. 또한 상품화, 정형화된 놀잇감 이외에 비구조적인 열린 자료들도 풍부하게 제공하여 영유아가 자신만의 다양한 방법으로 활용할 수 있도록 지원하며 영유아가 발견한 새로운 놀이 자료나 창의적인 놀이 방식을 인정하고 존중해야 한다. 놀이 자료를 활용하는 과정에서 영유아가 스스로 선택한 방법 속에서 배움이 일어나도록 지원한다.

놀이 자료를 제공할 때는 영유아가 자유롭게 충분히 탐색할 수 있도록 자료의 사용 방법이나 놀이 방식, 놀이 시간을 지나치게 제한하지 않도록 주의한다. 실내에서도 몸 움직임 속에서 놀이성을 찾을 수 있도록 지원한다. 영유아들은 신체적인 움직임을 통하여 즐거움을 느끼므로 실내 공간이라고 하여 움직임을 지나치게 제한하지 않도록 한다.

3) 상호작용자로서의 역할

영유아가 주도하는 놀이 중심 교육과정에서는 또래 간의 상호작용이 더욱 활발하고 자주 일어난다. 영유아는 또래들과 함께하는 놀이 속에서 자기 생각을 표현하거나, 친구들의 의견을 듣고 때때로 자신의 생각을 바꾸기도 한다. 더 재미있게 놀이하기 위해 배려하거나 양보하고, 또는 나와 다른 의견들도 수용하며 자신의 감정을 조절하는 경험도 할 수 있다. 그러므로 교사는 영유아들이 자유롭고 적극적으로 놀이할 수 있는 분위기를 지원하여 영유아 간의 활발한 상호작용을 격려해 주어야 한다.

① 교사는 영유아의 놀이에 귀 기울여 놀이의 의미와 가치, 배움을 발견하고 이를 심화하고 확장하기 위해 관찰을 통해 영유아의 기질과 성향, 사회적 능력, 대인관계 등을 파악하여 지원의 방법을 달리하면서 의미 있는 상호작용을 한다. 즉, 영유아의 배움을 이끄는 질적인 상호작용을 해야 한다.

② 즉각적인 개입을 하는 경우 영유아의 자율성과 자유로운 놀이를 방해할 수도 있으므로 즉각적인 개입보다는 영유아를 관찰하면서 기다리다가 개입의 기회를 찾도록 한다. 때로는 개입하지 않고 기다려주었을 때 영유아의 자유로운 놀이가 더 확장되어가는 것을 볼 수 있다. 영유아가 도움을 요청할 때에도 영유아에게 스스로 문제를 해결할 기회를 먼저 주고 개입하는 것이 좋을 수도 있다.

③ 영유아의 자유로운 놀이를 지원하는 것이 중요하나 때로는 영유아의 흥미와 관심보다 안전이나 교육적 가치에 의미를 부여하는 상황이 있을 수 있으므로 교사의 교육적 판단이 중요하다.

④ 영유아 주도적인 놀이 상황에서 필요한 경우 영유아는 교사에게 놀이 제안을 하기

도 하며 놀이에 초대하기도 하는데 이때 교사는 공동 놀이자가 되어 놀이에 참여하게 된다.

⑤ 영유아가 상상력을 발휘하여 새로운 상상을 놀이로 구현할 수 있도록 지원하고 놀이 도중 문제를 발견하고 스스로 문제를 해결하도록 지원한다.

⑥ 영유아가 놀이를 통해 성취감을 경험하도록 긍정적 격려를 통한 정서적 지원을 아끼지 않는다. 영유아 스스로 놀이를 시작할 수 있고 놀이를 통한 즐거움과 성취감을 느낄 때 교사의 정서적 지원은 영유아로 하여금 놀이를 통한 성장을 할 수 있는 중요한 동기가 된다.

⑦ 교사는 일방적인 지식의 전달이나 정해진 답을 듣기 위한 발문이 아닌 영유아의 흥미와 관심과 연계된 놀이 지원을 위한 상호작용을 하도록 한다.

4) 놀이와 휴식, 안전에 대한 교사의 역할

(1) 개별 영유아의 요구에 따라 휴식과 일상생활이 원활히 이루어지도록 한다.

영유아교육기관에서 영유아의 하루일과는 놀이와 휴식을 적절하게 조절하여 운영하면서, 개별 영유아의 요구도 반영해야 한다. 교사는 영유아의 당일 건강 상태나 기분, 날씨나 계절, 기관의 주변 환경 및 상황 등에 따라 하루일과를 융통성 있게 운영할 수 있어야 한다. 획일적인 하루일과를 운영하기보다는 배변이나 낮잠, 휴식 등 영유아마다 다른 신체 리듬을 존중하여 반영해서 하루일과를 운영해야 한다. 교사는 영유아의 일과 속 놀이, 활동 상황을 살피고 개별 영유아의 요구 등을 적절히 반영하여 하루일과가 원활하게 이루어지도록 해야 한다.

(2) 놀이를 통해 안전의 중요성을 배우도록 지도하는 역할을 한다.

① 위험요소를 해결할 수 있는 방법을 영유아들과 함께 찾는다. 예를 들면, 공원으로 산책을 가서 자유롭게 놀이하려면 어떤 약속을 지켜야 하는지 함께 모색해 볼 수

있다.

② 영유아들은 여러 다양한 도구를 사용하여 유능감을 키우고 놀이의 확장성이 커지게 된다. 위험해 보이는 도구들을 무조건 사용하지 못하도록 하기보다는 다양한 공구나 요리용 도구를 사용해서 보다 정교한 놀이가 가능하도록 지원한다.

③ 놀이 공간과 놀이 자료를 영유아들 스스로 찾고, 위험요소 대처 방법을 영유아가 생각하도록 한다. 예를 들면, 테라스 공간을 영유아들이 놀이 공간으로 사용하기 원한다면 어떤 위험요소와 어려움들이 있을지 찾아보고 스스로 해결할 수 있도록 지원한다.

④ 기관 실내 · 외 공간의 특성을 알고 놀이하기 위해서 필요한 약속을 정하게 한다. 예를 들면, 좁고 긴 복도에서 발생할 수 있는 위험요소를 생각해 보고 약속을 정할 수 있다. 그러나, 규칙이 너무 많으면 영유아들의 놀이를 위축시킬 수 있음을 알고 적절한 약속을 마련하는 것이 중요하다.

⑤ 학부모에게 영유아 중심, 놀이 중심 교육과정의 의미를 이해시킴으로써 영유아의 자유로운 도전이 방해받지 않도록 한다. 영유아의 자유로운 실험, 놀이 경험이 확장되려면 부모의 과잉보호와 학습에 대한 지나친 요구는 방해요소가 될 수 있으므로 부모교육을 통해 놀이의 중요성을 전달하도록 한다.

CHAPTER

〈재활용품 로봇! 생명을 얻다!〉
우주 그림 표상

6 놀이와 디지털 미디어

1. 미래 사회의 삶과 교실
2. 영유아교사의 디지털 역량 강화의 필요성
3. 디지털 매체 이해하기

1 미래 사회의 삶과 교실

미래 사회의 삶과 교실의 모습은 지금과는 많이 달라질 것이다. 21세기에 접어들면서 4차 산업혁명 시대의 도래로 세계 여러 나라의 교육과정 동향이 개별화된 교육과정, 융복합 및 역량 중심 교육과정, 자율성과 융통성의 교육과정과 더불어 디지털 교육과정을 지향하고 있기 때문이다. 또한, 우리나라 미래 정책으로 6차 교육 정보화 기본계획에서 디지털 교과서 개발 및 보급 등과 같은 'ICT 융합 교수-학습지원체제', 자기주도적 원격연수 환경을 제공하는 등의 '미래 사회 변화 대응 디지털 역량 강화', 첨단기술을 활용한 맞춤형 교육서비스를 제공하는 '상상이 현실이 되는 미래 교실 구축'을 발표한 바 있다(박은혜, 2021 재인용). 따라서 미래에 행해지는 교육 방향은 디지털 미디어 기술의 창의적인 활용과 인간성의 조화로움에 있을 것이므로 변화하는 시대에 맞춰 영유아교육기관에서도 디지털 미디어를 활용한 교육에 관심을 가지고 교육 현장에서의 적용에 힘써야 할 것으로 보인다.

1) 디지털 대전환, 교육 패러다임의 변화

(1) 디지털 세상의 모습

인공지능과 다양한 소프트웨어 등의 발달로 메타버스(Metaverse)라는 용어를 쉽게 접할 수 있는데 Meta(가상)와 Universe(세계, 우주)가 합쳐진 단어인 Metaverse는 현실을 초월한 가상의 세계라는 의미를 지닌다. 이제는 메타버스란 개념이 인문, 사회, 경제, 과학 분야뿐만 아니라 시 · 공간을 초월한 온라인 학습을 강조하며 원격수업, 비대면 수업의 강화 등 교육에까지 변화를 요구하고 있다. 그 밖에 오프라인 미디어 교육 인프라를 전국으로 확대하며 디지털 공간에서도 소통하고 능동적으로 참여할 수 있는 디지털 시민성 강화를 도모하고 있다.

(2) 영유아의 디지털 기반 놀이 경험

현시대를 살아가고 있는 영유아들은 그들을 표현할 때 '디지털 네이티브(Native)'라고 말하는 것처럼 태어날 때부터 디지털 미디어에 노출되어 왔다. 어릴 적부터 스마트폰으로 촬영하는 어른들의 영향으로 쉽게 디지털 기기를 접할 수 있었고, 특히 가족 간의 영상통화, 음악 및 영화감상, 게임, 음성으로 텔레비전이나 각종 전자 기계들을 쉽게 켜고 끌 수 있는 일상을 겪으며 어느새 아이들은 디지털 원주민으로 자라나고 있다. 또한, 영유아교육기관에서의 놀이환경도 예전보다 디지털 기기나 매체, 앱 또는 디지털화된 자료, 온라인 콘텐츠를 활용하고 놀이하는 경험들이 늘어나면서 영유아들의 디지털 경험은 지속적으로 높은 상승 폭을 유지하고 있다.

(3) 코로나19 팬데믹이 앞당겨 불러온 미래 교육

미래 교육으로 인간의 지각능력, 추론능력, 학습능력을 갖춘 컴퓨터 시스템인 인공지능 AI(Artificial Intelligence) 시대가 올 것으로 예측되어 왔으나 갑작스럽게 찾아온 코로나19 팬데믹이 그 시기를 앞당겼다. 전 세계적으로 사람과 사람을 잇는 대면 접촉보다는 비대면으로 모든 사회적 흐름이 흘러가고 있고 영유아교육 현장에서도 예외는 아니어서 디지털 미디어를 활용한 비대면 교육이 활성화되었다. 코로나19 팬데믹 시대를 통해 낯선 환경의 교육을 진행하며 교사들은 자연스럽게 디지털 미디어 활용능력과 정보수집 역량이 향상되었다. 이에 교사들은 사회적 흐름에 따른 교육 패러다임의 변화를 느끼고 경험하게 되었다.

2) 디지털 리터러시(Digital literacy)

4차 산업혁명 시대를 살아갈 영유아들이 만나게 되는 미래 학교의 모습은 21세기 교수-학습 역량, 첨단기술 등 미래 사회 변화를 위해 준비하고 있다. 이같이 디지털 사회로의 진입이 빨라진 요즘 변화된 미래 환경에 능동적으로 대처하기 위해서 우리는 디지털 문맹으로부터 탈피 즉, 디지털 리터러시(Digital literacy)에 적극적으로 임해야 한다. 세계 각국의 교육 현장에서도 미래 교육 현장 교육자들의 필요한 역량 중 디지털 교육을 강조하고 있으며, 영유아교육 분야에서도 이러한 교육 동향을 반영하고 있다. 유네스코의 미래 교육 구상에서도 미래 사회 학습자에게 필요한 핵심역량으로 디지털 리터러시와 데이터 리터러시를 강조하고 있다(교육부, 2021).

(1) 영유아의 놀이와 디지털 활용

영유아의 놀이에 디지털을 지원하는 것이 과연 괜찮은 건지 우리는 고민할 때가 있다. 너무 빠른 디지털 환경의 지원으로 강렬한 시청각적인 자극, 디지털 미디어에 과잉 몰입 등 우려되는 부분도 없지 않기 때문이다. 그러나, 디지털 원주민인 영유아들은 이미 인공지능, 디지털 환경에 자연스럽게 노출되어 있다. 부정적이고 불안한 관점만으로 생각하기보다는, 현재 살고 있는 지금은 이미 인공지능 시대에 접어들었으므로 인공지능과 함께 잘 살아나가는 방법들을 찾아야 한다. 그럼, 언제부터 디지털에 노출되는 것이 적당할까? 영유아기에 형성된 인공지능에 대한 올바른 이해는 생애 전 주기에 걸쳐 긍정적인 영향을 미칠 것이므로 영유아기 때부터 올바른 인공지능 교육이 필요하다. 그러나, 너무 어린 영아들에게는 실물 자료와 몸으로 체험하는 놀이 경험이 더 중요하므로 적절한 미디어 노출 시간을 정해야 될 것으로 보인다.

디지털 활용 놀이의 장점은 놀이 자료를 제작하거나 정보를 찾을 때의 간편함, 편리함과 오프라인에서는 찾기 어려운 다양한 정보와 효과를 생동감 있게 줄 수 있다는 점이다. 또한, 영유아의 놀이를 관찰하여 놀이의 흐름과 맥락에 맞춰 즉각적인 지원이 가능해 놀이의 확장을 도울 수 있고, 지원된 자료와 정보를 주제에 맞는 형태로 편집하고 무한대 복사가 가능하다는 것이다. 더불어, 미디어를 활용해 시간과 공간을 초월할 수 있어서 멀리 있는 또래 간의 소통과 협력, 탐색과 탐구과정을 통해 놀이를 통한 배움의 경험을 더욱 깊게 하고 다양하게 확장하는 장점이 있다.

(2) 2019 개정 누리과정 맥락에서 실시되는 인공지능교육

인공지능과 공존하며 함께 살아가기 위한 방법은 인공지능 시대일수록 인간은 인간 고유의 감성과 상상력, 공감, 배려, 타인과의 소통 등 인간다움을 갖추는 것이 중요하다. 이는 영유아 중심, 놀이 중심의 2019 개정 누리과정의 실천을 통해 이루어질 수 있다. 영유아교육기관에서의 '놀이'와 '일상', '활동'의 맥락에서 인공지능 즉, 디지털 미디어를 경험할 때 영유아는 인공지능에 대한 긍정적인 호기심을 갖게 될 것이며, 즐거운 놀이 속에서 지속적으로 만나게 되면 디지털 소양의 기초를 형성할 수 있게 될 것이다. 반면, 디지털 원주민이라 일컫는 영유아들과 달리 디지털 미디어와 새롭게 만나야 하는 교사에게 인공지능은 낯설 수밖에 없다. 그러나, 디지털 즉, 인공지능 기반의 미래 사회로의 시대적 변화는 변함없고, 미래에 살아갈 인재를 육성시키는 것은 교사의 의무이므로 미래 교육의 방향에 맞게 실천하려는 교사의 태도가 중요하다.

2 영유아교사의 디지털 역량 강화의 필요성

디지털 사회의 도래와 코로나19 팬데믹으로 비대면 수업, 원격수업이 일반화되고 있는 요즘, 변화되고 있는 미래 교육 현장에 능동적으로 대처하고 더불어 그에 맞는 미래인재 양성을 위해서 영유아교사들의 디지털 역량 강화가 무엇보다 필요해졌다. 최근 영유아교육기관에서도 컴퓨터, TV, 인터넷, 태블릿PC와 같은 디지털 기기를 이용한 놀이 지원뿐 아니라 모바일 애플리케이션, 증강현실기술, 디지털 아바타 등의 다양한 디지털 미디어 플랫폼을 활용한 교육이 활발히 시행되고 있기 때문이다. 더불어, 교사들의 디지털 역량 강화프로그램을 통해 영유아들이 디지털 미디어를 접목한 놀이 속에서 더 다양한 배움을 얻을 수 있도록 돕고, 교사들은 업무수행과 일상 속에서 필요한 다양한 디지털 역량도 함께 키울 수 있을 것으로 기대한다.

1) 디지털 역량의 개념

디지털 사회구성원으로 능동적인 삶을 살아가기 위해 필요한 역량은 8C로서 창조성(Creativity), 융합(Convergence), 내용(Contents), 자신감(Confidence), 창의적 혁신(Creative Innovation), 비판적 사고(Critical Thinking), 의사소통(Communication), 협력(Collaboration)이다(박은혜, 2021). 이 중에서, 의사소통(Communication)과 협력(Collaboration)은 인공지능이 인간의 모든 것을 대신할지라도 인간성이 가미되어야 하는 역량이라고 할 수 있겠다.

디지털 역량이란 디지털 사회를 살아가는 구성원으로서 윤리적 · 도덕적 태도와 함께 디지털 기술을 이해하고 활용하며 정보 탐색 및 관리, 창작, 응용을 통해 문제해결 할 수 있는 역량을 말한다(교육부, 2021). 즉, 단순히 디지털 매체를 잘 알고 다룰 줄 아는 활용능력을 넘어 교사는 디지털 시민으로서 변화하는 시대에 긍정적인 마음으로 임해야 한다. 또한, 디지털 역량은 디지털 네이티브인 영유아들과 놀이 속에서 배움과 연결된 지식, 기술, 태도가 윤리적 · 도덕적이어야 한다는 의미를 지닌다. 이는 가정, 학교, 직장 및 영유아교육기관에서의 디지털 기술과 더불어 교육의 질을 결정하는 중요한 요소가 된다.

2) 디지털 역량의 구성요소

영유아교사의 '영유아의 배움', '업무수행', '일상'의 세 가지 차원에서 요구되는 디지털 역량을 다음과 같이 구성하였다.

영유아의 배움	디지털 기기 및 자료 활용	디지털 기기 및 자료에 관심을 가지고 각 매체의 유형과 특징을 이해하며 일상생활 속에서 디지털 기기 및 자료를 적극적으로 활용할 수 있는 능력
	디지털 기반 교수-학습	디지털 매체의 교육적 활용 가치를 인식하고 영유아의 놀이, 일상생활, 활동을 지원하기 위해 적절한 매체를 선정, 활용, 제작할 수 있는 능력
	디지털 기반 영유아 이해 및 지원	디지털을 기반으로 영유아의 놀이, 일상생활, 활동을 관찰, 기록, 평가하여 영유아에 대한 이해를 도모하고 교육과정의 질을 높일 수 있는 능력
업무 수행	디지털 의사소통 및 협력	디지털 매체를 활용하여 학부모, 동료 교원 등 교육공동체 구성원들과 적극적으로 소통하고 상호 이해하며 협력할 수 있는 능력
일상	디지털 시민의식	디지털 시민으로서 저작권이나 개인정보 보호 등 관련 규정과 예절을 준수하고 비판적으로 사고하여 올바른 정보를 습득하고 생성하며 디지털 매체를 통해 사회적 문제와 의사결정 과정에 적극적으로 참여하는 능력
	디지털 문제해결	디지털 매체를 활용하는 과정에 발생하는 문제를 적극적으로 해결하고 교육 관련 다양한 문제 및 갈등 상황을 디지털 매체를 활용하여 효과적으로 해결할 수 있는 능력

출처: 교육부(2021). 유치원교사의 디지털 역량강화 연수자료. 세종: 교육부.

3) 영유아교사의 디지털 역량 강화프로그램 개발의 방향

(1) 디지털 역량 강화프로그램 개발의 목적 및 목표

교사의 디지털 역량 강화프로그램은 디지털 사회에서 교사로서 생활하고 배우고 일하고 참여하고 성장하는 디지털 웰빙과 관련된 지식, 기술, 태도의 디지털 역량을 함양하는 것을 목적으로 해야 한다(교육부, 2021). 또한, 교사의 디지털 역량 강화프로그램의 목표는 '영유아의 배움 지원'과 '효율적이고 전문적인 교사의 업무수행'이다. 개정된 교육과정에서는 영유아의 놀이 속 배움을 강조하고 있기 때문에 디지털을 기반으로 한 놀이도 그 속에서 배움이 강조되어야 한다. 그러기 위해서 교사는 인간과 인공지능의 공존을 위한 바른 인간성과 가치관, 세계관을 갖고 있어야 한다.

영유아교육기관의 전문적인 지원환경과 영유아교사의 놀이 권리 인식, 디지털 놀이에 대한 지각된 유용성은 교사의 디지털 놀이 지원역량 간의 상관관계에서 대부분 높게 나타났다(이은영, 2021). 따라서, 영유아교육기관의 전문적인 환경 지원 및 교사의 디지털 놀이에 대한 이해와 적용 프로그램 개발이 중요하며 더불어 교사 자신도 디지털 놀이에 대한 긍정적인 인식과 태도를 가지고, 디지털 놀이 지원 프로그램 연수를 통해 전문적인 자기계발 노력을 해야 한다. 이와 같은 자기계발 노력을 통해 디지털 미디어 놀이 지원에 대해 어려워하는 교사들의 이해를 높여 교사들 간의 디지털 역량 격차를 해소할 수 있을 것이며, 영유아들의 디지털 놀이 지원에 적극성을 가져오게 될 것으로 보인다.

(2) 교사의 디지털 역량 강화프로그램에서 고려할 점

교사의 디지털 역량 강화프로그램에서 고려할 점은 디지털 사회에서 영유아교사에게 요구되는 디지털 역량의 구성요소를 중심으로 영유아의 배움, 업무수행, 일상의 3가지 차원에서 살펴보아야 한다. 예를 들면, 디지털 역량과 관련된 놀이 사례를 소개하고 놀이에 적용된 그것을 실행하기 위한 디지털 기술을 알아보며, 실제 경험하여 적용 역량을 기르도록 한다. 더불어, 교사들의 디지털 역량 격차를 고려한 수준별, 맞춤형, 체험형 내용으로 마련되어야 한다. 또한, 인공지능 교육과 영유아와의 관계에서의 부정적인 부분도 어느 정도 존재하기 때문에 그에 따른 교사의 역할과 책임이 무엇인지에 대한 충분한 성찰도 필요할 것이다. 프로그램 연수도 온라인과 오프라인의 형태가 조화를 이루며 기술, 지식, 내용, 철학(발달, 심리, 교육학적 지식)이 균형 잡히게 고려되어야 한다.

영유아들의 놀이는 영유아 중심, 놀이 중심으로 이루어지므로 교사들의 디지털 역량 강화프로그램과 더불어 '놀이 중심 역량 강화프로그램' 또한 중요하다. 놀이를 지원하기 위해서 교사는 영유아의 일상을 탐구의 대상으로 놀이시간을 충분히 편성하고 다양한 놀이 경험이 일어날 수 있도록 지원하여 영유아들에게 놀이를 통한 의미 있는 배움들이 일어날 수 있도록 도와야 한다. 아울러 부모들과의 협업도 필요한데 현장에 있는 교사뿐 아니라 부모들의 디지털 리터러시를 위한 프로그램도 제고되어야 하며, 그에 따른 지속적 연구가 필요하다.

3 디지털 매체 이해하기

영유아교육에서 테크놀로지의 역사를 살펴보면 1905년도부터 슬라이드를 사용하며 시각교육이 시작되었고, 1920년대는 라디오를 통한 청각교육, 1930년대부터는 OHP, 영사기(Film), TV, Audio Tapes를 이용한 시청각 교육이 실시되었다. 1969년 3차 산업혁명으로 컴퓨터와 인터넷 기반의 지식정보가 중요시되었으며, 1980년대부터는 본격적인 컴퓨터 시대가 시작되었다. 1990년대에 들어서는 CD-ROM, E-Learning 교육이 진행되었고 2009년엔 로봇이 등장하였으며, 2016년 4차 산업혁명 시대가 되어 사물인터넷 및 인공지능 기반이 초연결되면서 모바일, 스마트 러닝, 가상/증강현실이 교육 현장에 스며들고 있는 요즘이다(박은혜, 2021). 더욱이 갑작스럽게 찾아온 코로나19 팬데믹 대응단계에서 비대면 교육의 활성화로 영유아교육기관에서도 디지털 기반 놀이환경에 대해 많은 고민과 연구, 노력이 진행되면서, 미래 학교 환경으로서 무선 인터넷, 학습을 위한 디지털 플랫폼, 디지털 기능을 갖춘 스마트 교실을 도입하고자 시도하고 있다. 이를 통해 시 · 공간을 초월한 온 · 오프라인 연계수업과 개인 맞춤형 학습도 확대해 나가고 있다.

2019년에 놀이와 영유아가 중심이 되는 내용의 개정 누리과정과 표준보육과정이 공표되면서 영유아교육 현장에서는 영유아로부터 발현된 놀이 중심 교육이 강조되고 있다. 이에 영유아 중심, 놀이 중심의 교육과정이 디지털 기반 놀이환경 안에서도 잘 실행될 수 있도록 놀이환경을 조성해 줄 필요가 있다. 영유아와 놀이가 중심이 되는 교육과정에서는 스스로 놀이하며 배워가는 것이 중요하므로 디지털 기반 놀이환경 또한 영유아의 자발적이고 주도적인 놀이가 진행될 수 있는 환경이어야 한다. 그리고, 지원된 디지털 기기는 영유아의 놀이 속 배움을 위한 교수 매체로 활용되어야 할 것이다.

1) 디지털 기기를 활용한 놀이 지원

인공지능과 가상/증강현실, 원격수업 등이 미래 학교교육과 함께 이슈가 되면서 요즘 영유아교육 현장에서의 디지털 미디어 활용은 점차 필수적인 것으로 여겨지고 있다. 이런 시점에서 본서 실제편에서는 영유아교육 현장에서의 디지털 미디어를 이용한 스마트 교육환경 실천 방안 제시를 위하여 교육 현장에서 활용될 수 있는 스마트폰이나 태블릿PC, 빔프로젝터, OHP, 웹캠, 노트북 등이 앱과 적절히 상호작용하면서 놀이한 사례들을 소개하고 있다.

(1) 무선 인터넷망

영유아교육기관에는 기본적으로 무선 인터넷망(Wi-fi)이 설치되어 있어야 한다. 무선 인터넷망이 잘 구비되어 있어야 영유아가 자유롭게 디지털 기기 및 매체를 도구로 활용하며 궁금한 정보는 바로 찾아보거나 놀이 속에서 적용하며 스스로 배워갈 수 있다. 또한, 디지털 기반 놀이환경은 영유아교육기관과 가정 및 지역사회가 네트워크를 갖출 수 있도록 도움을 줘서 지역사회와의 연계 및 통합적인 놀이에도 활용할 수 있다.

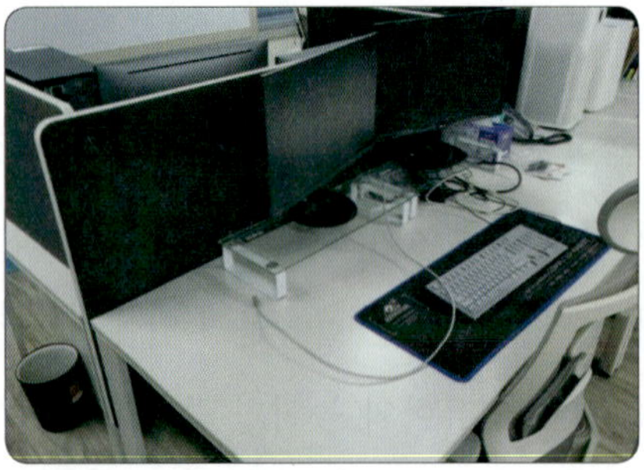

사진 출처: 네이버 이미지 검색

(2) 디지털 기기

디지털 기기는 교수-학습 과정에서 활용하는 전자적인 매체로 전자기술, 정보통신 기술이 발전되면서 학습자의 학습 경험의 폭과 내용을 넓히고 상호작용 및 경험을 증진하는 매체로 활용되고 있다. 영유아교육 현장에서도 주제 놀이 속에서 즉각적인 배움이나 놀이의 맥락을 잇고 흥미를 극대화하는 놀이 지원을 위해 노트북, 웹캠, 태블릿 PC, 스마트폰, 빔프로젝터, OHP, 터치스크린, 크로마키 천 등을 지원하고 있다.

① 노트북 및 웹캠

노트북은 교실에 설치되어 있는 데스크탑 PC보다 일상적으로 휴대하여 이용하기 편리하도록 작게 만든 경량 컴퓨터로 영유아들이 놀이할 때 쉽게 사용이 가능하다. 웹캠은 웹(Web)과 카메라(Camera)의 합성어로 컴퓨터에 달아 화상회의나 화상채팅에 사용하는 카메라로 삼각대나 카메라 거치대를 활용하면 손이 닿지 않는 곳의 촬영이 가능하다는 장점이 있다.

노트북과 웹캠:
2부 실제편: 영아 놀이 사례
- 자연과 만나요

사용방법:

1. 노트북과 웹캠을 케이블 선을 이용해서 연결한다.
2. 노트북의 설정에서 '카메라'를 '외부 카메라'로 변경한다.

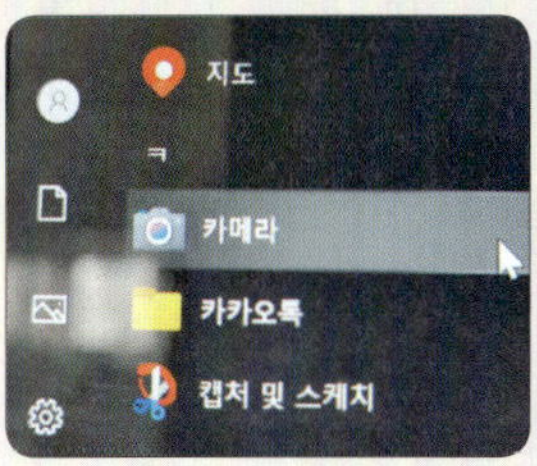

사진 출처: 저자 촬영
노트북 캡쳐화면

② 태블릿PC

키보드 없이 LCD(액정) 화면에 손가락이나 펜으로 표시해 문자를 인식하게 하는 터치 스크린 방식으로 프로그램을 실행하는 모바일 인터넷 기기이다. 요즘 영유아교육 현장에 많이 보급되어 영유아들의 놀이 지원 시 다양하게 활용되고 있다.

태블릿PC:

2부 실제편: 유아 놀이 사례

- 우리들의 패션쇼
- 라온이의 세상 여행

사용방법:

1. 태블릿PC의 노트키를 누른다.
2. 새 파일을 추가한다.
3. 펜 모드를 열어 그린다.

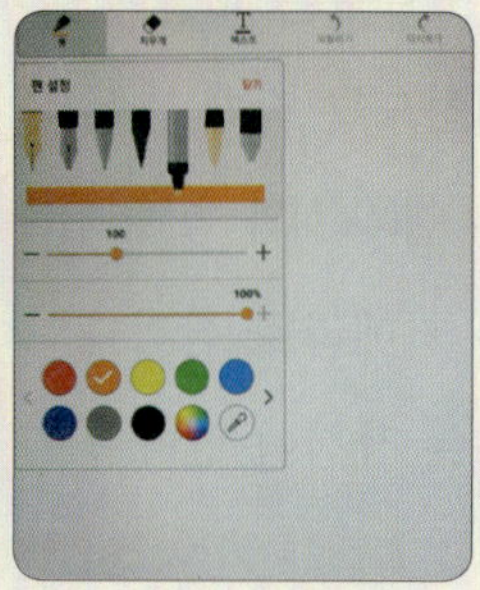

사진 출처: 저자 촬영
태블릿PC 캡쳐화면

③ 빔프로젝터(Beam projector)

빛을 이용하여 슬라이드나 동영상, 이미지들을 스크린에 비출 수 있는 기기로 천장이나 바닥에 고정하여 사용하는 방법과 휴대가 가능한 이동식이 있다. 비디오 이미지를 투사할 대형스크린이 꼭 설치되지 않아도 벽에 영상이 투사되기 때문에 많은 사람이 멀리서도 잘 볼 수 있다. 영상을 틀지 않고 기계의 빛을 이용한 빛과 그림자 놀이를 할 수 있고 컴퓨터로 송출된 영상을 이용한 빛 놀이도 가능하다.

빔프로젝터:
2부 실제편: 영아 놀이 사례
- 빛과 놀이 그리고 우리들의 상상
- 교실 속에 들어온 바다
- 자연과 만나요

사용방법:
1. 빔프로젝터를 모니터라고 생각하고 노트북과 HDMI로 연결하면 되는데 오래된 기종은 RGB로 되어 있는 것도 있다.
2. 노트북의 HDMI 포트와 빔프로젝터의 HDMI 단자를 케이블로 연결한다.

④ 스마트폰

무선 인터넷 접속이 가능한 지능형 단말기로 터치가 가능하며 여러 컴퓨터 기능을 추가한 휴대전화이다. 손 안의 작은 컴퓨터로 다양한 애플리케이션과 콘텐츠를 이용할 수 있어서 영유아교육기관에서 많이 활용되고 있다.

스마트폰:
2부 실제편: 유아 놀이 사례
- 우리들의 패션쇼
- 라온이의 세상 여행

사용방법:
스마트폰을 삼각대 혹은 책상 위의 거치대에 꽂아서 유아들이 직접 버튼을 누르며 놀이할 수 있도록 지원한다.

⑤ 터치스크린

사용자가 화면의 특정 부분에 손을 대면 그 명령이 실행되는 접촉식 디스플레이 장치로 영유아교육기관에서 안전, 건강, 게임 등의 집단 교육을 시행할 때 많이 사용되고 있다(네이버 지식백과).

터치스크린:
빔프로젝터와 연결하여 사용
사진 출처: 초롱유치원 제공

사진 출처: (http://www.nurinote.com/Keezle) 화면을 촬영함

2) 디지털 플랫폼을 활용한 놀이 지원

영유아의 놀이 지원을 위해 디지털 기기뿐만 아니라 디지털 기기를 활용한 디지털 플랫폼을 이용하는 경우가 많아지고 있다. 또한, 가정에서도 디지털 플랫폼을 기반으로 하는 교육콘텐츠를 많이 활용하고 있는데 영유아의 발달 특성 및 수준에 적합해야 하며, 놀이와 배움으로 풀어가는 콘텐츠인지 분석하여 선택해야 한다. 디지털 플랫폼을 이용한 교육콘텐츠는 시 · 공간을 초월해 세계 여러 나라의 다양한 정보를 즉각적으로 만날 수 있고, 멀리 있는 사람들과의 의사소통 기회를 급속히 확장시키며, 이를 통한 학습 기회와 경험, 내용의 폭을 넓히고 있다. 따라서 디지털 플랫폼을 이용한 교육콘텐

츠의 속성과 내용을 잘 이해하고 학습효과를 극대화할 수 있는 방향으로 이를 잘 이용하는 것이 중요하다.

(1) 가상/증강현실 플랫폼

① 가상현실과 증강현실의 개념

첨단과학기술의 발달은 시간적 · 공간적 한계를 넘어 인간이 느끼고 경험할 수 있는 세계를 확장하여 과거와 현재, 미래를 넘나들고 멀리 떨어져 있는 사물과 공간들을 감각적으로 체험하며 소통하고 교감할 수 있도록 이끌어주고 있다. 이러한 기술이 바로 가상현실, 증강현실이다. 4차 산업혁명 시대에 접어들며 가상현실과 증강현실기술은 과학 분야를 넘어 안전, 직업 훈련, 게임, 쇼핑, 의료, 교육 등 여러 가지 내용과 형태의 콘텐츠들이 많이 개발되고 있어서 일상적인 생활 속에서 누구나 쉽게 접할 수 있게 되었다. 또한, 컴퓨터나 태블릿PC, 스마트폰 등을 이용한 작업으로 가상현실은 가상으로 구축한 환경과 상황에서 사용자가 오감을 활용하여 실제와 같은 체험을 할 수 있다. 증강현실은 현실 세계에 가상세계를 끌어온다는 점이 특이점이다. 즉, 사용자가 있는 실제 세계와 컴퓨터가 생성한 3차원의 가상세계가 실시간으로 합성되는 기술로 현실 공간에 사물이 증강되어 사용자는 좀 더 새롭고 다양한 체험을 할 수 있다. 하지만 너무 어린 연령의 영유아에게는 현실과의 괴리감이 큰 상황과 내용으로 발달상의 혼란을 줄 수 있으므로 무분별하게 사용하기보다 영유아의 놀이를 지원하고 의미 있는 맥락에서 진정한 배움이 일어나도록 활용하는 것이 중요할 것이다.

② 가상현실과 증강현실 콘텐츠의 필요성

실물, 모형, 그림, 사진, 자연물 등 영유아의 놀이를 지원하는 자료는 다양하게 있지만, 시간과 공간의 한계로 지원이 어려운 자료는 가상/증상현실 디지털 미디어 플랫폼을 활용하면 놀이 지원이 가능하다. 또한, 시청각적으로 매력적인 자료는 영유아의 지속적인 놀이 흥미와 호기심을 불러일으켜서 주제 놀이의 맥락이 이어질 수 있도록 돕고, 자신과 또래 간의 아이디어로 놀이에 적극적으로 참여할 수 있는 다양한 콘텐츠 구성이 가능하다. 가상/증강현실 콘텐츠는 3차원의 입체적 개체를 통해 현실감 있는 정보를 여러 방법으로 제공하기 때문에 놀이 주제에 대한 다양한 이해의 폭과 깊이를 더해준다.

③ 가상현실과 증강현실 콘텐츠

가. 구글 아트앤컬쳐(Google Art & Culture)

구글 아트앤컬쳐는 전 세계 4개국 151개 미술관이 참여하여 3만 점 이상의 작품을 볼 수 있는 구글 서비스 중의 하나이다(네이버 지식백과). 메뉴 구성은 재료별, 아티스트별, 학파별로 모아볼 수 있으며 원하는 화가 및 작품들을 검색해서 볼 수 있다. 유명한 명화를 내 집 안방에 걸어둘 수 있고, 가보지 못하는 먼 곳의 박물관에도 실제 관람하는

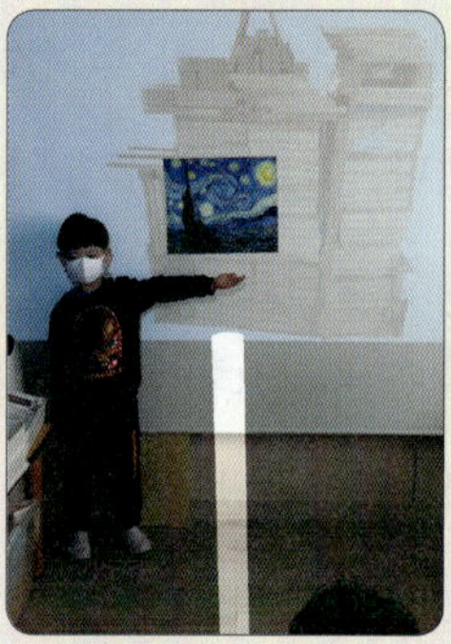

구글 아트앤컬쳐:
2부 실제편: 유아 놀이 사례
- 멋진 건축물과 만나다

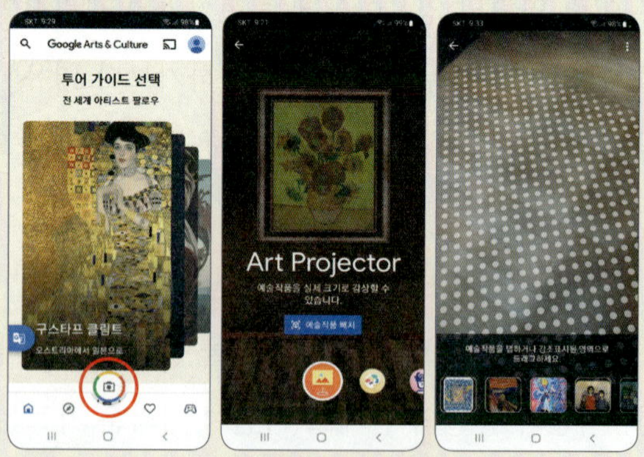

사진 출처: 저자 촬영, 스마트폰으로 캡쳐

사용방법:

1. 구글 아트앤컬쳐 앱을 다운로드한다.
2. 화면 밑에 있는 동그라미를 터치한다.
3. Art Projector 화면에서 예술작품 재배치를 누른다.
4. 빈 공간에 화면을 비추어 점무늬가 생기면 화면 아랫부분의 명화들을 드래그한다.

것처럼 들어갈 수 있다. VR서비스로는 사진, 동영상, 필사본, 예술작품까지 제공하고 있으며 시간과 공간을 초월하여 경험할 수 없는 공룡이나 바닷속의 해양동물과도 만날 수 있다. 가상현실, 증강현실 기능으로 몰입감을 주기 때문에 이를 적절히 활용한다면 영유아의 놀이와 배움을 더욱 풍부히 할 수 있을 것으로 보인다.

나. 구글 어스(Google Earth)

구글 어스는 구글에서 제공하는 위성 지도 서비스로서 지구 곳곳의 위성 이미지, 지도, 지형 및 건물 정보 등 전 세계 여러 곳의 정보를 제공하여 마음대로 볼 수 있게 만든 프리웨어 서비스이다. 2005년부터 서비스를 시작한 구글 어스는 어떤 지도보다도 정확한데 그 이유는 지구본처럼 지구를 3D로 묘사했기 때문이다. 또한, 구글 스트리트 뷰는 사진에 찍힌 차량의 식별이나 주변 환경까지 관찰 가능하며, 지구뿐 아니라 달과 화성 등 다른 행성의 모습도 볼 수 있다. 영유아교육 현장에서 '세계 여러 나라'를 주제로 놀이할 때 세계의 유적지나 유명 건물 등을 소개하고 이야기 나누기를 전개할 때 유용하게 사용할 수 있는 프로그램이다.

구글 어스:
2부 실제편: 유아 놀이 사례
- 부루마블 보드게임으로 만나는 세계 여러 나라

사용방법:
1. 구글 어스를 검색하고 클릭한다.(프리웨어)
2. 검색창에 원하는 지역이나 건물을 검색한다.

사진 출처: 저자 촬영
스마트폰으로 캡쳐

(2) 인공지능 앱과 사물인터넷(Internet of Things)

본격적인 인공지능 시대를 맞이하며 각종 통신사에서 IPTV(인터넷망과 연결된 텔레비전을 통해 방송, 정보검색 등을 제공하는 서비스) 시장이 커지고 있다. 가정에서도 다양한 교육콘텐츠를 접목한 플랫폼을 이용할 수 있는 서비스를 제공하고 있는데 SK브로드밴드 Btv 잼키즈, KT 올레tv 키즈랜드, LGU+ 아이들나라 등이 있다. 이와 같은 서비스의 경우 AI 스피커가 없어도 IPTV 리모컨만 있으면 영유아들이 음성명령으로 TV를 통해 방송 시청 및 정보검색이 가능하다. 예전의 텔레비전은 영유아들에게 유해한 바보상자였지만 지금은 인공지능 서비스로 서로 소통하고 상호작용한다. 또한, 사물인터넷(IoT) 기능을 통해 가정이나 영유아교육기관 교실에서 다양한 스마트 기기를 작동하고 상호작용할 수 있는데 예를 들면, 교실에서 키우는 식물이 잘 성장할 수 있도록 일조량을 스마트폰으로 조절할 수 있다. 가정에서는 집에 도착하기 5분 전에 에어컨을 켜두는 것도 그 예라 할 수 있다. 최근, 영유아교육기관에서 사용하는 대부분의 교수 매체들이 스마트폰과 같은 스마트매체로 통합하는 형태를 취하고 있는데 이는 교육환경의 변화라고 할 수 있겠다.

스마트팜:
농장에 기술을 접목하여 원격, 자동으로 최상의 생육환경을 제어할 수 있는 농장

출처: 네이버 블로그 주들(urmyver)

(3) 컴퓨터, 태블릿PC 활용프로그램

디지털 교육환경에 대한 관심이 커지면서 영유아교육기관에서도 교실 속 놀이에 컴퓨터와 스마트폰, 태블릿PC를 활용하는 놀이가 많아지고 있다. 영유아들에게 스마트폰과 태블릿PC 사용이 미칠 수 있는 신체적 · 정신적 유해성에 대해 우려되는 사회적 인

식은 많지만 디지털 시대를 살아가고 있는 영유아들의 발달 특징과 사회적 흐름을 교육기관에서도 충분히 고민해서 적절히 활용해야 할 것으로 보인다. 왜냐하면, 디지털 교육환경은 즉각적인 피드백과 화려한 영상자료 제공이 가능하여 영유아들의 다양한 놀이 지원을 할 수 있기 때문이다. 현재 교육 현장에서는 빔프로젝터나 대형 TV, PC 모니터 화면을 이용해 컴퓨터, 스마트폰, 태블릿PC의 교수 자료 등을 활용한 이야기 나누기, 동화, 동요 등과 같은 대집단 활동이 진행되고 있다. 또는 교육용 콘텐츠 동영상이나 파워포인트 자료를 이용한 여러 활동이 가능하다.

① 파워포인트

파워포인트(Power Point)는 마이크로소프트사에서 개발하고 판매하는 것으로 여러 사람 앞에서 발표할 때 주로 사용하는 프로그램이다. 사진이나 영상, 웹주소 등을 삽입하여 활용할 수 있어서 대집단놀이 진행 시 자주 활용되고 있다. 파워포인트의 애니메이션 효과를 활용하면 그림이나 글자 등이 움직일 수 있어서 영유아들의 놀이 호기심을 자극하거나 몰입을 이끌 수 있다. 또는, 파워포인트로 만든 놀이 영상(예: 아이들이 만든 동화)에 음

사진 출처: 저자 촬영

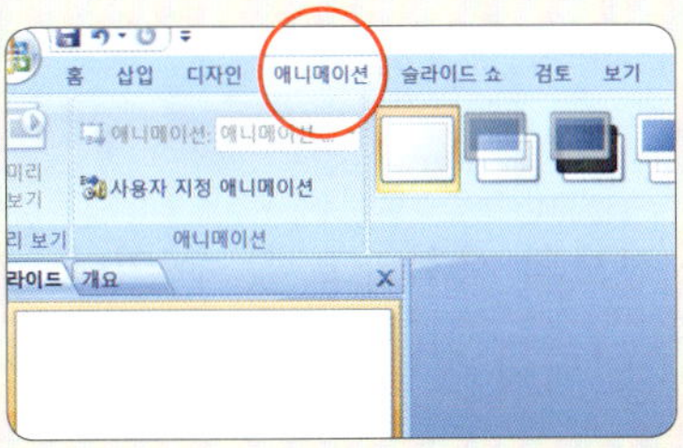

파워포인트:

2부 실제편: 유아 놀이 사례

- 라온이의 세상 여행
- 바다 생물 이야기
- 거북선을 소환하다

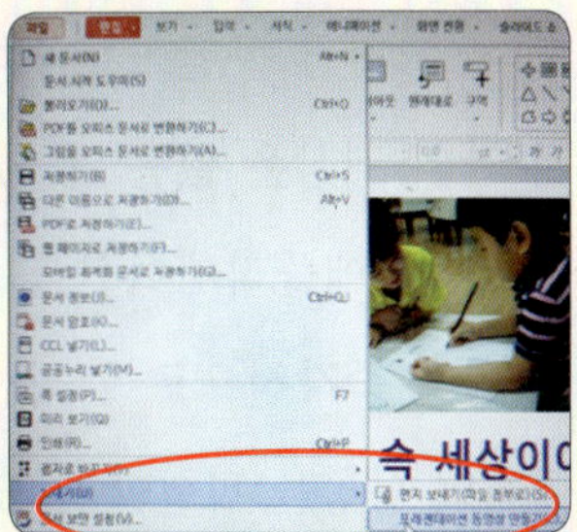

사용방법:

1. 파워포인트 애니메이션으로 작업한다.
2. 위 상단의 '슬라이드 쇼' → '슬라이드 쇼 녹화'를 누른다.
3. 빨간 버튼을 누르고 녹음한다.
4. '파일'로 들어가서 '보내기(내보내기)' → '프리젠테이션 동영상 만들기'를 클릭한다.

성을 녹음하여 동영상으로도 제작할 수도 있는데 이렇게 만들어진 영상을 이용한 또 다른 놀이의 심화가 이루어지거나 부모님들과 놀이 공유도 할 수 있다.

② 그림판

마이크로소프트 윈도우에서 기본으로 제공하는 그래픽 툴로 애니메이션 작업을 위한 도구이다. 그림을 그리고 색을 입히고 이미지를 자르는 등의 간단한 작업을 할 수 있어서 영유아들의 그리기 작업을 도울 수 있다.

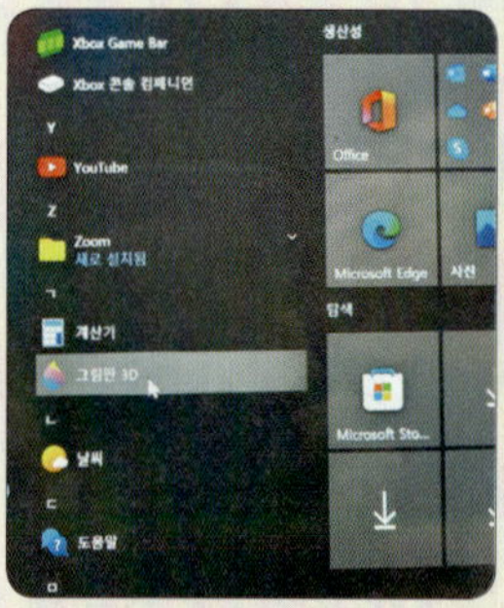

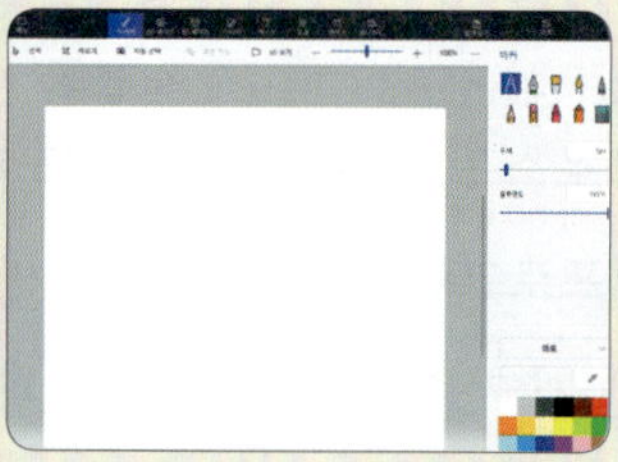

그림판:
2부 실제편: 유아 놀이 사례
- 라온이의 세상 여행
- 거북선을 소환하다

사진 출처: 저자 촬영

사용방법:
1. 내 컴퓨터 보기에서 그림판을 클릭하면 위와 같은 창이 나온다.
2. 펜의 굵기 선택부터 다양한 색을 입히는 것까지 할 수 있다.

(4) 콘텐츠 플랫폼

요즘 사회는 콘텐츠 즉, 내용과 정보의 사회라고 할 수 있다. 기업 이미지도 콘텐츠가 명확하면 대중에게 분명하게 각인되어 콘텐츠만 잘 잡아도 성공한다는 말이 있을 정도다. 그만큼 콘텐츠가 넘쳐나는 시대에 살고 있다. 디지털 기술이 발달하면서 스마트폰 안의 세상은 없는 게 없을 정도로 다양한 콘텐츠들을 담은 애플리케이션이 넘쳐나고 있다. 애플리케이션을 이용한 놀이의 특징은 시 · 공간의 제약을 받지 않고 다양한 경험을 즉각적으로 할 수 있다는 것이다. 또한, 무궁무진한 자료 제시와 더불어 비현실적인 상황을 경험할 수 있을 뿐 아니라 전 세계 사람들과의 소통도 가능하다.

① 스톱모션(Stop motion)

스톱모션이란 피사체를 조금씩 변형하여 촬영하면 그 프레임들이 연결되어 하나의 움직이는 영상으로 보이게 하는 일종의 애니메이션 제작 방법이다. 그림이나 사진, 이미지 등을 조금씩 움직여 가며 사진을 찍었다가 빠르게 돌리면 저절로 움직이는 것처럼 보이는 기법이다.

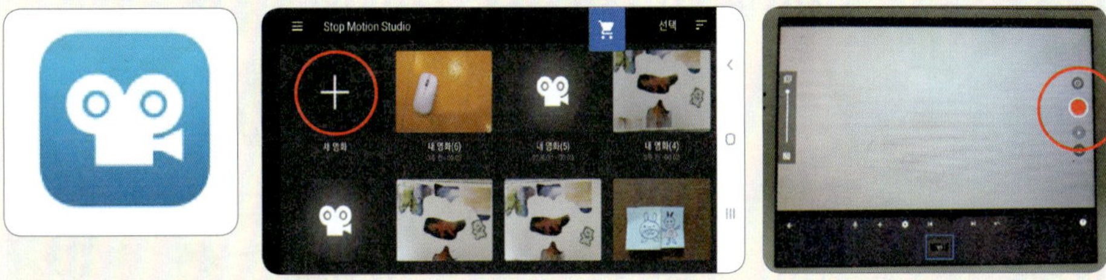

사진 출처: 저자 촬영

스톱모션:
2부 실제편: 유아 놀이 사례 – 라온이의 세상 여행, 우리들의 패션쇼

사용방법:
1. 스톱모션 앱을 다운받고 앱을 열어서 + 부분을 클릭한다.
2. 피사체를 움직이면서 오른쪽 빨간 버튼을 누르면 녹화가 된다.
3. 재생하면서 불필요한 부분은 삭제한다.

② 줌(ZOOM)

줌은 클라우드 기반 원격회의 프로그램이다. 원격화상회의에 적절한 기능을 제공하여 실시간 원격수업에 활용하기에 적절해서 학교와 직장에서 화상회의 플랫폼으로 많이 사용되고 있다. 코로나19 팬데믹으로 영유아교육기관에서도 줌을 활용한 원격수업 및 부모교육이 활발히 실시되었다. 줌은 기본적으로 수업 자료의 업로드와 다운로드, 학습자와 교수자의 상호작용, 학습자 서로 간의 토론, 실시간 원격수업 중 채팅, 수업 자료 공유, 그리고 수업 자료의 녹화 등 다양한 기능이 있다.

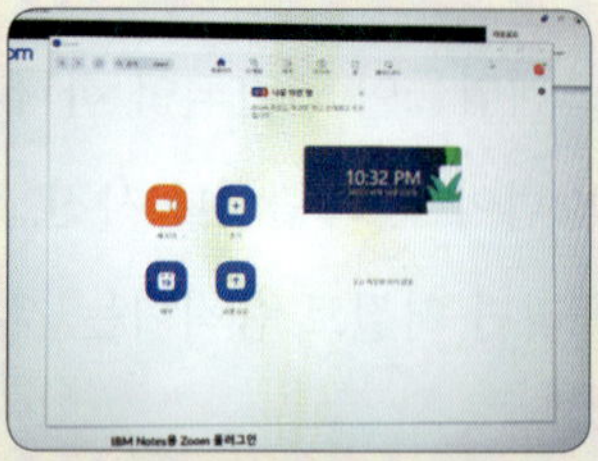

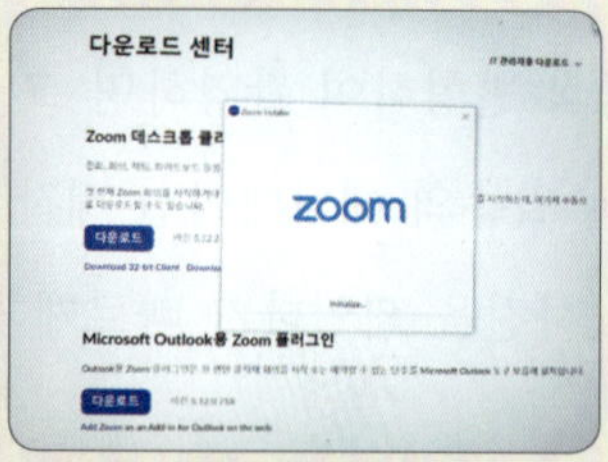

ZOOM :

놀이 사례: 2개의 서로 다른 교실에서 각각 서로의 놀이를 설명하고 공유하는 내용

사진 출처: 저자 촬영, 스마트폰 캡쳐

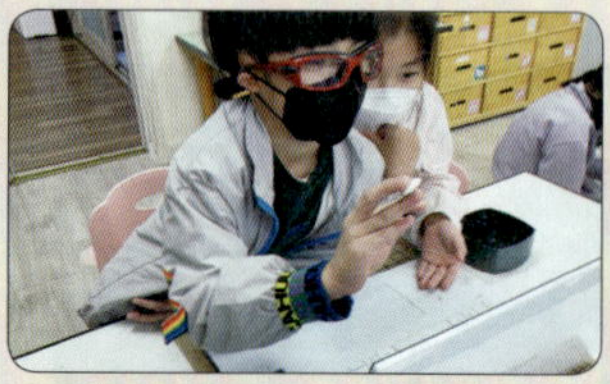

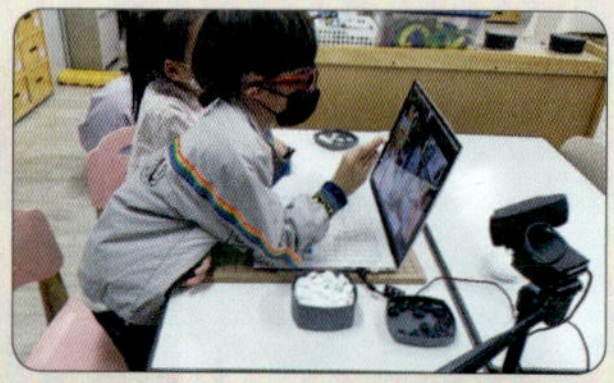

사용방법:

1. 줌 프로그램을 다운로드한다.
2. 줌 가입이 마무리되면 다른 사람을 초대할 수 있는 URL이 형성되어 있음을 알려주는 메시지가 나오고 이것을 복사하여 전송하면 초대받은 사람들이 화상회의에 참여할 수 있다.

③ QR코드

QR코드는 Quick Response code의 줄임말로, 흑백 격자무늬 패턴으로 매트릭스 형식의 2차원 바코드이다(김은영, 최혜윤, 2020). 기존에 많이 쓰이던 바코드의 용량 제한을 극복하고 2차원 바코드로 종횡의 정보를 가져서 숫자 외에 문자의 데이터를 저장할 수 있다. QR코드를 교육계획안에 삽입하거나 놀이 이야기를 QR코드로 만들어 가정통신문에 삽입하여 보내면 가정에서도 영상을 확인할 수 있기 때문에 학부모가 기관의 수업 활동을 이해하도록 돕는 구체적인 자료로 활용 가능하다.

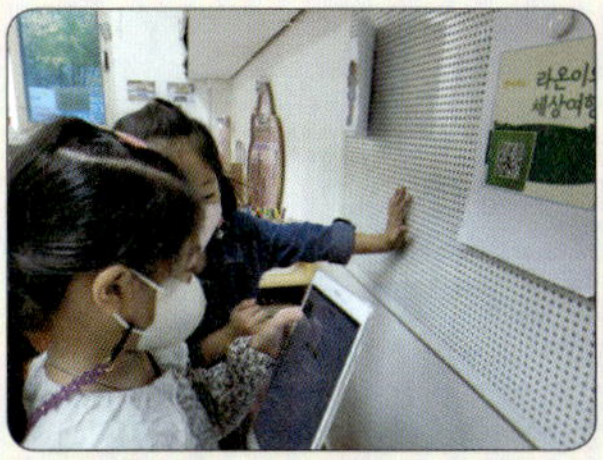

QR코드:

2부 실제편: 유아 놀이 사례

- 우리들의 패션쇼
- 라온이의 세상 여행

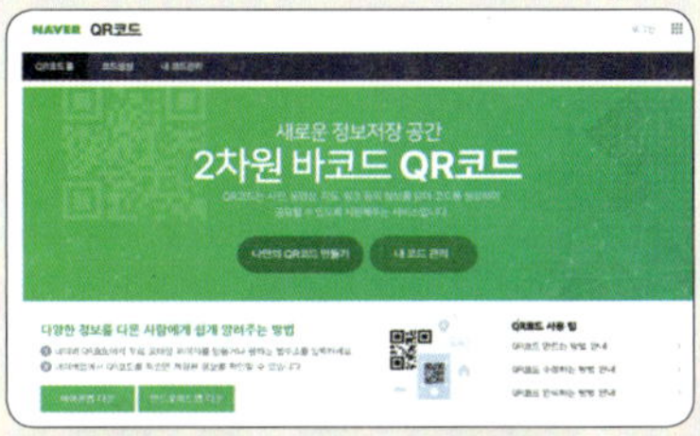

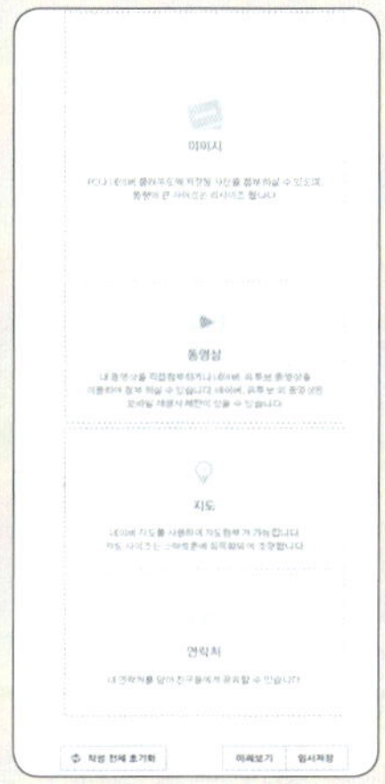

사용방법:

1. 네이버 로그인 후 QR코드 만들기로 들어가서 기본 정보를 입력한다. (제목)
2. 격자무늬 패턴을 정한다.
3. 다음 단계로 가서 파일을 삽입하고 '작성 완료'를 누르면 완성된다.

사진 출처: 저자 촬영

④ 패들렛(Padlet)

패들렛(구 Wallwisher)은 교육공학 스타트업 컴퍼니로 사용자가 "패들렛"이라는 가상 게시판에 콘텐츠를 업로드, 구성 및 공유할 수 있는 실시간 협업 웹 플랫폼을 호스팅하는 클라우드 기반 서비스형 소프트웨어를 말한다(네이버 지식백과).

영유아교육기관에서 교사들의 놀이 기록 및 학급 운영 기록도 디지털 미디어의 활용이 커지고 있는 요즘 구글 드라이버와 함께 패들렛도 많이 쓰이며, 더불어 교실 현장에서도 영유아들이 자신들의 놀이를 스스로 기록하고 다시 되돌아보며 반성적 사고를 할 수 있는 콘텐츠로 사용되고 있다.

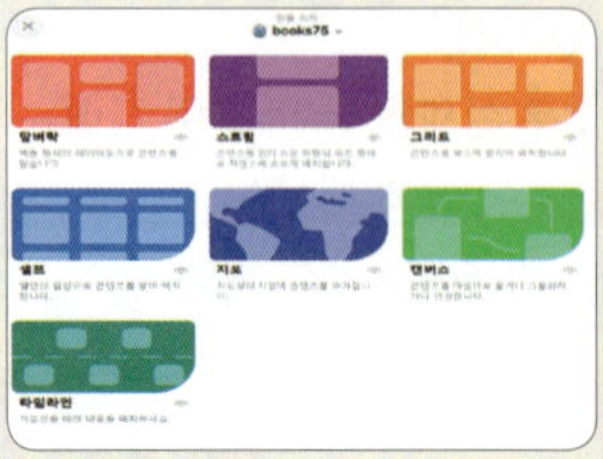

패들렛은 콘텐츠 형식과 내용에 따라 7가지 종류 중에서 골라서 사용한다.

사진 출처: 저자 촬영, 화면 캡쳐

놀이 사례: 아이들이 블록으로 구슬길 만드는 내용을 직접 기록한다.

사용방법:

1. 검색창에 패들렛(Padlet)을 입력한다. 계정을 추가하면 패들렛을 만들 수 있다.
2. 패들렛 만들기를 시작하면 내용을 담을 수 있는 형식(7가지 종류)을 정한다.
3. 다음 단계로 가서 내용을 적고 파일을 불러와서 저장한다.

3) 디지털 윤리와 저작권

정보통신기술(Information and Communications Technology, ICT)이란 정보기술(Information Technology)과 통신기술(Communications Technology)의 합성어로 컴퓨터, 미디어, 영상 기기 등과 같은 정보 기기를 운영 · 관리하는 데 필요한 소프트웨어 기술과 이들 기술을 이용하여 정보를 수집 · 생산 · 가공 · 보존 · 전달 · 활용하는 모든 방법을 말한다(네이버 지식백과). 4차 산업혁명 시대의 도래로 사회 전반적으로 이와 같은 ICT 기술 적용은 교육 현장에서도 활발히 일어나는데, 요즘은 소프트웨어 기술이 더 이상 기기 내부에 존재하는 것이 아닌 네트워크 형태로 어디서든 접속이 가능한 현실을 보여주고 있다. 때문에, 무궁무진한 자료와 넘치는 정보들을 쉽게 접할 수 있는 네트워크 환경에서는 디지털 윤리와 저작권에 대한 문제점도 함께 지적된다. 그러므로, 디지털 미디어 활용이 영유아들의 놀이 지원과 정보수집에 사용하기 편함, 이로움과 더불어 그 기술을 올바르게 활용할 수 있는 디지털 윤리와 저작권에 대한 질적인 논의가 필요해 보인다.

(1) 디지털 윤리

디지털 윤리란 옳고 그름에 대한 사회적 기준에 따라 온라인상에서 해야 할 것과 하지 말아야 할 것을 이해하고 실천하는 것으로서 디지털 윤리 가치관을 올바르게 인식하는 것부터 시작될 수 있다. 따라서, 디지털 미디어를 올바르게 사용하기 위한 디지털 윤리 교육을 실천해야 한다. 과거와는 다르게 디지털 기기를 활용한 다양한 활동이 늘어남과 동시에, 코로나19 팬데믹이 불러온 원격수업, 비대면 활동의 증가로 디지털 기기와 매체 활용이 많을 수밖에 없으므로 디지털 사용의 무조건적인 규제는 실효성이 적어 보인다. 따라서 체계적인 디지털 윤리 교육을 통해 디지털 윤리의식을 갖추어야 하며 디지털 기기나 매체에 대한 과의존, 과몰입 예방이 필요하다. 예를 들면, 교사는 디지털 기기 활용 방법 및 규칙 설명과 함께 일정한 시간을 지키고 정해진 내용만을 봐야 하는 이유를 영유아들에게 알려줘야 한다. 그래서, 영유아기부터 정보(디지털) 윤리 교육과 더불어 정보(디지털) 보안 교육을 실시해야 한다(교육부, 2021).

(2) 디지털 저작권

온라인 원격수업과 비대면 수업이 교육 현장에서 많이 이루어지면서 많은 교사들이 디지털을 이용한 교육 자료를 만들고 있다. 또한, 디지털 미디어에 노출이 많이 된 요즘 아이들을 대상으로 하는 수업의 특성상 교사들은 인터넷과 각종 미디어 영상자료들을 활용하는 등 타인의 저작물을 활용하게 되는 경우가 많다. 이에 교사들은 디지털 저작권에 유의하여 자료를 활용하는 데 주의하여야 한다.

교사가 주의해야 할 저작권 문제

저작 재산권 면책 대상과 범위

- 저작권법에는 교육에 대한 면책 범위를 학교교육 목적과 국가나 지방자치단체가 운영하는 교육기관으로 한정하고 있다. 즉 교육이 비영리 목적이라도 어느 곳에서 주관하는 교육인가에 따라 면책 대상이 달라진다.
- 학교교육 목적으로 타인의 저작물을 수업자료로 이용할 경우에도 무제한 사용은 안 된다. 공표된 저작물의 일부분만을 복제, 배포, 공연, 전시, 공중 송신할 수 있다. 구체적인 내용은 저작권법 제25조 3항에 제시되어 있다.

온라인 수업 저작물 관리

- 교사는 온라인 수업 저작물에 대한 출처 표시(저작권법 제37조)를 해야 한다. 표시방법은 각각의 PPT 슬라이드에 하거나 영상자료의 경우 영상 장면 또는 맨 마지막에 한꺼번에 하면 된다.

타인의 저작물로 수업자료를 만들 때

- 타인의 저작물로 온라인 수업자료를 만들 때는 기본적으로 저작권법 제37조에 따라 출처 표시를 해야 한다. 여기에 '공표된 저작물의 인용(28조)', '저작물의 공정한 이용(35조의 5)' 등의 규정을 지켜야 한다.

저작권자의 허락 없이 교육용으로 저작물을 이용하는 경우

- 일반적인 타인의 저작물 이용과 충돌하지 않고 저작권자의 합법적인 이익에 반하지 않는 경우, '저작물의 공정한 이용' 규정에 근거해 저작권 침해 유무를 판단할 수 있다. 일반적인 사실을 다룬 타인의 영상물 일부를 권장 범위 내에서 인용하고자 할 때 학생들에게 원문 링크를 별도로 안내한다.

출처: 교육부(2021), 디지털 기반 놀이환경 현장지원자료(세종: 교육부) 재편집.

CHAPTER

〈멋진 건축물을 만나다〉
성 건축물 입체표상

7 디지털 미디어 놀이환경

1. 놀이환경 구성의 원칙
2. 디지털 미디어를 통한 놀이 지원 환경

1 놀이환경 구성의 원칙

놀이 중심 교육과정에서는 영유아가 자신의 흥미와 관심에 따라 자유롭게 참여하고 주도하는 놀이를 강조한다. 영유아가 참여하고 주도하는 놀이는 그들이 자신만의 방식과 해석으로 자유롭게 이끌어 가는 놀이를 말한다.

영유아에게 놀이는 앎과 동시에 세상과 만나는 방식이다. 영유아가 중심이 되어 주도하는 놀이는 교사나 성인의 간섭과 제지를 최소화하고 영유아가 다양한 놀이환경, 놀이 매체와 만날 때 보다 더 적극적으로 일어난다. 따라서 실내의 제한된 흥미 영역과 교사가 미리 정한 교육과정에서 놀이하는 방식보다는 영유아가 일상 속에서 자유롭게 놀이하며 흥미 있는 주제의 놀이를 발견하고 즐기는 방식으로 바꾸어야 한다. 교사는 영유아가 주도하는 놀이를 이해하려고 노력하고 그 속에 내재된 의미와 가치를 파악해서 무엇을 지원해야 하는지 발견한다. 그러므로 교사는 영유아들의 놀이 흥미와 주제 흐름에 따른 놀이 상황과 내용에 따라 새롭게 생성되는 영유아의 놀이를 존중하고 이해하면서 그들이 필요로 하는 놀이 자료와 놀이 공간과 규칙, 안전 등을 고려한 놀이환경을 지원해 주어야 한다.

놀이환경은 교사에 의해 의도를 갖고 제공할 수도 있지만, 영유아의 발현적인 이야기가 전개되면서 이를 지원하기 위해 환경을 마련해 주기도 한다. 영유아의 놀이 상황을 기록, 관찰하면서 의미 있는 방향으로 진행하기 위해 무엇이 필요한지 고려하여 교사는 이를 지원하여야 한다.

영유아 놀이환경을 지원하기 위해 고민해야 하는 것들은 다음과 같다.

(1) 영아의 놀이환경을 지원하기 위해 고민해야 하는 것들

- 자연의 빛을 자유롭게 탐색할 수 있도록 시간과 장소를 제공하고 있는가?
- 빛을 이용하여 탐색할 수 있도록 매체와 연계하고 있는가?

- 인공의 빛과 매체를 통해 빛의 다양성, 사물의 다양성을 느끼도록 하는가?
- 놀이 공간의 변화를 위해 천이나 종이를 이용하여 또 다른 공간의 느낌을 주는가?
- 크기나 재질, 무게, 구멍 등을 관찰할 수 있는 비정형화된 놀잇감을 준비하는가?
- 새로운 자료를 주되 기존의 놀이와 연계할 수 있도록 하는가?
- 익숙한 매체를 새로운 매체와 연계하여 새로움을 발견하도록 하는가?
- 자연의 느낌을 교실 안으로 들여오도록 사진, 영상을 사용하여 놀이하는가?
- 종이를 이용한 놀이가 흥미롭게 지속되도록 재질과 느낌이 다른 종이를 크기, 모양, 위치의 다름으로 지원하는가?
- 안전을 고려한 자연물을 이용하여 가상놀이, 탐색놀이를 지원하는가?
- 물감, 클레이, 점토 등을 이용한 놀이를 통해 자아를 인식하고 형상화하도록 하는가?
- 자신의 몸을 숨기거나 작은 공간에 들어가서 놀이할 수 있는 공간을 만들어 주는가?
- 재활용품과 같은 매체를 통해 가상놀이나 블록놀이를 하도록 하는가?
- 자신의 생각을 표현할 수 있는 끼적이기 도구가 마련되어 있는가?
- 자신과 타인을 인식하도록 사진 자료를 내어주는가?
- 또래와의 상호작용을 위한 놀이가 있는가?
- 형태와 성질이 바뀌는 놀이를 제공하여 변화의 즐거움을 주는가?
- 거울지나 거울을 제공하여 자아 인식을 돕고 신체의 변화와 행동을 관찰하도록 하는가?
- 자신의 몸이 움직이는 대로 현상이 나타나는 매체를 제공하는가?
- 작은 공간을 인식하고 그곳을 몸과 도구를 이용하여 가늠할 수 있도록 하는가?
- 놀잇감을 두드리고 던지고 하는 것의 체험을 하도록 하는가?
- 높은 곳, 좁은 곳, 점프, 오르락내리락 할 수 있는 공간과 놀이를 제공하는가?
- 디지털 미디어가 놀이 속에서 자연스럽게 적용되고 있는가?

(2) 유아의 놀이환경을 지원하기 위해 고민해야 하는 것들

- 교실 안으로 들어오는 빛, 또는 날씨를 느끼며 자연을 놀이에 반영하는가?
- 시간과 장소에 따른 유아의 놀이 몰입을 위해 빛을 적절하게 조절할 수 있는가?
- 교실에서 이루어지는 놀이를 바깥 놀이와 연계하여 지속적인 관계를 이어갈 수 있도록 하는가?
- 유아들의 상상력을 발휘할 수 있도록 비정형화된 놀잇감을 제공하는가?
- 종이가 주는 무한한 가능성을 만나도록 자유로운 종이 놀이를 제공하는가?
- 놀이에 필요한 매체를 충분히 지원하여 놀이의 맥락이 이어질 수 있도록 돕는가?
- 새로운 놀이 자료를 제공하여 새로운 놀이 전환을 가져올 수 있도록 유도하는가?
- 기존의 익숙한 놀잇감을 새로운 시선으로 바라보도록 새로운 공간 안에서 새로운 놀이 방향을 제시하는가?
- 구조적이지 않아 자유롭게 상상하고 다양하게 사고하고 학습이 일어날 수 있는 놀잇감을 제공하는가?
- 사회 현상을 반영한 놀이가 일어나도록 사진, 인터넷, 영상 등의 정보를 제공하는가?
- 다채로운 색을 지닌 여러 매체를 지원하여 유아가 색상, 명도, 채도 등 색의 속성을 자연스럽게 경험할 수 있는가?
- 자연물과 기존의 놀잇감이 어우러져 놀이하도록 제공하는가?
- 자연에서 얻어지는 특성을 가지고 탐색할 수 있도록 하는가?
- 자연물을 말리거나, 실물을 다양하게 변형하여 새로운 시선으로 바라보도록 하는가?
- 유아의 생각이 담긴 여러 표상을 아름다우면서도 또 다른 영감을 주는 방식으로 가시화하는가?
- 놀이 속에서 드러난 유아들의 작품들이 다음 놀이로의 몰입과 사고의 확장을 돕도록 가시화하는가?
- 재활용품과 같은 비정형화된 놀잇감을 제공하여 새로운 가치를 발견하도록 하는가?
- 놀이 공간이 놀이 방향에 따라 구조, 방향, 크기를 변화하면서 새로운 놀이 전환을

가져오는가?

- 놀이가 진전되지 않을 때 새로운 매체를 적극적으로 제공함으로써 놀이가 다시 살아나도록 하는가?
- 평소에 접해 보지 못한 자료들을 제공하여 자유롭게 만들고 꾸미도록 기회를 주는가?
- 디지털 미디어가 놀이 속에서 자연스럽게 적용되고 있는가?

2 디지털 미디어를 통한 놀이 지원 환경

이 장에서는 디지털을 기반으로 한 환경 구성을 위주로 영유아교육기관에서의 놀이환경에 대해 살펴보고자 한다.

각 기관에서는 영유아 중심, 놀이 중심의 교육과정이 실현될 수 있도록 디지털 기반 놀이환경 조성을 통해 영유아들의 놀이 탐색이 충분히 발현될 수 있도록 한다. 디지털 미디어는 눈에 보이는 그 이상의 세계를 현실로 가져와 과거의 이야기, 미래의 이야기, 가상세계로 들어가는 다양한 디지털 세상을 만나게 하며, 특히 디지털 기반 놀이환경에서 영유아가 활용하는 디지털 기기는 영유아의 놀이와 배움을 위한 매체로 활용될 수 있다.

1) 미술 영역(만들기)

① 놀이 지원: 다양한 매체(우드락, 우유팩, 요구르트병, 종이 등), 풀, 본드, 가위, 끈 등

미술 영역 놀이 공간은 영유아들의 놀이를 예상하여 다양한 매체를 지원하는 환경으로 구성한다. 만들고, 꾸미며 놀이 확장을 가져올 수 있는 구체적인 매체를 풍성히 내어 줌으로써 놀이 주제가 교사의 의도, 영유아들의 의도를 서로 교환하며 배움으로 연결될 수 있도록 지원한다.

② 미술 영역에서의 디지털 기기 및 미디어를 활용한 놀이 지원

– 태블릿PC, 스마트폰, 스톱모션, QR코드

그림을 반복적으로 그리고 수정하는 과정에서 종이를 이용하는 것보다 태블릿PC를 활용하는 과정은 영유아들의 놀이 의욕을 높이고 자신이 표현하고자 하는 표상을 바로 놀이에 활용할 수 있다. 또한, 입고 싶은 옷을 디자인하고 스마트폰을 이용해 직접 입어보는 효과를 가져올 수 있어 놀이 흥미를 높이므로 디지털의 효과를 통해 놀이 확장을 가져올 수 있다.

2부 실제편: 유아 놀이 사례 – 우리들의 패션쇼 중

2) 언어 영역

① 놀이 지원: 그림책, 개인 편지함, 글쓰기 할 수 있는 종이류, 색지, 스티커, 가위, 풀, 자, 연필, 지우개, 사인펜, 색연필 등

언어놀이에서의 환경은 언어 자극을 줄 수 있는 그리기 도구, 즉 사인펜, 색연필의 종류와 색상의 폭을 넓혀 36색, 54색 등 색의 그라데이션을 풍성히 느낄 수 있는 쓰기 도구를 내어준다. 또한, 색연필, 사인펜의 굵기, 유성과 수성의 차이, 붓펜, 목탄, 마카, 보드마카, 매직의 여러 종류는 생각의 확장을 가져오는 쓰기 도구가 된다.

② 언어 영역에서의 디지털 기기 및 미디어를 활용한 놀이 지원

- 파워포인트, 태블릿PC, 스톱모션, QR코드

영유아들의 그림은 모두 내용을 담고 있다. 그 내용의 의미로움을 위해 이야기 짓기로 확장하는데 이때 낱장으로 흩어질 수 있는 그림들을 모아 디지털을 활용해 편집하는 과정에서 놀이의 몰입을 가져오고 영유아들의 이야기가 새로운 놀이로 전환되거나 한두 명에서 시작한 놀이가 반 전체로 확장될 수 있다.

2부 실제편: 유아 놀이 사례 – 라온이의 세상 여행 중

〈스톱모션 활용 사례: 용감한 포켓몬〉

– 포켓몬을 실감 나게 움직이게 하고 싶어서 스톱모션을 활용한다.

영유아들의 그리기는 짧게 끝나는 경우가 많다. 짧은 이야기가 반복되는 과정을 통해 그림 그리기에 관심을 갖게 되어 그리기의 즐거움을 느끼도록 하며 그리기가 언어로서의 또 다른 표현임을 알게 된다.

놀이 예시 – 두 친구가 길을 가다가 악당을 만나 잡혀갔어요. 그런데 용감한 포켓몬이 구해줬어요.

3) 블록 영역

① 놀이 지원: 유니트블록, 할로우블록, 쿼드릴라, 큐바메이즈, 바이오블록, 자석블록, 종이벽돌블록, 와플블록, 거울블록 등

블록놀이에서는 영유아들이 협력하며 공동의 목표를 달성하기 위한 미션을 제공하는데, 이때 어떤 종류의 블록을 제공하느냐가 놀이의 방향을 제시하는 경우가 많다.

유니트블록은 또래와 협력하며 문제를 해결하는 과정에서 많은 비판적 사고와 협업이 필요한 매체이다. 유니트블록과 할로우블록, 경사로블록, 빛블록, 컵블록, 재활용기, 재활상자, 종이블록, 우레탄블록, 나무판자 등의 블록 놀잇감은 영유아들의 놀이에 콜라보레이션을 풍성하게 한다.

② 블록 영역에서의 디지털 기기 및 미디어를 활용한 놀이 지원

– 파워포인트, 한글그림판, 미러링, 태블릿PC

과거의 이야기를 현재로 가져오는 놀이는 판타지를 불러일으키고 내가 그 과거 속으로 들어가고 싶은 자극을 준다. 영유아들이 거북선을 타고 어떻게 과거로 돌아가 그 시간을 즐겨 볼 수 있는지 디지털을 통해 연결한다.

2부 실제편: 유아 놀이 사례 - 거북선을 소환하다 중

4) 역할 영역(가상놀이 영역)

① 놀이 지원: 라이트테이블, 역할놀잇감, 다양한 매체(백업, 폼폼이, 수수깡, 털실 등), 천 등

역할놀이는 주로 소꿉놀이 도구, 인형, 가방 등 정형화된 놀잇감이 많으나 영유아들의 상상력을 더욱 드러내 주기 위한 비정형화된 미술 재료를 함께 활용하도록 제안할 수 있다. 이는 영유아의 내면에서 표현하고 싶은 의미로움을 몸짓으로, 언어로, 행위로 나타내는 과정에서 즐거움을 찾도록 함에 있다.

② 역할 영역에서의 디지털 기기 및 미디어를 활용한 놀이 지원

- 빔프로젝터

소꿉놀이에서 주로 일어나는 캠핑 놀이를 위해 빔프로젝터를 이용하여 모닥불을 제공한다. 빛 블록과 모닥불 영상을 이용해 실감 나는 캠핑 놀이를 전개한다.

5) 물감 영역

① 놀이 지원: 물감, 붓, 물통, 팔레트, 수건, 이젤, 종이 등

물감놀이는 자연을 감상하고 자연에 대한 자신의 마음을 색으로 표현함으로써 또 다른 언어적 표현이 된다. 물감 그림을 위해 이젤을 제공하고 붓 또는 붓을 대신하는 백업, 막대기, 스펀지, 도장과 물감통으로 사용하는 재활용기를 함께 내어준다. 또한, 식물을 제공하거나 명화로서 화가나 화풍이 다른 그림을 제시하여 그림에 대한 이해를 높이고 색의 다양함을 느끼도록 한다.

② 물감 영역에서의 디지털 기기 및 미디어를 활용한 놀이 지원

– 태블릿PC로 명화 감상 후 그리기

6) 흙 놀이(점토)

① 놀이 지원: 작업판, 책상 덮개, 흙(점토), 점토놀이 도구, 물통, 분무기, 전시 공간 등

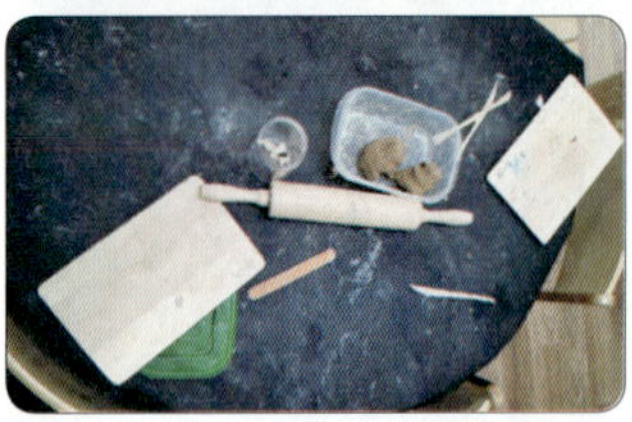

흙 놀이를 위해 제공되는 도구 중 구조적인 형태가 바로 나타나는 찍기 틀은 가급적 제한하고 밀대, 나무 도구, 전시판, 절구, 찍기, 스탠 그릇, 채반, 깔때기 등 흙의 성질을 이용해 놀이할 수 있는 도구들을 지원한다.

② 흙 놀이 영역에서의 디지털 기기 및 미디어를 활용한 놀이 지원

– 파워포인트, 구글(증강현실), 크롬 뮤직랩, 태블릿PC

2부 실제편: 유아 놀이 사례 – 바다 생물 이야기 중

바다에서 헤엄치는 물고기와 바다 생물을 흙으로 표현할 때는 바다 생물이 어떤 모습을 하고 있는지, 무엇을 하고 있는지 영유아들의 많은 이야기를 담게 된다. 흙으로 만든 딱딱한 바다 생물에게 이야기를 입혀 줌으로써 살아 있는 바다 생물 이야기를 들려주게 된다.

CHAPTER

8

〈라온이의 세상 여행〉
이야기 표상

놀이를 지원하는 매체

① 놀이 매체의 정의 및 중요성

1) 놀이 매체의 정의

매체란 교육 현장의 교수-학습 과정에서 교육내용에 대한 이해를 돕기 위해 활용하는 매개체라는 것을 뜻하며 교수자와 학습자들 사이, 또는 학습자 사이에 일어나는 교육과정에서 발생하는 소통의 매개 역할을 한다. 이처럼 놀이 매체란 교육목표가 효과적으로 달성될 수 있도록 하기 위해 교수자와 학습자 사이에 필요한 커뮤니케이션이 발생하도록 도와주는 다양한 형태의 매개수단 또는 제반 체제이다.

놀이는 영유아 자신을 표현하는 가장 기본적인 행동으로 영유아 스스로 즐거움을 느끼는 자신의 자발적인 행동을 의미한다. 영유아는 놀이를 통해 자신의 주변을 탐색하고 적응하는 기회를 가지며 자신의 창의성과 실험성을 증진시키고 놀이를 통해서 배우고 발달한다.

이에 따라 놀이 매체(media)는 놀이 자료로서 영유아가 세상을 만나고 자기 생각과 감정을 표상하는 중요한 매개이며 영유아가 놀이에 사용할 수 있는 놀잇감, 매체, 재료와 도구를 뜻한다고 할 수 있다.

2) 놀이 매체 활용의 중요성

교사는 다양한 놀이 매체를 풍부하고 충분하게 제공하고 영유아의 놀이와 교육과정을 통합해 놀이를 확장시키며 그 확장된 놀이 속에서 영유아가 의미 있는 배움을 경험할 수 있도록 적절하게 지원할 수 있어야 한다. 영유아의 놀이환경은 개념과 학습능력을 증진시킬 수 있으므로 영유아의 놀이 운영과 지도에 놀이환경 요인이 매우 중요하다.

2019 개정 누리과정과 4차 표준보육 과정에서도 영유아에게 일상의 평범한 사물, 자

연물, 재활용품 등을 적절히 제공하고, 비구조적인 열린 자료를 풍부하게 제공하여 영유아가 자신만의 방식으로 활용할 수 있도록 지원하며 영유아가 찾아낸 새로운 놀이 자료나 창의적인 놀이 방식을 인정하고 존중해야 한다고 밝히고 있다.

세상의 모든 것을 감각적으로 받아들이는 영유아기에는 자신이 흥미를 갖는 모든 주변의 것이 놀이 매체가 될 수 있으므로 영유아교육 현장에서 놀이 매체의 활용은 매우 중요하다. 영유아에게 제공하는 놀이 매체는 놀이의 내용을 효과적으로 전달하는 기능적인 수단일 뿐만 아니라, 영유아의 감성을 자극하고, 감각을 살아나게 하고, 상상력을 펼칠 수 있게 해야 한다. 영유아교사는 항상 마주하는 놀이 매체에 대해 민감해야 하며, 영유아의 놀이, 경험을 촉진하는 단순한 도구적 매개체라는 인식에서 벗어나 영유아에게 제공하는 놀이 매체가 능동적이고 변형 가능하다는 것을 발견할 수 있는 열린 사고가 필요하다. 즉, 놀이 매체를 물리적이고 기능적인 고정체로만 이해할 것이 아니라 영유아의 의식에 직접 매개하여 서로 교류하고 서로 작용하고 서로 영향을 미친다는 것에 주목해야 한다.

2 놀이 매체의 종류

놀이 매체는 상품화된 놀잇감, 자연물, 재활용품 등 놀이에 사용하는 모든 것을 의미한다. 그중 놀이 매체가 가지고 있는 실제성, 구조성의 특성은 영유아의 놀이 유형과 방법을 결정하는 중요한 요인이 된다. 사실성, 구조성이 낮은 놀이 매체는 물체 변형이나 새로운 것을 시도할 수 있으므로 상상력을 높이고 상상 놀이의 내용을 다양화하며, 놀이 지속시간을 늘려주고 창의성 및 문제해결능력을 기르는 데 긍정적 영향을 준다. 구조성이 낮은 놀이 매체란, 부분이나 요소가 전체를 이루지 않고, 그것으로 변형할 수 있거나 특정한 사용방법이 없으며 용도가 제한되지 않아 여러 가지 상황에 다양하게 사용하며 용도를 융통성 있게 조작할 수 있는 것을 말한다. 놀이에 대한 정보를 많이 주지 않은 비정형화되고 비구조적인 놀이 매체라면 영유아는 창의적 놀이를 더 많이 할 가능성이 있다.

다음은 이 책의 실제편에 나오는 다양한 사례에서 사용된 비구조적인 놀이 매체 위주로 소개하고자 한다.

1) 자연물

영유아가 자연친화적 태도를 형성하기 위해서는 영유아들에게 주변 자연환경에 관심을 두고, 일상적이고 지속적인 경험을 통해 가치 있는 지식을 스스로 구성할 기회를 제공하는 것이 중요하다. 영유아가 자연을 접할 방법으로는 바깥 놀이를 통해서 직접 자연환경을 놀이 매체로 활용하기도 하지만 자연물을 교실로 들여와 교실 안에서도 자연과 만남을 지속할 수 있도록 자연물 놀이 매체를 활용할 수 있다.

영유아는 다양한 자연물, 즉 자연에서 발견할 수 있는 흙, 꽃, 풀, 조개, 돌멩이, 나뭇가지, 각종 열매 등의 자연물을 접하면서 풍부한 정서를 가지게 되고 자연물 놀이를 통해 일어나는 여러 가지 상황 속에서 친구와 상호작용하며 자신을 둘러싼 사회와 자연의 관계를 알아간다.

자연물
2부 실제편: 영아 놀이 사례
- 자연과 만나요 중

사용방법:
1. 바깥 놀이 시 다양한 자연물을 수집하여 구성놀이를 해 본다.
2. 자연에서 만났던 개미와 거미 등의 자연물을 표현할 수 있는 공간을 만들어 본다.

자연물을 이용한 소반 놀이

자연물 도감

자연에서 발견한 색 놀이

교실로 들어온 자연

2) 금속류

와이어, 피복 전선, 다보, 피스, 엽전피스, 너트, 볼트, 호일, 와셔, 모루, 색 철사 등 우리가 흔히 알고 있는 금속은 차갑고 딱딱하고 위험하다는 인식을 주기 마련이다. 특히, 영유아들이 가지고 놀 수 있는 매체로는 적절하지 못하고 놀이 안전을 생각할 때 매체로는 적합하지 않다고 생각할 수 있다. 철사나 모루와 같은 선재는 영유아가 선의 역동성에 대해 탐색하거나 구조적 형태를 탐색하기에 좋은 매체로 영유아의 힘으로도 쉽게 구부러지고 휘어지는 특성 때문에 영유아가 표상하고자 하는 이미지를 잘 발현시켜 준다.

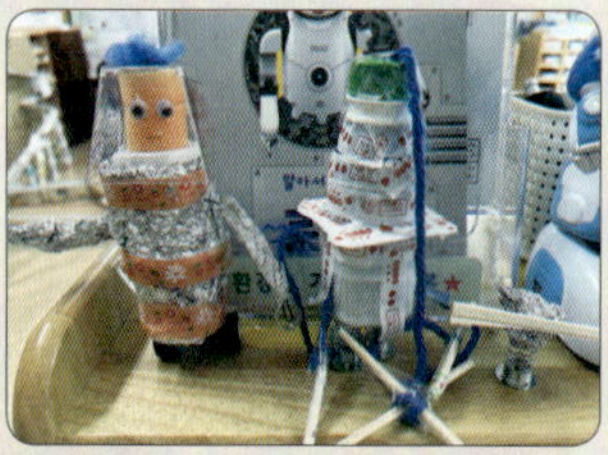

금속류

2부 실제편: 유아 놀이 사례
- 재활용품 로봇 생명을 얻다! 중

사용방법:

1. 재활용품으로 로봇을 만들기 위해 상자보다 움직임이 쉬운 매체를 선택한다.
2. 팔을 움직일 수 있도록 철사나 포일(은박지)을 이용하여 움직임을 표현한다.

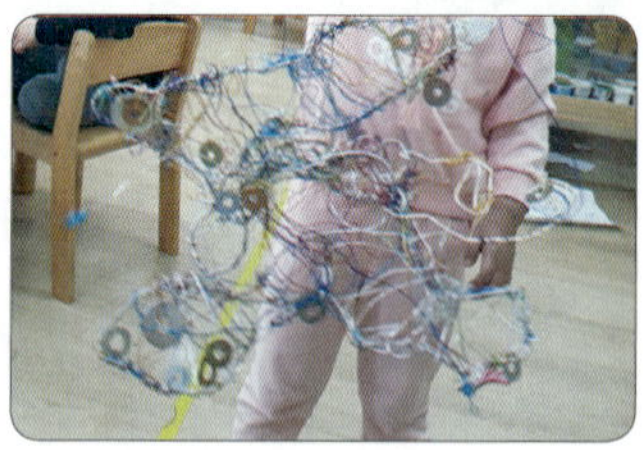

와이어의 성질을 이용한 놀이

금속 콜라주

3) 플라스틱류

플라스틱은 생활용품의 중요한 소재 및 재질이며 실제성을 띤 3차원의 재료로 가작화되어 놀이에 사용하기 쉬운 장점이 있다. 특히, 플라스틱류의 매체는 놀잇감의 재료로도 친숙하게 사용되고 있으며, 영유아가 주변에서 발견하고 쉽게 수집할 수 있는 매체이다. 플라스틱은 무엇인가를 만들겠다는 기대감뿐만 아니라 물리적 저항이 적고 다루기가 편하므로 영유아에게 표현 의욕과 적극성을 기대할 수 있도록 도와준다.

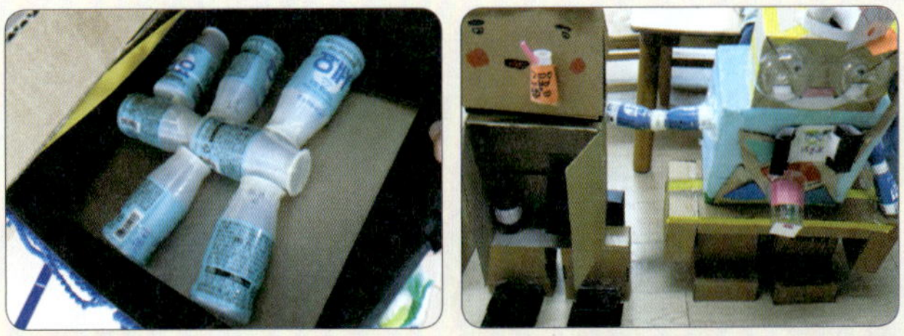

플라스틱류
2부 실제편: 유아 놀이 사례
- 재활용품 로봇 생명을 얻다! 중

사용방법:
1. 로봇에 필요한 외부 · 내부를 재활용품을 활용해 만들어 본다.
2. 내부에 필요한 작은 것들은 플라스틱류의 매체를 활용하여 붙여 본다.

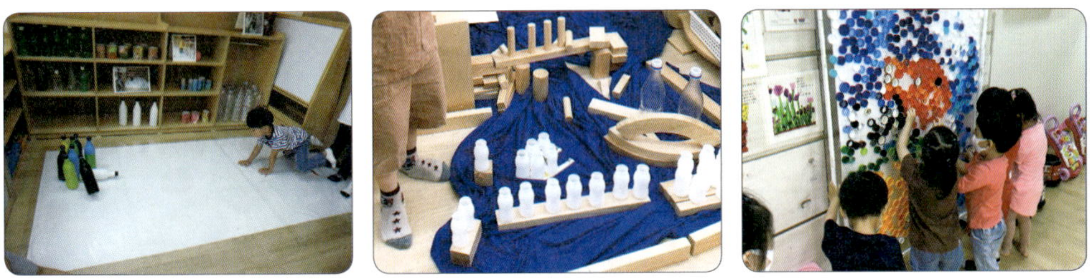

플라스틱을 활용한 놀이

플라스틱을 이용한 3차원 구성 놀이

4) 지류

종이는 영유아가 일상에서 자연스럽게 만날 수 있는 매체이며, 쉽게 접할 수 있어 기관에서 종이와 만나 놀이하는 모습을 자주 볼 수 있다. 종이는 크기, 질감, 색, 두께 등 제작되는 방식에 따라 다양한 종류가 있으며, 힘이 가해지는 정도에 따라 다르게 변형되며, 어떤 형태나 변화도 잘 받아들인다. 또한, 물, 불, 빛, 습도 등의 물질과 만나면 분해되기도 하고 변색되고, 뒤틀리고 말리기도 하며 다채롭게 반응한다. 이러한 종이의 잠재된 성질은 영유아의 자유로운 놀이를 통해 드러나며 영유아는 예측하지 못한 사건들을 경험하고 자신의 사고, 행위, 감각 등을 변화시켜 나갈 수 있다.

지류

2부 실제편: 유아 놀이 사례

- 우리들의 패션쇼 중

사용방법:

1. 내가 입고 싶은 옷을 그려 본 후 색종이로 접어본다.
2. 관절 인형에 색종이로 옷 접은 것을 붙여준 후 다양한 옷을 접어 디자인한다.

종이의 재질과 두께를 이용한 놀이

종이의 모양과 크기를 이용한 놀이

5) 비닐류

비닐류와 천류는 평면을 활용할 수 있는 특성이 있음과 동시에 종이처럼 찢어지지 않는 고유성이 있기에 여러 측면에서 물질성 탐색이 가능하다. 비닐의 경우는 찢어지지 않고 배수성이 있는 고유성을 활용해 수성 매체가 아닌 다양한 유성이나 아크릴 물감으로 그리거나 채색을 할 수 있고, 적당한 무게감을 견딜 수 있어 입체 작품을 표현할 수도 있다. 비닐류는 투명하고 빛이 투과한다는 특징이 있으므로 이러한 매체의 속성을 바탕으로 다양한 변형 가능성을 모색해 볼 수 있다. 또한, 색 비닐을 이용하여 매체를 가시화하거나 색이 주는 느낌을 이용하여 놀이할 수 있다.

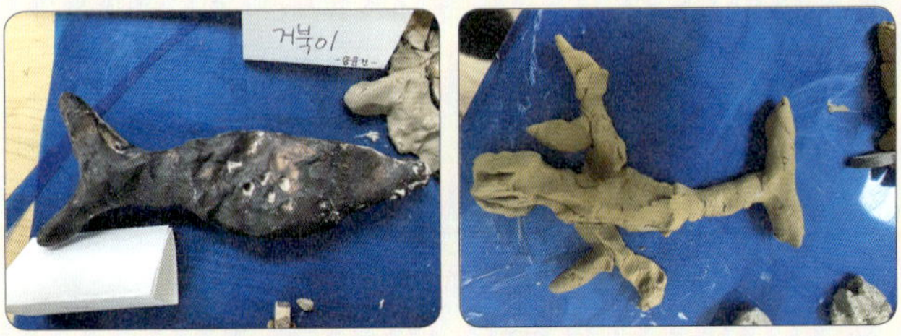

비닐류
2부 실제편: 유아 놀이 사례
- 바다 생물 이야기 중

사용방법:
1. 흙으로 바다 생물을 만든다.
2. 교실의 교구장 위에 파란색 비닐을 깔고 그 위에 전시하여 바닷속 느낌을 연출한다.

비닐 그림

스티커 만들기

6) 재활용품류

재활용품이나 버려진 부품으로 여러 가지 모양을 만들고 조립할 수 있다. 판지 상자나 튜브관, 병뚜껑 등과 같은 재활용품 매체는 철사나 점토보다 더 구조적이어서, 영유아들의 생각의 다차원성을 묘사해 주고, 물리적 · 역학적으로 매체들이 서로 어떻게 결합하는지를 보여준다. 영유아는 2차원에서 3차원으로 옮겨가는 작업에 흥미를 느끼며 이러한 부품의 특징을 어떤 의도로 표현하는지 등을 관찰할 수 있다. 이러한 과정에서 영유아는 균형, 대칭, 무게, 높이, 안정성 또한 탐구할 수 있다.

재활용품류

2부 실제편: 유아 놀이 사례
- 라온이의 세상 여행 중

사용방법:

1. 폐기되는 동화책이나 잡지에서 원하는 모양을 오린다.
2. 이야기에 맞는 배경을 생각하고 절절한 이미지의 색과 모양을 오려 배경으로 만든다.

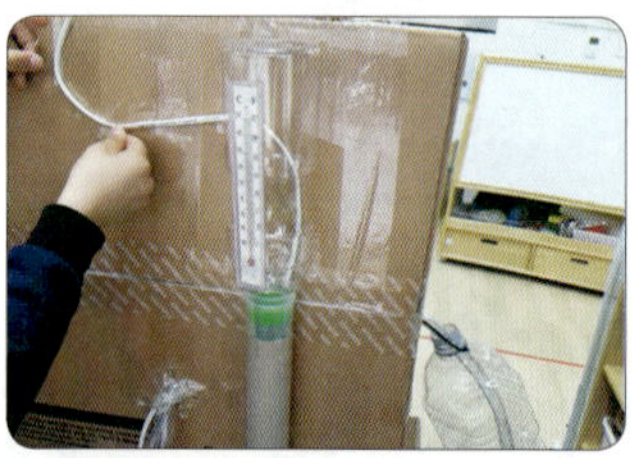

재활용 상자를 이용한 놀이

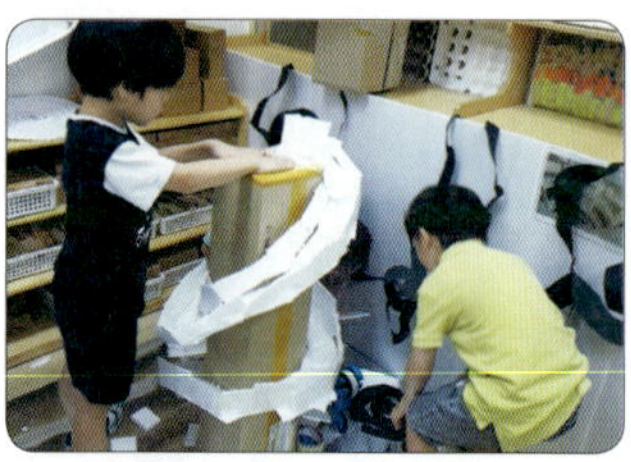

폐 우드락과 재활용품을 이용한 놀이

7) 물감류

물감은 강력하고 흡인력 있는 유동적 매체로 자신의 내적 심상을 자유롭게 표현하면서도 창의적 체험의 기회를 제공한다. 사용하는 붓의 크기에 따라 바로 면을 그려낼 수 있으며, 형태를 추구하는 그림보다 인상과 색채를 표현하는 그림의 발현이 쉽다. 특히 물감을 사용하여 형태가 없는 추상적인 표현을 할 수 있어 자연스럽게 색과 친해질 수 있고 창의적이고 심미적인 표현이 가능하다. 영유아는 고정된 색깔을 변형하기 어려운 매체와는 달리 물감을 이용해 자유롭게 색을 혼합하고 창조하면서 신비감을 경험하고 색을 탐색하는 과정을 통해 색의 변형을 몸소 체험하게 된다.

물감류
2부 실제편: 유아 놀이 사례
- 거북선을 소환하다 중

사용방법:
1. 자신이 만들고 싶은 거북선 모양을 그리기 도구로 가시화한다.
2. 물감이나 먹물을 지원하여 색에서 느껴지는 옛것의 느낌을 느껴본다.

다양한 재질에 물감 사용하기

8) 끈류

끈은 무엇인가를 잇는 기능으로만 발현된다고 생각하기 쉬운데, 꾸미기 용도로 제시한 끈을 가지고 구성놀이도 가능하고 상상 놀이의 놀이 매체로도 사용할 수 있다. 끈은 특정한 형태나 상징으로 고정되어 있지 않기 때문에 영유아의 의도에 따라 하나의 사물이 전혀 다른 사물로 변할 수 있다. 길이를 이용한 느낌을 표현하기도 하고 묶기를 이용한 연결에 대해서 고민하기도 하며 고정하기 위한 놀이 매체로 사용하기도 한다. 이처럼 끈은 매체 한 가지를 넘어서 다양한 주제나 소재로 결합하기도 하고 변화하기도 하면서 놀이할 수 있다.

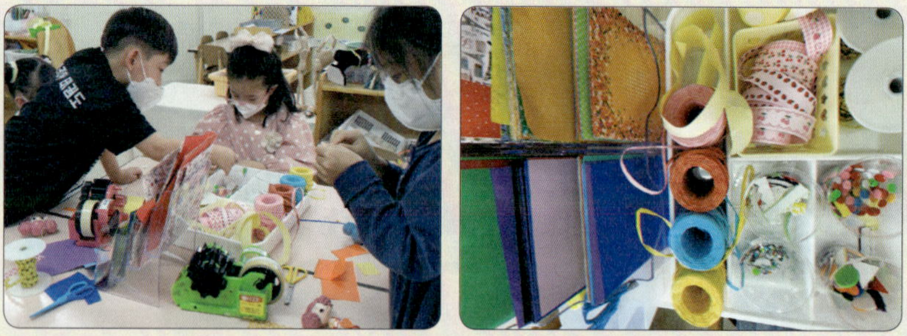

물감류

2부 실제편: 유아 놀이 사례 - 우리들의 패션쇼

사용방법:

1. 감정 인형의 옷을 디자인한다.
2. 다양한 문양과 재질을 가진 색종이와 리본들을 지원하여 놀이할 수 있도록 한다.

묶기와 엮기, 엉킴을 이용한 놀이〉

CHAPTER

〈유토와 만난 공룡〉
유토 위 공룡발자국 표상

9 놀이관찰, 기록 및 평가

1. 놀이관찰과 기록의 목적과 내용
2. 놀이관찰과 기록 사례
3. 교사 학습공동체의 의미와 적용 사례
4. 놀이관찰과 기록 활용

1 놀이관찰과 기록의 목적과 내용

놀이관찰 기록에서 영유아를 관찰한다는 것은 영유아의 배움을 그들의 시선에서 바라보며 놀이 사건으로서 배움을 이해하는 행위라고 볼 수 있다. 따라서, 2019 개정 누리과정의 놀이관찰과 기록은 교실에서 이루어지는 놀이에 귀 기울이고 사건으로서 영유아의 놀이를 배움으로 이해하는 데 목적이 있다.

2019 개정 누리과정을 실행하는 교사는 영유아의 배움에 귀 기울이고 예상하지 못한 방향으로 놀이가 변화해 나갈 때, 영유아에게 배움이 일어날 방법이 무엇인지 고민하고 지원하여 교육적 실천이 이루어질 수 있도록 한다.

놀이관찰과 기록은 교사가 교실에서 마주하는 영유아의 놀이 배움의 순간을 포착하고 다양한 사진, 글, 그림 등으로 남기는 것이다. 또한, 관찰과 기록은 사진, 글, 그림으로 남겨진 것들을 통해 교사가 영유아와 함께 놀이할 당시 미처 발견하지 못한 영유아의 배움을 포착하게 하거나 교사가 이전에는 생각하지 않았던 지원을 계획하고 실천하게 할 수 있다. 놀이관찰과 기록은 다른 사람의 놀이 기록 그 자체가 영향을 미치며 교사에게 영유아의 놀이에 대해 이해하고 자신을 돌아볼 수 있는 성찰의 기회를 제공할 수 있다.

그러므로 놀이관찰 기록은 영유아의 놀이 사진, 글, 그림 등이 축적되어 새로운 의미를 생성하기도 하고 매일 벌어지는 사건을 짧게라도 기록함으로써 영유아의 놀이에 따른 지원을 하고 다시 지원함에 따라 영유아의 놀이가 어떠한 사건으로 나타나는지 귀 기울일 수 있게 된다. 이러한 기록 과정을 반복함으로써 교사와 영유아는 함께 교육과정을 만들어 가게 되는 것이 놀이관찰 기록의 목적이 되어야 한다.

② 놀이관찰과 기록 사례

놀이관찰과 기록은 간단한 글, 사진 등을 활용하여 자유롭게 기록할 수 있다. 간단한 놀이 메모나 사진 등 교사가 할 수 있는 가장 쉬운 방법으로 기록할 수 있어 이전에 영유아 관찰처럼 오직 객관적으로 관찰된 것만 글로 기록하는 것에서 벗어나 다양한 언어를 사용하여 기록하는 것이다.

2019 개정 누리과정과 4차 표준보육 과정은 교사가 영유아의 놀이에 담긴 글이나 사진, 그림 속에서 어떤 생각을 하고 있는지 어떤 표현을 하고 싶었는지를 이해하고 새로운 생각이 생성되는 것을 염두에 두고 있다. 교사는 영유아의 놀이 경험을 짧은 줄의 문장이나 몇 장의 사진 등을 통해 놀이를 해석해 보고 놀이를 이해할 수 있다. 이러한 기록 과정을 통해서 영유아에게 어떤 배움이 일어났는지 그 의미를 찾을 수 있게 된다.

1) 일일 교육(보육)일지

일일 교육(보육) 계획안은 형식적 행위로 작성되기보다 교사 자신이 편한 방법을 찾아 나가며 의미 있는 기록이 이루어질 수 있도록 기관, 학급별 계획안이나 보육일지의 형식과 분량에 자율성을 부여하고 있다(교육부, 보건복지부, 2020). 영유아들의 놀이와 배움의 이야기에 함께 귀 기울이면서 교사가 유연하게 놀이와 배움을 이어가는 과정에서 남기는 의미 있는 '기록'의 하나로서 교육(보육)일지가 될 수 있도록 모든 놀이와 활동이 기록되지 않아도 되며, 일과에 중점적으로 진행된 놀이 내용을 기록할 수 있다. 매일 반복되는 일과 내용은 간략히 기술하고, 동일한 내용을 반복하여 작성하지 않도록 한다.

다음은 일일 교육(보육)일지의 다양한 사례를 제시한 것이다.

(1) 한 가지 놀이를 깊이 있게 관찰할 수 있는 일일 교육(보육)일지

오늘의 일과를 간략하게 소개했지만, 놀이 공간의 넘나듦과 주제에 따른 놀이를 깊이 있게 관찰하고 기록하였다. 사진 속에서 놀이의 흐름을 이해할 수 있도록 첨부하여 교사가 놀이를 흐름을 해석하고 기록할 수 있는 장점이 있으며, 관찰하고자 한 놀이 초점과 지원 방향이 드러나게 기록할 수 있다. 그러나, 한 가지 놀이를 집중적으로 기록하여 다른 놀이의 관찰과 기록이 보이지 않는 단점도 있다. 이를 보완하기 위해 요일별로 놀이를 돌아가며 기록하는 방법도 필요하다.

만 5세반 일지

<table>
<tr><th colspan="5">계획 및 실행 평가</th></tr>
<tr><td rowspan="2">일상생활</td><td>오전, 오후 간식</td><td colspan="3">오전, 오후 간식을 받을 때 한 줄로 기다려서 음식을 받을 수 있도록 하였다.</td></tr>
<tr><td>점심 식사</td><td colspan="3">점심 식사 후 남은 반찬은 국그릇에 모을 수 있도록 이야기하고 식사를 할 수 있도록 하였다.</td></tr>
<tr><th colspan="5">오늘의 놀이 기록</th></tr>
<tr><td>관찰 공간</td><td colspan="2">교실 - 쿼드릴라 놀이 영역</td><td>참여유아</td><td>정○○, 윤○○, 김○○</td></tr>
<tr><td>놀이 주제</td><td colspan="4">새로운 쿼드릴라로 함께 구성하기</td></tr>
<tr><td colspan="5">새로운 쿼드릴라 블록에 흥미를 보이며 많은 유아가 참여하였다. 유아들은 새로운 블록을 탐색하고 관찰하며 어떻게 사용하는 것인지 함께 이야기를 나누고 정보를 공유하였다. 쿼드릴라 색깔 블록뿐만 아니라 새로운 블록들이 유아들의 도전 욕구를 이끌어냈으며 함께 쿼드릴라를 구성하기 위해 노력하는 모습을 볼 수 있었다. 또 도미노를 연결해 구슬이 굴러갈 수 있는 길을 이어보았다. 이전에는 도미노 길을 길게만 연결해 보았었는데 오늘은 새로운 모양의 길을 만들어 보았으며 유아들이 도미노로 길을 만들고 무너지고 망가지는 것을 바탕으로 구성하는 능력이 향상됐음을 알 수 있었다. 유아들은 책자를 바탕으로 쿼드릴라를 구성해보았는데 쿼드릴라를 구성하는 각각의 블록 쓰임새를 모두 알기에 책자는 제시하지 않는 것이 좋을 것 같다.</td></tr>
<tr><td colspan="5">   </td></tr>
<tr><td>지원 방향</td><td colspan="4">새로운 블록을 탐색하고 놀이하고 즐길 수 있도록 돕고 새로운 도미노 길을 많이 만들어 볼 수 있도록 돕고자 한다. 또 길을 다양하게 만들고 연결해볼 수 있도록 이야기를 나누어 보고자 한다.</td></tr>
<tr><td>바깥 놀이
(대체놀이)</td><td colspan="4">오랜만에 텃밭과 공룡 숲 탐색을 다녀왔다. 텃밭의 작물들이 저번 주보다 많이 자란 것에 흥미를 보이며 잎사귀를 탐색하였다.</td></tr>
<tr><td>새로운 이슈</td><td colspan="4">지도에 흥미를 보이지 않던 유아들이 다시 지도 그리기에 흥미를 보이고 있다.</td></tr>
</table>

만 2세반 일지

날짜: 20＊＊.06.01 (화) 미세먼지: 보통 날씨: 맑음

<table>
<tr><td rowspan="6">오늘의 일과</td><td>7:30~9:00</td><td>등원</td><td>12:30~13:30</td><td>바깥 놀이(대체활동)</td></tr>
<tr><td>9:00~9:30</td><td>화장실 가기 및 자유 놀이</td><td>13:30~15:00</td><td>낮잠</td></tr>
<tr><td>9:30~10:00</td><td>오전 간식</td><td>15:00~15:10</td><td>정리정돈 및 화장실 가기</td></tr>
<tr><td>10:00~11:30</td><td>자유 놀이</td><td>15:10~15:30</td><td>오후 간식</td></tr>
<tr><td>11:30~11:40</td><td>정리정돈 및 화장실 가기</td><td>15:30~16:00</td><td>귀가준비 및 귀가</td></tr>
<tr><td>11:40~12:30</td><td>점심 및 양치</td><td colspan="2"></td></tr>
<tr><td rowspan="3">일상생활</td><td>오전/오후 간식</td><td colspan="3">사과가 나와 사과의 영양분에 관해 이야기를 나누고 간식을 먹을 수 있도록 하였다.</td></tr>
<tr><td>점심</td><td colspan="3">바르게 앉아 식사하는 것을 힘들어하는 영아들이 있어 의자에 바르게 앉는 방법에 관해 이야기를 나누고 식사를 할 수 있도록 하였다.</td></tr>
<tr><td>낮잠 및 휴식</td><td colspan="3">낮잠 들 때까지 시간이 오래 걸리는 영아들이 있었지만, 조용한 음악을 틀어 주어 휴식처럼 잠이 들 수 있도록 하였다.</td></tr>
<tr><td>놀이 주제</td><td colspan="2">놀이 기록</td><td colspan="2">사 진</td></tr>
<tr><td>종이 놀이
&
물감 놀이

: 도마뱀아 까꿍!</td><td colspan="2">교사는 아이들이 그려 놓은 물감 묻은 아세테이트지를 어떻게 사용할까 생각하다가 교실 입구에 있는 투명 창에 붙여 주면 어떨까 하는 생각으로 미닫이창에 그림을 붙이고 고정된 한쪽에는 종이 도마뱀을 붙여 주었다. 이젤에 그림을 그릴 때도 투명한 것에 대해 생각을 하지 못하던 아이들이 불투명해진 그림 사이로 감추어진 종이 악어와 도마뱀을 찾지 못했기에 조금 더 입체적으로 문을 여닫을 때 나타났다 사라지는 효과를 보게 한다면 어떨까 하는 생각으로 지원을 하게 된다. 투명창에 붙인 파랑과 노랑은 연두색 혹은 진한 초록색으로 변했지만 이제 파랑과 노랑이 만나면 당연히 본래의 색이 사라지고 다른 색이 나올 것이라는 기대를 하게 된다. 이처럼 종이 도마뱀도 물감으로 들어가면 사라졌다 나타났다 반복할 수 있는 이유도 마법처럼 변하는 알 수 없는 마법 같은 일이 아닐까 하는 생각을 하는 듯했다. 아침 일찍 등원한 연우는 교실 문에 붙어 있는 도마뱀을 보고 "도마뱀이 나타났네"라고 이야기하며 도마뱀이 다시 교실을 찾아준 것이 좋은 것 같았다. 그리고는 문을 열었다 닫았다 하며 도마뱀이 움직인다고 생각한 것인지 "도마뱀이 움직여!"라고 이야기를 한다. 이내 등원한 하빈이와 이현이, 그리고 예나는 교실 문에 붙어 있는 도마뱀과 악어, 카멜레온을 보고 "어디 갔다 왔어?"라고 묻기도 한다. 그리고 문을 조금씩 닫아보면서 도마뱀의 얼굴이 사라지는 것을 보고 "어? 머리 사라졌다!"라고 이야기하며 조심스레 다시 자리로 돌아와 확인하는 모습을 보인다. 문을 여닫으며 혹시 도마뱀이 다 사라지지는 않을까 걱정하기도 하고 투명한 창으로 빼꼼히 보이는 도마뱀의 두 눈과 마주칠 때는 까꿍 놀이를 하는 듯 "까꿍"이라고 이야기한다. 다시 찾아와준 도마뱀과 그 일행이 유리창에 붙어 있는 그것만으로도 아이들은 친구가 꽉 찬 느낌을 받는 듯하다.</td><td colspan="2"></td></tr>
<tr><td>관찰 초점 및 지원 방향</td><td colspan="4">- 투명창을 이용한 사라짐과 나타남 속의 영아들 생각과 관찰 들여다보기
- 문의 움직임에 따라 도마뱀의 움직임으로 여겨지는지 여부</td></tr>
</table>

(2) 놀이 주제별 일일 교육(보육)일지

놀이의 주제에 따른 기록을 모두 작성하되 간략한 내용으로 작성하고 지원 방향을 기록하여 내일 놀이의 지원 방향을 한눈에 볼 수 있고 지원 방향에 따른 놀이를 계획하여 놀이의 흐름을 이어 갈 수 있다. 하지만 모든 놀이를 깊이 있게 관찰하는 데 어려움이 있어 놀이 주제별 집중도를 나누어 기록해 볼 수 있다.

만 4세반 일지

<table>
<tr><td rowspan="2">우리가 발견한 놀이</td><td colspan="2">우리들의 놀이 이해하기</td><td>놀이분석에 따른 내용 및 교사의 지원</td></tr>
<tr><td colspan="2">엘리스 산 지도를 그리면서 그 전 지도와 비교했을 때 어떤 부분이 달라졌는지 이야기를 나누었더니 직접 경험한 부분의 잘못된 부분을 이야기 나누는 모습을 볼 수 있었다.</td><td>엘리스 산에서 촬영한 사진을 출력해 주어 어느 부분인지 그린 지도에 붙여 볼 수 있도록 하였더니 지도상의 길과 환경이 다른지 생각해 볼 수 있었다.</td></tr>
<tr><td rowspan="4">실내놀이</td><td>지도 그리기
(쌓기 영역/ 역할 영역)</td><td>엘리스 산 지도를 수정하고자 하나 어떻게 수정해야 하는지 어려움이 있으므로 각자 자신이 다녀온 엘리스 산을 함께 그려 보고 이를 모을 방법을 공유해 본다면 적절한 연결지점을 생각하고 모아 볼 수 있을 것으로 예상한다.</td><td>수정에 앞서서 우리가 본 것들의 순서를 정하고 다시 지도를 그려 봄.</td></tr>
<tr><td>명화 / 자유화
(미술 영역)</td><td>박스에 옆면에도 그림을 그리고 있지만 하나의 그림으로 그려지는 것에는 어려움이 있으므로 책에서 본 화가의 그림을 옆면에 함께 그려 본다면 다양한 화지의 면에 대한 구성도 생각해 볼 수 있을 것으로 예상한다.</td><td>박스 옆면뿐 아니라 다양한 면과 화지를 이용하여 그림을 그림.</td></tr>
<tr><td>도서관
(언어 영역)</td><td>가정으로의 대출에 대해서 생각하고 있으므로 자신이 가져가고 싶은 책을 분실하지 않으려면 어떻게 해야 하는지 이야기를 나누어 본다면 대출증에 대해서도 어떤 구분이 있고 절차가 필요한지 생각해 볼 수 있을 것으로 예상한다.</td><td>라벨 작업을 하면서 컴퓨터로 도움을 받아 완성해 가고 있음. 대출은 조금 더 기다려야 할 것 같음.</td></tr>
<tr><td>디지털로 소통하기
(컴퓨터)</td><td>인터넷 검색을 이용하여 대륙에 대해 검색을 하고 어떤 내용인지 생각해 본다면 대륙에 대한 정의를 나름의 가설 속에서 생각해 볼 수 있을 것으로 예상한다.</td><td>인터넷 찬스에서 계속 잘못된 정보를 쓰게 됨. 정확한 수도를 알기 위한 방법 찾기 필요.</td></tr>
</table>

만 5세반 일지

날 짜: 20＊＊년 12월 18일 (금) 날 씨: 맑음 미세먼지: 보통

<table>
<tr><th>일과 및 시간</th><th>놀이 제목</th><th>놀이 기록 및 평가</th><th>지원 방향</th></tr>
<tr><td rowspan="5">오전 실내놀이
(10:00~11:50)</td><td>지도
그리기</td><td>블록으로 길을 만들 때 바닥 면을 깔아 놓는 모습을 보였으므로 길과 바닥의 차이를 이야기 나누어 본다면 길을 어떻게 표현해야 할지 생각해 볼 수 있을 것으로 예상한다.</td><td>블록으로 길을 만들면서 자동차 모형으로 방어막을 만들어 정지하며 놀이함. 경사로에서 빨리 지나가는 방법에 대한 고민.</td></tr>
<tr><td>명화/
자유화</td><td>다양한 명화 그림을 그리면서 책 표지 그림도 함께 그리고 있으므로 책에 합당한 표지 그림을 물감으로 그려 본다면 책의 표지에 대해서도 생각해 볼 수 있을 것으로 예상한다.</td><td>명화 그림을 이용한 책 만들기를 시작함. 독수리에 관한 관심을 표현함.</td></tr>
<tr><td>도서관
놀이</td><td>도서관에서 책을 볼 때 바르게 보지 못하는 예도 있고 책을 완성하지 못하고 잃어버리는 경우도 생기므로 자신이 만든 책을 완성하려면 어떻게 해야 하는지 생각해 본다면 책을 만들 때 어떻게 만들어야 하는지 생각해 볼 수 있을 것으로 예상한다.</td><td>책 표지 디자인이나 명화 그림을 활용한 책 만들기를 하고 인터넷에서 검색한 것을 바탕으로 다양한 책 만들기가 진행됨.</td></tr>
<tr><td>디지털로
소통하기
(컴퓨터)</td><td>디지털로 소통하기 위해 다양한 검색을 하고 있으므로 검색을 통해서 알게 된 것들을 이야기를 나누어 본다면 검색할 때 주의점에 대해서 생각해 볼 수 있을 것으로 예상한다.</td><td>다양한 명화 그림을 인터넷에서 찾기도 하고 책을 조사함. 자신이 잘 모르는 글자를 책에서 찾아 타이핑함.</td></tr>
<tr><td>세계
여러 나라
수도 마블</td><td>수도 마블 게임에서 새로운 방법들을 계속 시도하고 있으므로 수도 마블 게임을 어떻게 하는지 숫자를 어떻게 활용하여 만들고 있는지 이야기를 나누어 본다면 수도 마블 게임의 방법들을 공유하고 놀이할 것으로 예상한다.</td><td>수도 마블 게임에서 친구가 약속을 지키지 않고 게임을 했을 때 어떻게 해야 하는지 생각해 볼 필요가 있음.</td></tr>
<tr><td>정리정돈 및
화장실 다녀오기
(11:50~12:00)</td><td colspan="3">- 각 영역에서 활동하던 놀잇감을 스스로 정리한다.
- 화장실에서 배변 활동을 한 후 올바른 손 씻기를 한다.</td></tr>
<tr><td>점심 식사 및
양치하기
(12:00~12:50)</td><td colspan="3">- 식사 인사를 하고, 편안한 분위기에서 식사한다.
- 적당량의 음식을 골고루 먹으며 즐거운 마음으로 식사할 수 있도록 격려한다.
- 바른 자세로 앉아 식사하며 식사예절을 익힌다.
- 식사 후 올바른 양치를 할 수 있도록 지도한다.</td></tr>
<tr><td>바깥 놀이
(12:50~13:50)</td><td colspan="3">- 바깥 놀이를 진행한다.
(대근육 활동, 산책, 모래 놀이, 숲 체험, 실내와 연계된 실외 놀이 등)
- 날씨가 좋지 않을 때나 미세먼지가 심한 날에는 실내에서 대체 활동을 진행한다.</td></tr>
<tr><td>대소집단 활동
(13:50~14:30)</td><td colspan="3">- 대소집단으로 함께 모여 다양한 활동을 한다.
(새 노래, 동화, 동시, 게임, 신체 활동, 요리 활동, 중점 활동 등)</td></tr>
<tr><td>특별 활동
(14:30~15:00)</td><td colspan="3">- 대집단으로 함께 모여 다양한 특별 활동을 한다.</td></tr>
<tr><td>화장실 다녀오기
및 오후 간식
(15:00~15:50)</td><td colspan="3">- 화장실에서 배변 활동을 한 후 올바른 손 씻기를 한다.
- 감사한 마음으로 간식 노래를 부른 후 편안한 분위기 속에서 간식을 먹는다.</td></tr>
<tr><td>평가 및 귀가
(15:50~16:00)</td><td colspan="3">- 하루 동안 있었던 일을 회상하며 이야기를 나누고 일과를 평가해 본다.
- 유아의 얼굴을 확인하고, 머리와 옷매무시를 단정하게 한다.</td></tr>
</table>

(3) 주간 교육(보육)일지

주간 교육일지는 놀이 기록을 매일 작성하지 않고 한 주제씩 기록하여 일주일을 누적한다. 매일 기록하는 일지와는 다르게 누적된 일주일간의 놀이 모습을 한눈에 볼 수 있으며 교사가 매일 기록하는 경우에 느끼는 피로도 줄일 수 있다. 주요 일과에서 일상생활에 관련된 내용은 추가하여 작성할 수 있다.

만 4세반 일지

주제: 전개도 디오라마

10월 26일(월)	10월 27일(화)	10월 29일(목)
전개도를 이용하여 디오라마를 만들고 있으나 자신이 만들고 싶어 하는 것이 머릿속에 상상이 될 때 자를 사용하지 않고 임의대로 도형을 그려 사용하는 것을 볼 수 있었다.	유아들이 익숙하게 생각했던 것들을 만들고 싶어 하였고 자신의 집에 어떤 것들이 있는지 고민하는 모습을 보였다. 전개도를 만들 때 그전에 만들었던 것들과 만들고자 하는 것을 응용해서 만드는 모습을 볼 수 있다.	집 전개도를 이용하여 옷장 전개도로 활용하였다. 전개도를 오리고 붙이는 과정에서 옷장 중간 칸막이가 생겼으며 옷장 문을 여닫을 수 있도록 문고리를 만들어 붙이는 모습을 볼 수 있었다.
	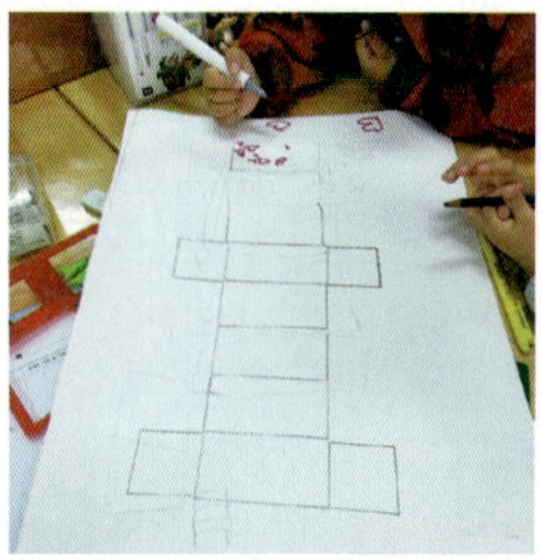	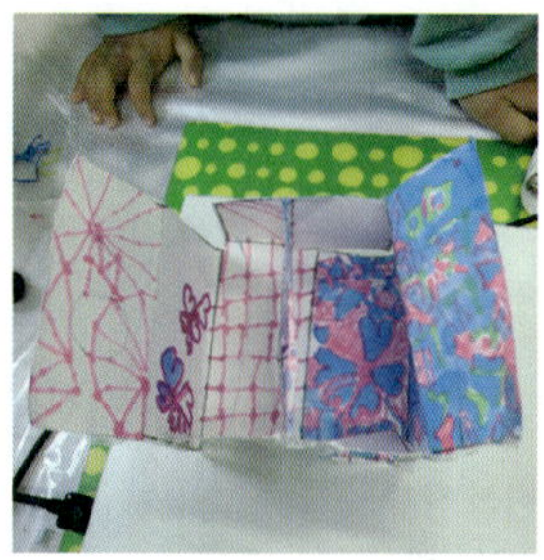
교사지원	교사지원	교사지원
임의로 그린 전개도를 접었을 때 맞지 않는 부분은 왜 그런지 생각해 볼 수 있도록 이야기를 나눈다.	옷장을 만들기 위해서 전개도를 이어서 그리고 있으므로 옷장의 모습과 전개도에서 어떤 것들이 더 필요한지 이야기를 나누어 본다면 옷장 문을 여닫을 방법에 대해서도 생각해 볼 수 있을 것으로 예상한다.	옷장에 있는 것들을 이야기 나누어 본다면 서랍장과 같은 부분들은 어떻게 만들 수 있는지 생각해 볼 수 있을 것으로 예상한다.

만 3세반 일지

<table>
<tr><th>시 간</th><th>주요 일과</th><th colspan="3">주요 활동 및 내용</th></tr>
<tr><td>7:30~9:00</td><td>등 원</td><td colspan="3">- 등원 맞이하며 인사 나누기
- 유아의 기분과 건강상태 파악하기
- 통합보육실에서 놀이하기</td></tr>
<tr><td>9:00~9:30</td><td>화장실 가기 및 자유 놀이</td><td colspan="3">- 화장실에 가서 배변할 수 있도록 돕기(배변훈련)
- 교구장에 비치된 놀잇감을 탐색하면서 자유롭게 놀이하기</td></tr>
<tr><td>9:30~10:00</td><td>오전 간식</td><td colspan="3">- 놀잇감을 스스로 정리할 수 있도록 돕기
- 손을 깨끗이 씻고 자리에 앉을 수 있도록 돕기
- 간식을 잘 먹을 수 있도록 돕고 다 먹은 접시는 스스로 정리해보기</td></tr>
<tr><td>10:00~11:30</td><td>자유 놀이</td><td colspan="3">- 실내에서 유아들과 자유롭게 놀이하기
- 자유롭게 놀이한 후 놀잇감 정리하기</td></tr>
<tr><td>11:30~12:00</td><td>바깥 놀이
(대체놀이)</td><td colspan="3">- 신발장에서 자신의 신발을 찾아 스스로 신어보기
- 바깥 놀이 시 안전 사항에 관해 이야기 나누어 보기
- 대체활동 날씨가 좋지 않을 때는 실내에서 대체놀이</td></tr>
<tr><td>12:00~13:00</td><td>점심 및 양치</td><td colspan="3">- 바른 자세로 앉아 숟가락과 포크를 이용해 점심을 먹도록 하기
- 유아가 편식하지 않고 골고루 먹을 수 있도록 격려하기
- 점심을 먹은 후엔 교사가 도와 스스로 양치질할 수 있도록 지도</td></tr>
<tr><td rowspan="2">13:00~13:40</td><td rowspan="2">대소집단 활동</td><td>월</td><td>수</td><td>목</td></tr>
<tr><td>주말 지낸 이야기</td><td>이야기나누기〉
가게놀이를 하려면
돈, 카드의 차이점</td><td>놀이공유
친구에게 보내는 편지 함께 읽고 소개하기</td></tr>
</table>

요일	놀 이	이번 주 놀이 기록	놀이 지원
월	가게놀이	돈을 가지고 가게 놀이를 하는 유아들을 볼 수 있었다. 가게 놀이하면서 돈을 어떻게 주고받는지 물건을 살 때는 어떻게 해야 하는지 자신의 경험을 통해서 놀이로 나타내고 있는 것을 볼 수 있었다. 특히, 마트를 많이 이용하고 있는 유아들이 물건을 살 때 주인이 골라주지 않고 자신이 스스로 물건을 골라 결제하는 것을 볼 수 있었다.	돈을 이용한 놀이를 하고 있으므로 돈을 담을 수 있는 지갑이나 돈 통, 카드와 같은 형태를 어떻게 만들어 내는지 관찰한다면 유아들이 물건을 사고 팔 때 어떤 경험을 하는지 알 수 있을 것으로 예상한다.
화	콜라주 & 재활용품 놀이	사람 세우기가 잘 안 되자 전시만 해 두고 놀이하지 않는 모습을 볼 수 있었다. 대신 상자나 페트병을 안고 물건을 담거나 소리를 만들어 내어 놀이하거나 자신이 만든 것을 블록 영역에서 놀이하려는 모습이 관찰되었다.	전화기나 사람 세우기, 자동차 세우기와 같은 형태로 콜라주를 시도하고 있으므로 입체로 나타낼 수 있는 것들은 어떤 것들이 있는지 다양한 재활용품을 이용하여 만들어 본다면 평면이 아닌 입체로도 만들어 볼 수 있을 것으로 예상한다.
수	종이 작업/ 편지로 마음 전하기	친구의 사진을 전지로 내어 주었더니 사진을 오려 주는 친구가 있고 친구의 사진을 선택해서 사진을 붙이는 친구가 있었다. 친구의 사진을 많이 붙이면 친구를 좋아하는 것으로 생각하는 것 같다.	친구의 사진을 얼굴 사진만을 제시하였으나 전체 사진이나 부분 사진, 옆면 사진 등 조금 다양한 사진을 제시해 준다면 편지지에 사용할 때 다양한 표현들을 해 볼 수 있을 것으로 예상한다.
목	이야기가 있는 물감 놀이	물감 놀이 공간에서 낙엽이나 새의 깃털을 주워와서 올려놓고 이야기를 하는 모습을 볼 수 있었다. 물감과 어울리는 느낌이 들고 놀이하는 모습을 볼 수 있었으며, 꼭 물감 놀이가 아니더라도 배경을 이용하여 놀이하는 모습이 인상 깊었다.	물감 놀이 공간에서 다양한 자연물을 이용한 이야기를 만들 수 있으므로 가을이 되어 볼 수 있는 열매나 낙엽을 이용해서 물감과 함께 이야기를 만들어 본다면 물감과 어울리는 느낌도 찾아볼 수 있을 것으로 예상한다.
금	흙 놀이 (미술)	팔의 움직임이나 손가락, 발가락과 같은 특징들을 이용하여 상반신을 만들고 있는 유아들이다. 섬세하게 표현하며 그에 맞는 행위에 관해 이야기하는 것을 볼 수 있었다.	다리를 만들고 세우기가 잘 되지 않자 상반신만을 꾸미고 있는 유아들이다. 상반신만을 꾸미면서 얼굴의 특징 있는 부분들이나 팔, 손가락과 같은 부분의 특징들을 잘 잡아 표현하고 있으므로 다양한 움직임을 몸으로 표현하고 만들어 볼 수 있도록 한다면 움직임에 대해 생각해 볼 수 있을 것으로 예상한다.

2) 놀이관찰 일지

놀이관찰은 일지의 놀이 기록으로 남길 수도 있으나 개별 영유아의 놀이관찰 기록으로도 사용할 수 있다. 일상생활, 놀이와 활동에서 개별 영유아의 반응과 행동을 주기적으로 관찰하여 기록하며 특정 활동이나 영역에 치우치지 않도록 기록한다. 표준보육과정을 토대로 평가한 총평을 연 2회 이상 기록하고 영유아 놀이 지원, 활동 선정, 환경 구성, 상호작용 방법, 부모 면담에 반영할 수 있다.

유아 관찰기록 (만 4세)

▶ 관찰 기간 : 202＊년 8월 1일 ~ 8월 31일

<table>
<tr><td colspan="2">이름</td><td>김○○(생년월일, 남)</td><td>기록자</td><td>우○○</td></tr>
<tr><th colspan="2">구분</th><th colspan="3">관 찰 내 용</th></tr>
<tr><td rowspan="6">보육과정 영역</td><td>일상생활
(8월 11일)</td><td colspan="3">유아는 나무 조각을 종이에 붙이기 위해 양면테이프를 사용하며 보고 떼어 낸다. 종이들을 타인이 이야기하지 않아도 스스로 쓰레기통에 버린다.</td></tr>
<tr><td>신체 · 운동
(8월 4일)</td><td colspan="3">체육 교구 ‘에어쿠션’의 사용방법을 알아보고 에어쿠션 위로 올라가 균형을 잡았으며, 신체를 조절하는 모습이 보인다.</td></tr>
<tr><td>의사소통
(8월 23일)</td><td colspan="3">유아는 구슬 길을 만들어 보다가 구슬이 계속 옆으로 굴러가자 너무 어렵다고 이야기하고 구슬 길을 그냥 겹쳐놓는다. 내가 원하는 대로 구슬이 이동하려면 어떻게 해야 할지 질문하자 다시 만들고 있던 블록을 집어본다.</td></tr>
<tr><td>사회관계
(8월 20일)</td><td colspan="3">유아가 구슬 길 굴리기 놀이를 하다가 우연히 또래와 동시에 굴려보고 “어떤 게 더 빨리 가는지 시합해볼까?” 이야기하며, 서로 어떤 구슬이 더 빨리, 멀리 가는지 비교하며 놀이하는 모습이 보인다.</td></tr>
<tr><td>예술경험
(8월 4일)</td><td colspan="3">곤충을 보았던 경험을 이야기해보고 곤충의 생김새, 언제 볼 수 있는지 등에 대해 궁금해한다. 내가 아는 곤충의 모습을 상상하여 그리는 모습을 볼 수 있었다.</td></tr>
<tr><td>자연탐구
(8월 11일)</td><td colspan="3">유아는 흙이 딱딱하다고 교사에게 물을 뿌려달라고 이야기한다. 딱딱해진 흙에 물을 뿌리면 왜 말랑말랑해질까 질문했더니 “물을 뿌리면 흙이 질척질척해지니까요”라고 답한다.</td></tr>
<tr><td colspan="2">총 평</td><td colspan="3">유아는 놀이하면서 신체를 조절할 수 있으며 교사의 질문에 새로운 시도를 하기도 하며 상상한 것을 그림으로 표현할 수도 있으며 속도를 비교하는 놀이가 나타나기도 한다. 특히, 유아는 나무 조각, 흙, 곤충 등 자연에 관심을 가지고 놀이하는 모습을 자주 보인다. 유아가 자연물을 통해 흥미를 가지고 놀이할 수 있도록 지원해야겠다.</td></tr>
</table>

1학기 관찰일지

이름(성별)	박○○	반 명	○○반
생년월일	20＊＊.01.01	관찰자	하○○

<table>
<tr><th>월</th><th>사진</th><th>놀이관찰 내용</th><th colspan="2">표준보육 과정</th></tr>
<tr><td rowspan="6">7월</td><td rowspan="6"></td><td rowspan="6">7/21(목)
엄마와 분리되는 데 어려움이 없었으나 시간이 지남에 따라 엄마가 보고 싶은지 계속 가족사진 앞에서 가족들의 모습을 유심히 본다. 가끔 "엄마?"라고 이야기하며 엄마가 지금 같이 있지 못하는 상황을 생각하며 보고 싶은 마음을 표현하기도 한다. 놀이할 때도 친구들의 모습을 유심히 살피며 친구가 어떻게 놀이하고 있는지를 한참 바라본다. 그리고 조금씩 다가가서 친구의 행동을 따라 해 보기도 하고 친구와의 놀이 간격을 줄이는 듯 보인다.</td><td>신체 운동,건강</td><td></td></tr>
<tr><td>의사소통</td><td>○</td></tr>
<tr><td>사회관계</td><td>○</td></tr>
<tr><td>예술경험</td><td></td></tr>
<tr><td>자연탐구</td><td></td></tr>
<tr><td>일상생활</td><td></td></tr>
<tr><td rowspan="6">8월</td><td rowspan="6"></td><td rowspan="6">8/19(금)
친구가 관심 있어 하는 부분을 자신도 유심히 살피며 친구가 다른 곳으로 이동하자 똑같이 따라 해 본다. 늦게 적응을 마쳐서 놀이의 간격이 있을 것 같았는데 또래의 모습을 따라 하며 놀이하는 모습을 자주 보인다. 친구가 상자 속에 구멍에 있는 원숭이 얼굴을 눌러보자 옆에서 관찰하고 있다가 친구가 다른 곳으로 이동하고 나서 원숭이의 얼굴을 유심히 살핀다. 원숭이의 얼굴 일부분이지만 구멍으로 들이민 얼굴을 눌러보다가 원숭이가 밖으로 떨어지자 화들짝 놀라며 밖으로 뛰어나온다. 상자가 반대편으로 이동할 수 있도록 문이 열리도록 하였더니 다른 쪽으로 이동하면서 반복하며 놀이하는 모습을 보인다.</td><td>신체 운동, 건강</td><td></td></tr>
<tr><td>의사소통</td><td></td></tr>
<tr><td>사회관계</td><td></td></tr>
<tr><td>예술경험</td><td>○</td></tr>
<tr><td>자연탐구</td><td>○</td></tr>
<tr><td>일상생활</td><td></td></tr>
<tr><td>총평</td><td colspan="4">적응 초에 걸음마를 시작하며 등원하였으나 이제 뛰기가 가능하다. 다만, 무릎은 많이 구부리고 뛰지 않아 발을 끌 듯이 뛰는 경향이 있다. 코로나19로 인해 적응이 뒤늦었지만, 놀이에서의 간격은 빠르게 좁혀지고 있다. 쌍둥이로 서로를 의지하는 부분도 있으나 성향의 차이는 분명하며 부모와 분리되는 시간은 안정적으로 이루어졌다. 자기 의사가 확실하고 표현도 분명하여 교사에게 요구하는 사항을 다양하게 표현한다.
활동량이 많고 신체적인 움직임이 많은 놀이를 좋아하며 익숙한 멜로디의 노래가 나오면 춤을 추며 반복해서 들려주는 것을 좋아한다. 노랫말이 의미하는 바가 무엇인지 알고 있으며 친구의 행동을 보며 자신도 따라 하며 노래를 즐긴다.
식사는 일반식으로 어른의 양만큼 먹으며 반찬과 밥, 국을 번갈아 먹기보다 한 번에 한 가지씩 다 먹으려고 한다.</td></tr>
</table>

3) 사진을 통한 짧은 기록

가보지 않은 길의 두려움

공룡 흔적

다르게 보여

독이 든 공룡열매

땅속에 박혀 있는 것

부분과 전체 추론

③ 교사 학습공동체의 의미와 적용 사례

1) 교사 학습공동체의 의미

교사 학습공동체는 교육을 실천하는 교사들이 바람직한 교육 목적을 위해 함께 모여 비판적으로 성찰하고, 함께 배워나가며 새로운 지식을 공유하는 전문적 학습공동체이다. 학습공동체가 교사 모임과 구별되는 특징은 교사가 자율적으로 참여하고 경험하면서 교육과 연구가 복합적으로 순환하고 실행되는 과정이라고 할 수 있다. 영유아교사들로 구성된 학습공동체는 영유아교사들의 전문성을 신장하기 위해 공동체에 참가하여 서로 협력하고 탐구해 나가면서 학습하는 것으로, 궁극적으로는 영유아교사의 전문성 신장을 통해 영유아 발달을 향상하는 것을 목적으로 한다고 볼 수 있다.

교사 학습공동체는 교사 간 놀이 공유를 통해 놀이 지원에 대한 고민과 어려움을 함께 해결해 나갈 수 있고 이러한 과정을 통해 영유아교사가 함께 교육과정을 연구하고 성찰하고 실천할 수 있는 공동체이다.

2) 디지털 플랫폼을 활용한 협의 사례

(1) 패들렛(Padlet)

패들렛이란 여러 사람과 의사소통하고 콘텐츠를 만들어 공유할 수 있는 애플리케이션으로 온라인 게시판, 온라인 포트폴리오, 온라인 포스트잇과 같은 역할을 한다. 패들렛은 글을 작성하기 위해 별도의 앱 설치나 가입의 절차가 필요하지 않으며 익명 또는 댓글로 참여할 수 있다. 다양한 형식의 콘텐츠를 업로드할 수 있고 클라우드 방식으로

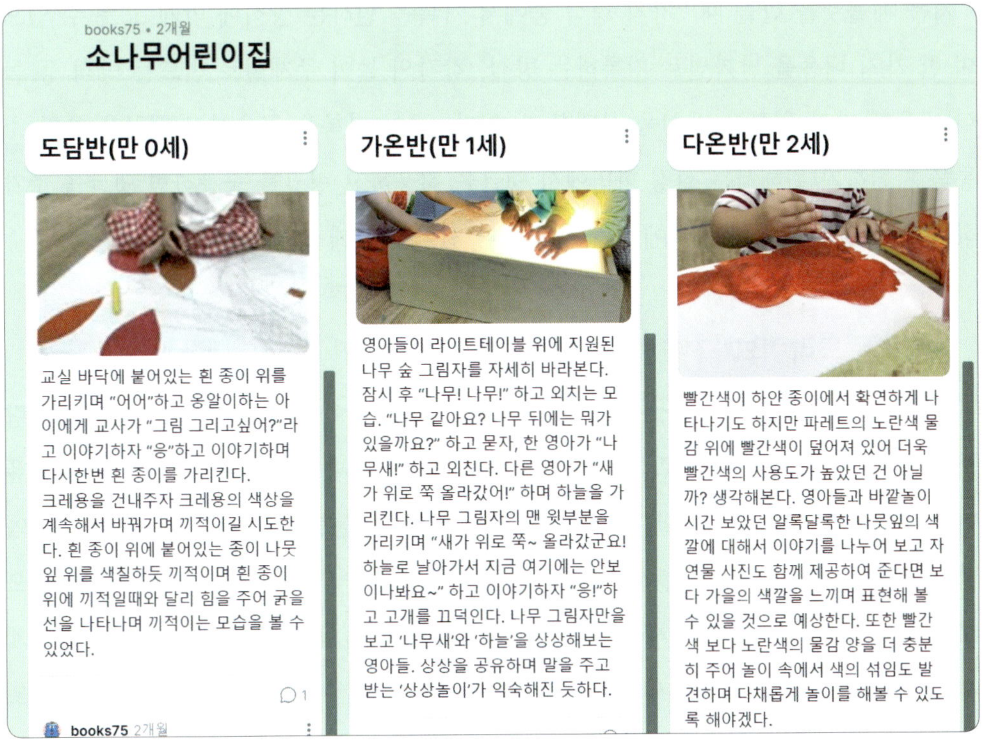

패들렛을 활용한 반별 놀이 기록

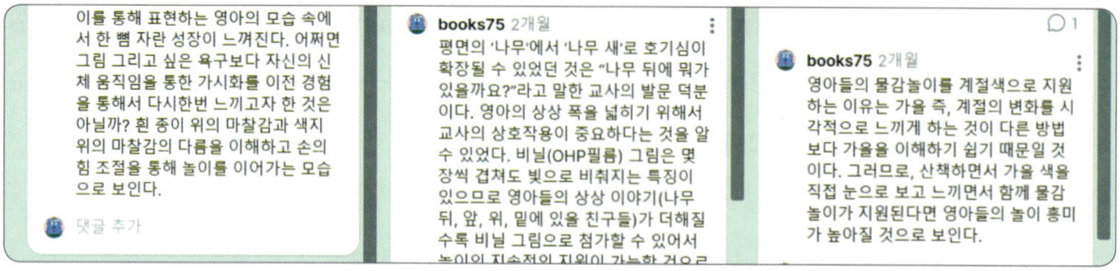

교사 간 댓글을 통한 놀이 지원

작성하는 내용이 실시간으로 자동 저장된다. 작성한 글의 댓글 또는 반응을 표시할 수 있도록 설정할 수 있으며 다 만든 패들렛은 png, pdf, 스프레드시트 형식의 파일로 저장할 수 있다. 패들렛은 여러 사람과 의사소통이 가능한 툴로 교사 간 놀이 내용을 공유하고 댓글 또는 지원 전략과 같은 내용을 소통할 수 있어 대면하기 어려운 상황이나 시간적인 제약이 있는 경우, 또는 실시간 협의가 필요한 경우 사용할 수 있다.

처음 패들렛을 만들 때 7가지 형식 중에서 기록을 원하는 방식에 맞게 고를 수 있으며 한 가지 내용을 날짜별로 기록하는 방식, 각각의 놀이 주제별로 만드는 방식 등 놀이 내용에 따라 원하는 방식을 선택할 수 있다. 놀이 기록을 공유하고 댓글을 통한 소통을 지원하기 위해서는 설정 화면에서 댓글을 허용하고 링크를 공유하면 댓글을 추가하여 소통할 수 있으며 놀이에 대한 지원이나 전략을 함께 나눌 수 있다.

(2) 구글 드라이브(Google Drive)/네이버 박스(Naver box)

구글 드라이브란, Google 사이트에서 계정을 만들면 이용할 수 있는 온라인 대용량 저장소로 컴퓨터와 자동으로 파일 동기화가 가능하다. 파일의 전체 또는 일부를 컴퓨터의 지정된 폴더에 동기화할 수 있으며 다른 프로그램을 깔지 않아도 간단한 ppt나 엑셀이라면 거의 다 가능하다. 오프라인 보기만 설정해 놓으면 작업한 파일이 실시간으로 클라우드에 계속 반영되게 할 수 있어 다른 접속자들과 파일을 공유하면 편리하게 사용할 수 있다. 기타 구글 서비스와 연동이 되며 다양한 연결 앱을 통해 다채로운 조작이 가능하다. 선임교사나 교사 간 문서 협의가 필요할 경우 첨삭이나 교사 지원을 받

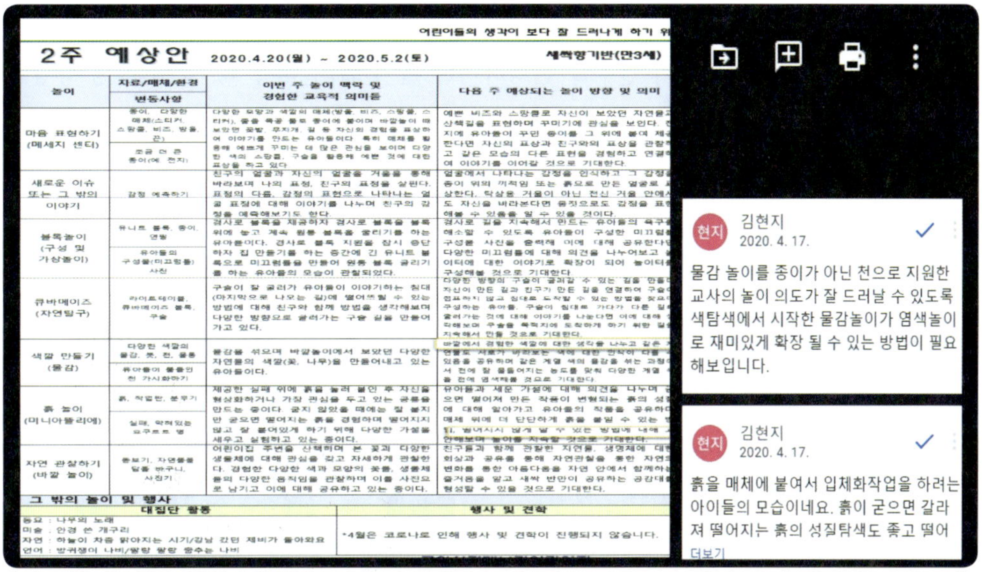

구글 드라이브를 이용한 소통

을 수 있고 수정할 수 있어 놀이 시 교사 간 협력이 필요할 경우 문서를 통한 협력을 할 수 있다.

구글 드라이브에서 계정을 만들어 문서를 탑재할 수 있는 공간을 만든 후, 가입한 공유 드라이브의 구글 그룹을 추가하여 멤버를 관리한다. 자료들을 탑재하고 댓글 추가(+) 기능을 누르면 댓글을 통한 소통이 가능하다. 놀이 기록이나 의미로운 부분을 드래그 기능을 이용하여 강조할 수 있어서 놀이 첨삭과 지원 부분이 강조될 수 있다.

네이버 박스에서도 문서 공유가 가능하며 내가 초대한 멤버나 링크로 특정 파일과 폴더 확인, 다운로드, 수정을 가능하게 할 수 있어 편리하게 이용할 수 있다.

(3) 구글 미트(Google Meet)

구글 미트는 기기 종류와 관계없이 모든 사용자에게 안전하고 품질이 우수한 화상회의와 영상통화 기능을 제공하는 서비스로 어디서든 사용할 수 있다. 컴퓨터에 최신 웹 브라우저만 있으면 참석자는 소프트웨어를 설치하지 않고도 회의에 참여할 수 있고 휴대전화로도 참여할 수 있다. 거리에 상관없이 비대면으로 협의를 할 수 있도록 하며 쌍방향 소통이 가능하므로 놀이 연수를 진행하거나 놀이 협의 및 발표, 놀이 진행 상황에 관한 토론 및 지원 전략 등을 나누면서 다른 반의 놀이를 들여다보고 함께 고민해 볼 수 있다.

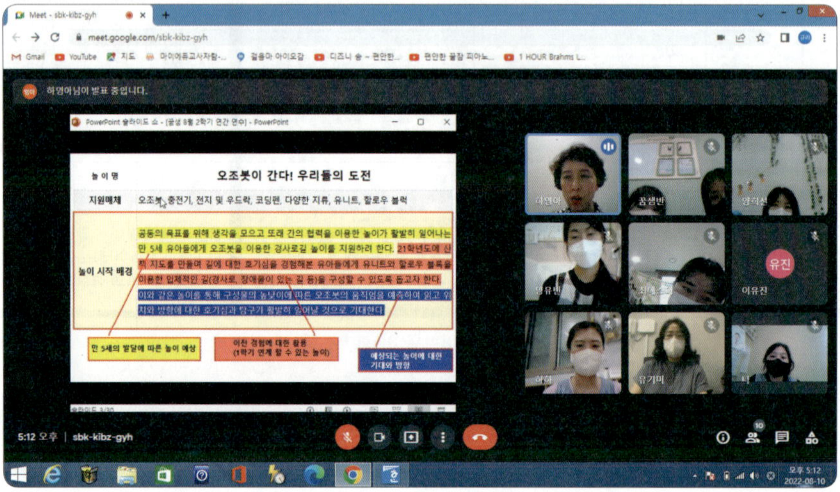

비대면 화상회의 및 연수

(4) 태블릿 활용기록 굿노트(GoodNotes)

굿노트는 아이패드를 이용한 디지털 필기장으로 아이디어를 기록하고 만들고 공유할 수 있다. 손쉽게 수식이나 손글씨를 쓰고 노트 필기를 할 수 있으며 필요한 만큼 폴더와 하위 폴더를 만들어 노트를 분리할 수 있다. 구글 드라이브나 원 드라이브 또는 드롭북에 노트를 백업하여 안전하게 보관할 수 있으며, 모든 기기에 iCloud 자동 동기화가 가능하여 최신 버전의 디지털 노트를 사용할 수 있다. 최근 공유 기능 추가로 실시간 피드백이 가능하고 놀이에 대한 교사들의 문서 작성 및 의견과 기록 공유가 실시간으로 이루어질 수 있다.

굿노트 어플은 사진을 불러오고 바로 편집할 수 있어, 놀이관찰 내용과 의미 있는 대화, 놀이의 전환을 가져오는 사건들을 손글씨로 바로 쓸 수 있으며 손 기록처럼 태블릿을 이용하여 작업할 수 있다. 또한, 기록 내용을 공유하고자 할 때 공유하기 아이콘을 눌러 공동작업자에게 링크를 전송하면 공유자가 링크를 받고 들어와 작성한 문서 보기가 가능하고 글을 작성할 수 있다.

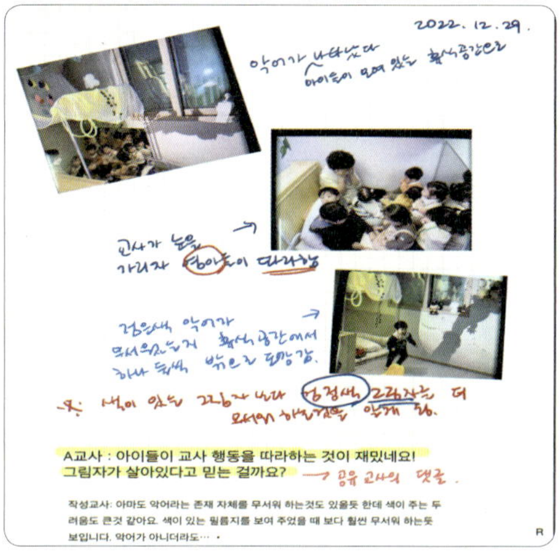

태블릿을 이용한 기록 공유 및 첨삭

(5) 협업 어플 노션(Notion)

노션은 팀별 협업을 할 수 있는 앱으로 프로젝트와 문서를 함께 관리하고 모든 업무 내용과 정보를 바로 파악할 수 있다. 팀별 스타일에 맞게 만들 수 있으며 드래그&드롭으로 대시보드, 웹사이트, 문서, 시스템을 간편하게 만들 수 있다.

댓글 형태로 놀이에 대한 해석을 팀원과 함께 나누고 지원할 수 있으며 거의 모든 운영체제에서 사용할 수 있어 태블릿, 스마트폰, PC 등 접속한 기기에 인터넷만 연결되어 있으면 생성, 편집, 삭제와 동시에 바로 동기화된다. 사진 전송과 글쓰기가 노트 형태로 되어 있어 손쉽게 접근할 수 있다.

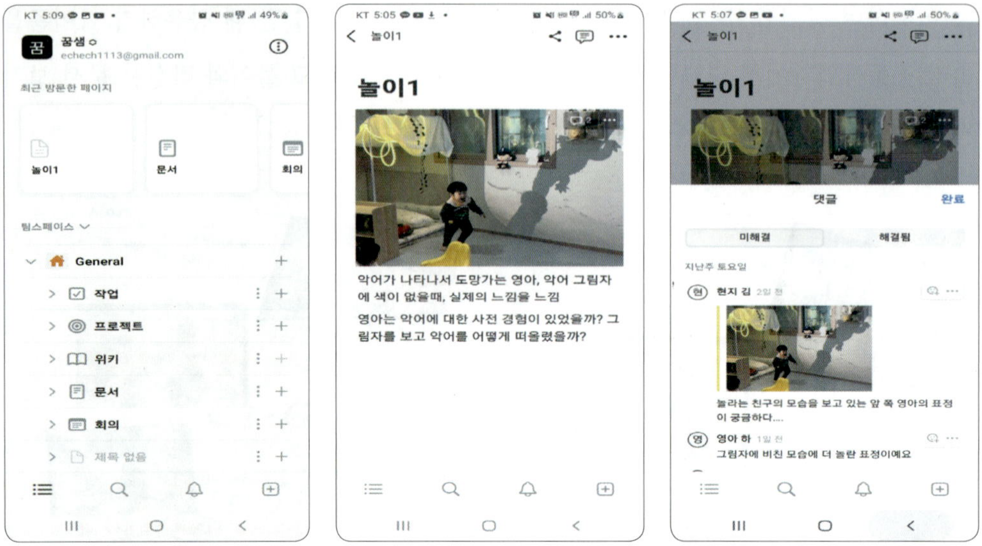

④ 놀이관찰과 기록 활용

1) 성찰의 도구로서 놀이관찰 기록

놀이관찰은 소통을 강조하고 교사의 성찰 도구로 활용될 수 있다. 따라서 교사는 영유아의 놀이에 귀 기울이고 놀이 안에서 어떤 경험을 하는지 세심히 살펴야 한다. 놀이관찰 기록작업을 통해서 놀이 상황을 회상하고 영유아의 놀이 과정을 글이나 사진, 영상, 영유아의 작품, 그림 등 다양한 언어로 남겨두는 것이다. 그러므로 놀이관찰 기록은 흘러가버리는 놀이 과정을 기억이 아닌 실재하는 것으로 만든다. 이러한 놀이 과정을 기록하여 해석 가능한 자료로 만드는 과정에서 그 당시 상황을 접하게 되고 영유아의 놀이 과정에 의미를 부여하며, 교사는 놀이 해석을 통해 다음 놀이를 지속하기 위한 지원 전략을 계획할 수 있다.

사진 기록을 통한 해석

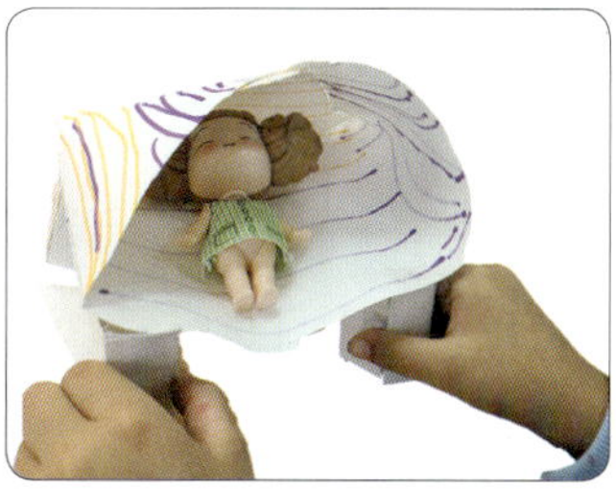
결과물에 대한 해석

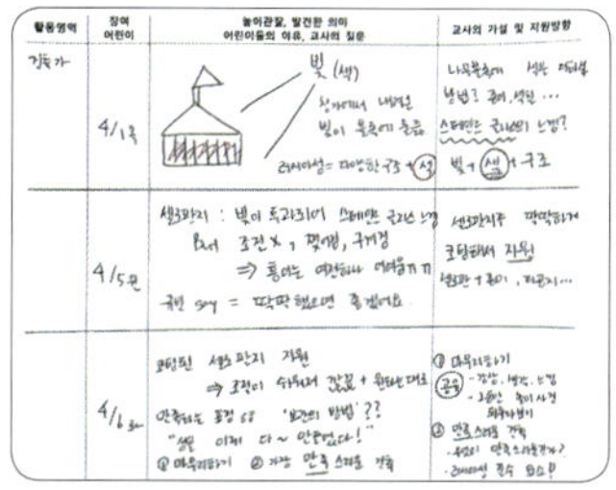
굿노트 기록을 통한 해석

작품을 통한 해석

놀이 영상을 통한 해석

표상을 통한 해석 – 미세먼지

2) 교사 간의 관찰 기록 나눔

놀이관찰 기록작업은 기록에만 머무는 것이 아니라 다른 사람들과 나누고 놀이의 해석에 대한 주관적인 해석을 공유함을 통해 서로의 의견을 조율하고 상호주관성을 확보할 수 있도록 한다. 한 사람의 해석이 아닌 여러 사람의 해석으로 영유아의 놀이 학습 과정에 대한 이해를 풍부하게 한다. 놀이관찰 기록작업은 교사가 영유아의 놀이에서 배움의 의미를 찾고 이를 표현할 수 있도록 한다. 이를 다른 사람들이 보고 해석하는 것을 존중하며 다양한 해석이 가능하도록 한다.

5월 교사교육 연수일지

일 시	2022. 05. 18. (수요일)	참여교사	김○○, 조○○, 최○○, 양○○, 홍○○, 이○○, 양○○, 송○○
장 소	꿈동산반 (만5세)	연 수 자	하○○
주 제	각반 놀이 분석하기 (만 5세)		
내 용	- 꿈동산반 (만5세) - > 자를 이용한 놀이가 시작되어 측정에 대해서 고민해 보는 시간을 가져 보면 좋을 것 같다. - > 놀이가 지속적으로 이어지는 것이 어렵다. - > 무너지고 친구들과의 관계를 중재 하는 것에 소모되는 시간이 많아 놀이의 흐름이 자주 끊기는 문제를 해결해야 할 것 같다. - > 만5세가 해결해야 할 문제들이 너무 수준이 낮은 것처럼 놀이한다. 이를 어떻게 극복해야 하는지. - > 친구 간의 문제들이 따돌림으로 나타나거나 교사가 보지 않는 상태에서 자기들끼리 해결하려는 모습이 보인다. *** Tip 자를 이용한 놀이 자는 측정을 하는 놀이로 확장이 가능한 열린 주제가 될 수 있다. 측정뿐 아니라 유아들 스스로 자를 만들어 봄으로 자에 어떤 것들이 있어야 측정할 수 있는지 생각해 볼 수 있고, 숫자의 순서나 배열, 측정하기 위한 자의 쓰임에 따른 모양 등도 놀이의 주제로 도전해 볼 수 있다. 우리만의 자를 만드는 것이 꼭 자처럼 만들어져야 하는 것은 아니고, 유아들이 생각하는 자에 대한 개념들을 만들어 가면서 수정하는 과정에서의 앎이 더 중요하다. 경험 속에서 실패는 유아들의 가설을 재정립하고 수정해 나가는 과정에서 정교해진다. 이러한 과정 자체가 놀이를 통한 교육이다. 유아들이 놀이에 몰입하지 못하는 여러 가지 이유 중 하나는 놀이에서 정답이 요구될 때 놀이에 몰입하지 못하고 끝내기 위주 또는 평가 위주의 놀이로 흘러갈 위험이 많다. 놀이 속에서 무엇을 알고 싶고 찾고 싶어 하는지 교사는 끊임없이 관찰하고 이를 지원함이 필요하며 지원은 무언가 실체를 가지고 지원해 주는 물리적 지원뿐 아니라 침묵하고 있는 것도 지원이 될 수 있다.			
평 가	놀이에서 아이들의 즐거움을 쫓다 보면 너무 유치하게 놀이하는 부분들이 연령에 적합하지 않은 듯한 모습으로 놀이할 때가 많다. 만5세이기 때문에 더 그런 고민이 많을 테지만, 놀이에서 즐거움의 요소는 몰입을 위한 조건이 되지만 즐거움만을 추구하는 놀이는 배움이라는 것을 만족하지 못한다. 즐거움과 배움이라는 것을 놀이 안에서 풀어내는 것을 실전에서 어려워하는 것 같다.			

학습공동체 협의를 통한 나눔

놀이기록연구

일 자	2022. 08.30	관 찰 자	이희진, 정경림
놀이반	가온반 (만1세)	놀이 제목	빔으로 만나는 바다
놀이 기록	영아들이 교사에게 "바다! 바다!" 하고 표현해주어, 바다 영상을 보여주며 "우리 배를 타고 바다에 가볼까요?" 하자, 종이 상자를 찾는다. **종이 상자를 배라고 생각하며 놀이하는 동안, 하나의 루틴 또는 규칙이 생긴 듯하다. "비가 너무 많이 와서 상자 배는 떠내려갔나 봐요. 블록으로 우리가 모두 탈 수 있는 커다란 배를 만들어 볼까요?" 하자 영아들이 빠르게 블록 교구장 앞으로 모여와, 블록을 꺼내서 함께 쌓는다. "배배 배를 만들자~" 하고 자신만의 노래를 만들어 부르기도 한다. 배와 블록 놀이, 바다 등이 꽤 친숙해진 듯한 모습이다. 배가 점점 커지자 한 영아가 "지붕을 만들어야지" 하며 배로 시작한 블록 구조물은 집으로 바뀌었다. 점점 높아지던 블록이 무너져, "무슨 일이 있었나요?" 물으니 말없이 바다를 가리키는 영아. "파도가 세서 집이 무너졌나요?" 하자, **고개를 저으며 "악어!"라고 말한다. "악어가 와서 집이 무너졌군요? 저런.... 속상했겠어요." 하자, 고개를 끄덕이며 어깨를 으쓱하는 모습이다. 영아들의 상상이 교사의 언어적 지원과 만나 정교화되니, 더욱 길고 재미난 하나의 이야기가 만들어지는 듯하다.			
놀이 사진				
놀이 해석 및 지원 방향	아이들은 익숙한 놀잇감을 여러 번 반복해서 사용하지요. 그래서 같은 놀잇감만 가지고 놀이하는 것은 아닐까 하며 부모님들도 걱정하시지만 사실 반복하는 과정에서 새롭게 변화를 시도하는 부분들은 반복됨에서 익숙함으로 익숙함에서 능숙함으로 바뀌고 능숙하게 놀이가 되고 나면 다르게 사용하는 아이들입니다. 그러니 그 시간만큼 아이들이 충분히 놀이할 수 있도록 기다리는 것이 교사의 지원의 한 부분이지요. 부모님들은 걱정하시겠지만요.... 가온반도 빔으로 이렇게 오랫동안 놀이하는 것이 어려울 것이라 예상했겠지만 아이들은 내재한 놀이 본능으로 이렇게 열심히 놀이하네요~블록으로 배를 만들 것이라 예상했는데 자신들이 들어갔던 상자를 찾는 아이들. 배를 탄다고 생각하니 예전 자신이 놀이했던 것을 기억하는 것 같습니다. **"비가 너무 많이 와서 상자 배는 떠내려갔나 봐요. 이야기해 주어서 아이들이 상자 대신 다른 매체를 찾게 되고 자연스럽게 블록을 가지고 놀이할 수 있도록 하셨습니다. 이것은 아이들에게 놀이에 대한 거절이 아니라 놀이가 전환될 수 있는 좋은 상호작용입니다. 놀이에서 자신이 거절을 당하게 되면 그 놀이는 하고 싶지 않아지지요. 아이들은 상자 대신 블록을 찾고 높게 세워 놓고 무너지는 장면을 보면서 악어가 나타나서 집이 무너졌다고 구실을 대지만 상상하며 놀이할 수 있는 원동력이 됩니다. 가온반 선생님들 너무너무 잘하십니다~~~ 블록 배를 타고 아이들이 멋진 바다 여행을 떠날 수 있을 것 같습니다.			

관찰을 통한 기록 공유 및 해석

3) 열린 기록물

놀이관찰 기록작업은 원하는 사람이라면 누구나 볼 수 있게 열려 있는 자료이다. 기관의 현관 복도 계단, 교실 등에 게시하여 기관에 방문하는 사람들 누구나 그 공간에서 만들어지고 있는 영유아의 놀이 과정을 볼 수 있도록 기록물을 활용할 수 있다. 그뿐만 아니라 놀이관찰 기록작업을 책자로 편집할 수도 있으며, 영상물을 이용한 미디어 관찰 기록으로도 소통할 수 있다.

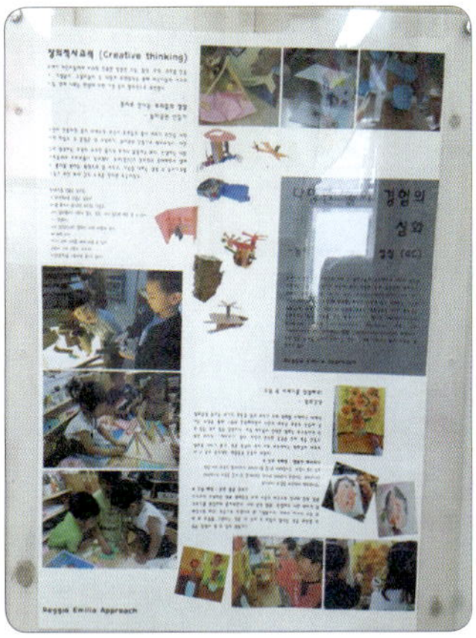

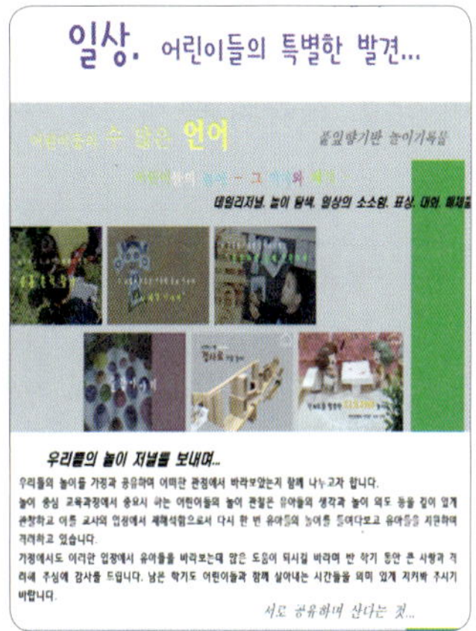

복도, 교실에 게시된 놀이 기록물 놀이 기록물 책자

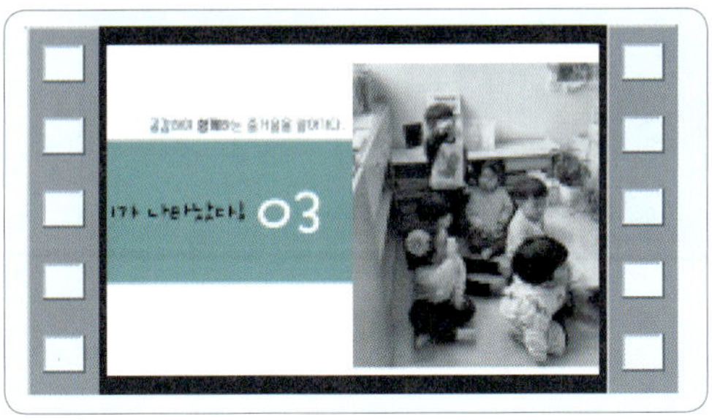

영상 놀이 기록

4) 부모와의 소통

놀이관찰 기록작업의 공유를 통해서 영유아가 자신의 놀이를 돌아보고 오늘의 놀이를 스스로 계획해 볼 기회를 제공한다. 놀이관찰 기록은 영유아의 놀이와 상호작용하며 자신의 놀이를 이어가기도 한다. 글자를 모르는 영유아들도 게시되어 있는 기록을 통해 자신의 놀이를 지지받음을 느끼며 교사들이 영유아의 놀이에 귀 기울이고 있는지 느낀다. 이러한 놀이관찰 기록은 어느 한 부분이 아닌 놀이의 전반적인 흐름의 주도권을 영유아에게 되돌려 줌으로써 영유아로 하여금 놀이의 주도권을 잡게 하고 놀이를 통해 자신감을 느끼게 한다. 이러한 놀이의 즐거움은 가정과의 연계를 자연스럽게 하며 상호 교육의 주체로서 부모와의 소통에도 활용할 수 있다.

놀이 저널

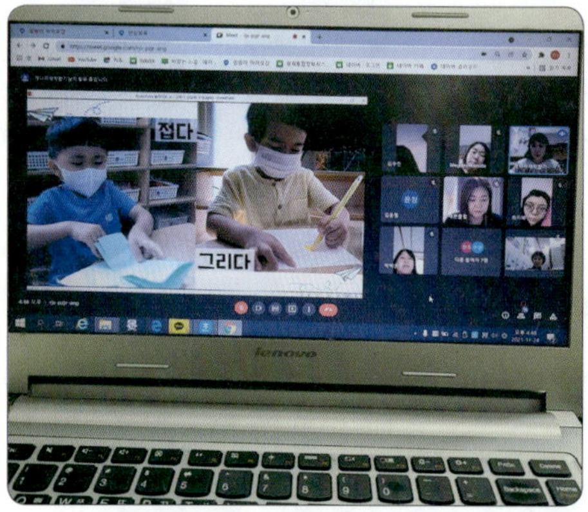

구글 미트를 통한 부모 놀이 공유

CHAPTER

〈바다 생물 이야기〉
이야기 표상

10 장애 영유아를 위한 놀이지도

1. 장애 영유아를 위한 보편적인 교육과정 수정 유형과 방법
2. 장애 영유아를 위한 교실 내 환경 구성
3. 장애 통합 교실에서의 놀이 사례

1 장애 영유아를 위한 보편적인 교육과정 수정 유형과 방법

장애 영유아를 위한 수정(adaptation)은 환경적 지원, 자료 수정, 환경의 단순화, 선호도, 특수 장비, 교사 지원, 또래 지원, 보이지 않는 지원으로 8가지의 유형을 적용해왔다(이소현, 2009).

1) 환경적 지원

환경적 지원이란 물리적 · 사회적 · 시간적 환경의 변화를 주어 참여를 촉진하는 지원이다.

① 물리적 환경 변화

- **놀잇감을 꺼내어 교구장 바로 앞에서 놀며 다른 영유아의 교구장 접근을 막고 있다면,**
  → 교구장 앞 영역 바닥에 테이프를 붙여둔 뒤 테이프 구역 밖에서 놀이할 수 있도록 시각적 단서를 제공한다.

- **놀잇감을 정리하는 것에 어려움이 있다면,**
  → 놀잇감이 정리된 사진 등을 부착하여 정리 방법을 안내하거나 놀잇감에 상징라벨을 붙혀 짝맞추기 게임을 하면서 놀잇감을 정리하게 한다.

② 사회적 환경 변화

- **또래와 함께 놀이하는 것에 어려움이 있다면,**
  → 또래와 근거리에서, 교사가 함께 놀이에 참여하며 조금씩 또래에게 흥미를 보일 수 있도록 도움을 준다. 기차 놀이, 시소, 공 놀이 등 한 명 이상의 또래가 필요한 놀이에 참여를 유도하여 놀잇감을 주고받는 등 자연스럽게 또래와 놀이할 수 있도록 한다.

③ 시간적 환경 변화

- **전이하는 데 어려움을 가진다면,**
  → 전이가 일어나기 전에 알림벨을 통한 전이시간이 다가옴을 알려주거나 장애아에게 다음 활동의 그림이나 물건을 제공하여 활동을 옮길 때 그것을 가지고 가도록 한다.

2) 자료 수정

자료의 수정을 통해 장애 영유아가 가능한 독립적인 참여를 이끌어 낸다. 하지만 비장애 영유아가 쉬운 단계로 수정된 자료를 장애아의 것이라고 생각하지 않도록 다양한 수준의 자료를 선택하여 활동할 수 있도록 한다.

① 적절한 높이에 자료 배치

- **서 있기가 힘들어, 이젤을 사용하는 데 문제가 있다면,**
  → 이젤의 높이를 낮추고 영유아에게 의자를 제공하거나 테이블 위에 올려놓고 사용할 수 있는 탁상용 이젤을 제공한다.

② 자료의 고정(테이프, 벨크로, 미끄럼 방지 받침대 등을 이용)

- **한 손으로 테이프를 잡고 다른 손으로 테이프를 자르는 것에 어려움이 있다면,**
  → 테이프 컷터기를 사용하여 한 손으로 테이프를 사용할 수 있도록 한다.

③ 반응을 수정: 놀잇감을 가지고 놀 때 필요한 기술이나 반응이 장애아에게 어려운 경우

- **스티커나 테이프를 스스로 떼거나, 연필을 잡는 데 어려움을 가진다면,**
  → 스티커나 테이프의 끝을 살짝 접어 공간을 만들어 제공하여 스스로 뗄 수 있도록 지원하고, 연필에 삼점쥐기 교정 그립을 제공하여 준다.

④ 자료 제작: 장애 영유아의 관심과 흥미를 끌 수 있도록 더 크고 밝게 자료 제작

- **집단 활동 시간에 이야기 듣기에 흥미를 보이지 않거나 미술 활동 흥미가 없다면**
  → 큰 책 또는 영유아가 직접 그리거나 색칠한 그림을 사용하거나, 흥미를 보이는 그림이나 사진을 제공하여 모방 및 모델링을 통해 만들 수 있도록 순서도를 지원한다.

3) 활동의 단순화

활동의 단순화란 과제 단위를 작은 단위로 나누어 수행할 수 있도록 하거나 활동단계의 순서를 줄여 활동을 수행할 수 있도록 하는 지원으로 조금씩 단계를 높여 지도하는 것이 중요하다.

① 과제나 활동을 더 작고 더 잘 다룰 수 있는 부분으로 나누기

- **조작 놀잇감을 가지고 놀 때, 산만해지고 조각들을 제대로 맞추거나 끼우지 않고 두드리거나 흩트리면,**
  → 장애아에게 한 조각씩 건네주며 한 번에 가질 수 있는 조각의 수를 점점 늘려 점차적으로 활동의 단계를 올려가며 수행할 수 있도록 한다.

② 필요한 단계의 수 변화(줄이기)

- **소꿉 영역에서 반복적으로 놀이를 하고 다음 장면으로 전개하지 않으면,**
  → 냄비에 음식을 담는 것만 반복한다면 가스레인지 위에 냄비를 올리고 젓고 음식을 내어 놓는 장면을 3~4단계의 사진으로 제시하여 놀이시간을 길게 늘릴 수 있도록 한다.

③ 과제 단순화: 복잡한 과제를 부분으로 나누어 성공적으로 과제 마치기 지원

- **식사하기, 옷 입기, 손 씻기 등 어려움이 있다면,**
  → 활동의 단계를 구분 지어 순차적으로 각 단계를 수행하도록 돕고 마지막 단계를 혼자 수행하여 장애아가 독립적으로 활동의 마무리까지 집중력이 유지될 수 있도록 한다.

4) 선호도 이용

영유아의 선호도를 파악하여 활동에 대한 거부감을 줄이고 과제와 함께 접목시키는 것이다.

① 장애 영유아가 좋아하는 조용한 놀잇감을 쥐고 있게 허용

- **급/간식 시 식사를 거부하고, 착석을 유지하는 것이 어렵다면,**
  → 장애아가 흥미를 갖는 놀잇감(손에 쥘 수 있는)을 제공해 주어 착석을 유지할 수 있도록 하고, 점진적으로 음식에 관심을 가질 수 있도록 한다.

② 특정 영역이나 활동에 장애 영유아가 좋아하는 활동이나 놀잇감 제공

- **이야기 나누기 시간이나 다른 집단 시간에 쉽게 오지 않는다면,**
  → 아이가 좋아하는 노래 등 좋아하는 활동으로 대집단 시간을 시작하거나 활동의 중간중간 좋아하는 것을 적절하게 포함시킨다.

③ 특정 영역이나 활동에 장애 영유아가 좋아하는 사람을 배치

- **특정 학습 영역에 참여하지 않거나 바깥 놀이 후 교실로 돌아오는 데 어려움이 있으면,**
  → 장애아가 안정감을 느끼는 사람과 함께 활동을 유지할 수 있도록 하거나 좋아하는 사람(교사나 또래)이 바깥 놀이 시간이 끝났고 교실로 들어와야 한다고 알려주도록 한다.

5) 특수 장비

장애 영유아의 참여를 증가시키거나 참여 수준을 높이기 위해 특수 장비나 수정 장비를 고안하는 것이다. 유치원이나 어린이집에 활동하는 장애 영유아 중 신체의 이동과 움직임에 제한이 많은 영유아는 드물기 때문에 특수한 장비를 사용하는 지원 전략은 비교적 적게 나타난다.

① 활동이나 놀이 영역에 접근을 용이하게 해주는 특수 장비 활용

- **칠판, TV 화면을 보고 글씨를 따라 쓰는 활동에 어려움이 있다면,**
  → 태블릿PC를 활용하여 근거리에서 시야를 좁히고 시 · 지각의 분산을 방지하여 따라 쓰기 활동을 쉽게 한다.

② 참여를 증진하는 특수 장비 사용

- **손힘이 약하거나 손가락에 장애가 있어 가위를 사용할 수 없다면,**
  → 성인과 함께 사용할 수 있는 2인용 특수가위를 사용하거나 용수철식 영아 가위를 사용한다.

6) 교사 지원

시범 보이기, 함께 놀이에 참여하기, 강화해 주기 등의 방법 등 교사의 개입으로 참여나 학습을 지원할 수 있다.

① 다른 놀이 방식이나 영유아의 놀이와 행동을 확장하는 방식에 시범 보이기

- **놀잇감을 두드리거나 흔들며 감각추구를 반복하거나, 놀이에 아무런 변화를 주지 않는다면,**
  → 도구나 놀잇감을 추가로 제공하여 감각추구를 멈추게 하거나 다른 놀이 방법을 제시하여 시범 보여주기나 장애아의 현재 놀이하는 방식에 약간의 수정을 가한다.

② 교사가 놀이가 흥미 있음을 보여주며 놀이에 참여하고 격려하기

- **열성적으로 놀이를 하지만 자기 조절력을 잃는다면,**
  → 긍정적 상호작용을 통해 장애 영유아를 격려하며 자존감을 높여 수행할 수 있도록 지원하여 조절력을 잃기 전에 활동의 속도를 늦추고 방향을 바꾸도록 유도한다.

③ 활동이나 일과에 지속적으로 참여하여 학습하도록 칭찬하고 격려하기

- **놀이 중 집중시간이 짧고 놀이에 참여하기에 어려움을 가진다면,**
  → 교사와 함께 놀이에 참여하고 신체적 표현(안아주기, 최고, 하이파이브 등)을 통해 격려하며 자신감을 가지고 놀이에 적극적으로 참여할 수 있도록 지원한다.

7) 또래 지원

또래 지원은 또래의 도움을 이용하여 목표를 성취할 수 있도록 돕는 지원이다.

① 또래가 참여 방식 시범 보이기

- **감각 예민이 있는 장애 영유아가 오감 활동에 거부감을 보인다면,**
  → 또래가 적극적으로 활동에 참여하며 즐거워하는 모습을 관찰하도록 하여 활동에 대한 거부감을 줄이고 놀이 관심을 가질 수 있도록 한다.

② 짝 정하기: 보조자로 활동할 수 있는 또래와 짝 활동

- **견학 및 바깥 놀이를 나갈 때 스스로 줄을 서는 것에 어려움을 가지거나 소극적으로 관찰만 하고 있다면,**
  → 장애아가 흥미를 보이는 또래와 함께 짝지어 견학 활동 및 놀이가 이루어질 수 있도록 지원한다.

③ 또래들이 장애 영유아를 칭찬하고 격려하기

- **장애 영유아가 또래의 놀잇감을 빌려 함께 놀이하는 것에 어려움을 가진다면,**
  → 또래가 먼저 장애아에게 놀잇감을 제공할 수 있도록 지원하고 함께 놀이가 이루어지면 '칭찬하기' 활동을 통해 자발적으로 또래와 서로 칭찬해 보며 긍정적인 상호작용을 할 수 있도록 한다.

8) 보이지 않는 지원

보이지 않는 지원은 활동 내에서 의도적 자료 배치 및 배열과 진행되는 활동 참여에 순서를 조작하여 자연스럽게 할 수 있도록 돕는 지원이다.

① 참여 가능성을 증가시키기 위해 활동 순서 조절

- **협동 놀이를 통한 만들기 활동 과정에 흥미를 느끼지 못해 과제를 완성하지 못한다면,**
  → 또래의 활동을 관찰하며 무엇을 해야 하는지 익히고 완성 마지막 단계 순서에 참여하여 성취감을 느낄 수 있도록 한다.

② 활동 혹은 학습 영역 내에서 일어나는 활동을 계열화하여 조절

- **감각 저반응으로 자세 조절에 어려움을 보이는 장애 영유아에게,**
  → 놀이시간에 신체 활동과 소근육 활동을 번갈아 제공하며 각성 조절을 할 수 있도록 지원한다.

8가지 유형을 효과적으로 사용하기 위해서는 무엇보다 장애 영유아에 대한 이해가 필요하다. 교사는 내가 맡은 장애아에게 관심을 가지고 지속적인 관찰을 통해 무엇을 좋아하고 싫어하는지, 어디까지 스스로 수행할 수 있는지 등을 파악하여 교육과정의 수정 유형을 다양하게 적용하도록 고려하고 계획, 실행, 평가하여야 한다.

② 장애 영유아를 위한 교실 내 환경 구성

실내 공간의 교실은 장애 영유아들이 하루일과 중 대부분 시간을 놀이나 작업, 휴식 등을 하며 보내는 곳이기 때문에 통합교육에서 가장 핵심적인 공간이라 할 수 있다.

필요한 각 영역을 낮은 교구장이나 카펫 등을 이용해 구분하여 장애 영유아가 시각적으로 이해하기 쉽도록 구성하는 것이 필요하다. 활동에 따라 영역 간 통합이 이루어질 수 있도록 유동적으로 배치를 고려하여 공간을 구성해야 한다.

또한, 장애 영유아 스스로 교구나 영역을 선택하고 놀이 활동을 하며 스스로 정리할 수 있는 안전하고 편리한 환경을 제공해 주어 독립적인 성장과 안정감, 자율성, 자신감을 줄 수 있도록 해야 한다. 이때 장애 영유아의 이동통로를 충분히 확보해야 하며 너무 구석지거나 폐쇄된 공간, 사각지대를 만들지 않는다.

1) 언어 영역

언어 영역은 휴식 영역과 같은 공간으로 배치하여 활용할 수 있다. 책상은 조용하고 밝은 곳, 자료는 편안한 자세로 꺼낼 수 있게 배치하며 일상생활에서 경험하는 것처럼, 다양한 방법으로 자연스럽게 언어를 접할 수 있는 환경이 되어야 한다.

장애 영유아 중 자유 놀이 활동의 놀잇감을 선택하기 어려운 경우, 도서 영역에 누워 있는 경우가 종종 있다. 이때 누워 있다고 해서 앉으라고 할 필요는 없으며 장애아가 흥미를 보이는 책을 또래나 교사가 읽어주며, 편안하게 머무르게 도울 수 있다.

많은 내용을 이해하기에 어려운 장애 영유아에게는 소리 나는 책, 입체 책, 대집단 이야기 시간에 사용된 책의 복사본 등과 함께 어떠한 연령이든 좋아하는 책을 크기별로 제공하고 파손되지 않았는지 수시로 점검한다.

카세트 등과 같은 간단한 조작이 필요한 경우에는 사용방법을 실제 사진으로 제시하여 이해를 도울 수 있다. 필기구를 제공할 경우에는 되도록 뾰족하지 않은 것으로 제공하며 보관할 때에는 끝이 뾰족한 쪽이 아래를 향하도록 해 보관한다(이진숙, 2020).

문장으로 구성된 도움 카드 및 보조선을 통해 보고 쓰는 연습을 통해 시 · 지각의 기술이 향상될 수 있다. 또한, 소근육을 사용하여 필기도구를 잡는 것에 어려움을 겪는 영유아를 위한 무게 고정 펜, 손목 보조기 등의 학습 보조 기기를 제공하여 수행에 도움을 줄 수 있다.

비장애 영유아 활동 지원

자유롭게 편지쓰기

장애 영유아 활동 지원

글씨 도움 카드를 선택한 후 글씨 따라 쓰기

2) 수 · 조작 및 과학(탐색)

가급적 주의집중 영역과 거리를 두고 배치하며 특히 과학 영역은 식물이나 곤충을 키울 수 있도록 햇볕이 잘 드는 곳으로 한다. 고려해야 할 점으로는 작은 크기의 놀잇감을 입에 넣을 수 있어 3.5cm 이상의 교구를 제공하고 지체 장애아의 경우, 만지는 것을 좋아하지만 조절이 잘 되지 않아 책상 아래로 자주 교구를 떨어뜨릴 수 있어 책상 가장자리에 턱을 만들어 줄 수 있다. 또한, 자폐아의 경우, 동물(곤충)에 과도하게 몰두하는 모습이 나타나는 경우가 많아 동물(곤충)을 손으로 잡거나 입에 넣지 않도록 교사가 계속 주시해야 한다(에듀케어 아카데미, 2019).

비장애 영유아 활동 지원

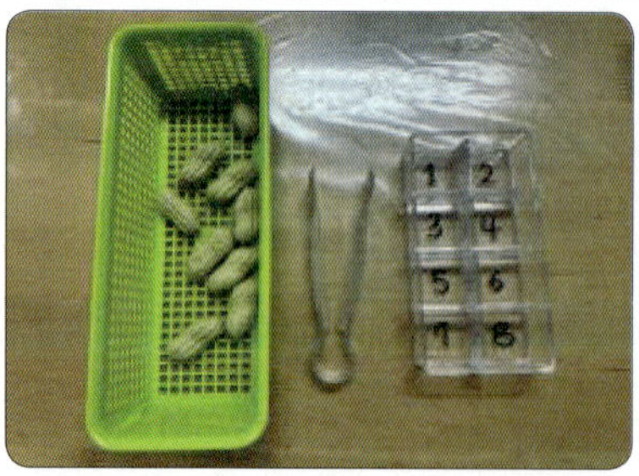

땅콩 모형을 집게로 숫자 순서에 맞게 넣어보기

장애 영유아 활동 지원

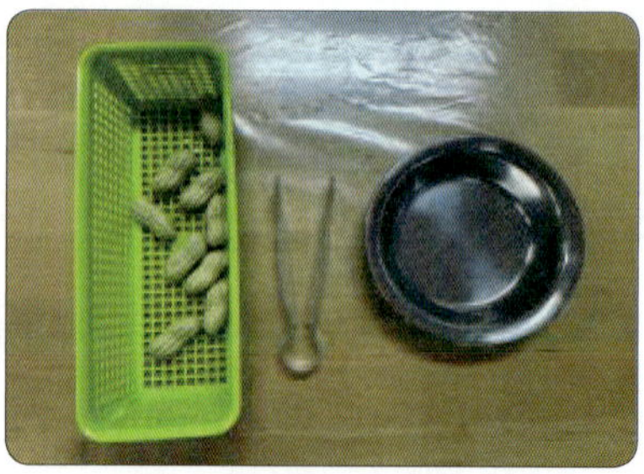

땅콩 모형을 집게로 그릇에 옮기기

규칙과 순서가 있는 게임에 참여하며 수 세기를 병행하는 것은 교대적 주의력(alternative/shift attention)이 요구되는 과제이다. 주의력이 다소 떨어지는 장애 영유아의 경우, 숫자의 단위를 한눈에 들어올 수 있게 표기하고 나열한다면 수 세기를 쉽게 하여 게임의 원활한 진행에 도움이 될 수 있다.

3) 음률 영역

활동적이고 소리가 많으므로 조용한 영역과 떨어진 곳에 배치하고, 카펫을 깔아서 소음이 크지 않도록 한다. 악기 연주를 거부하는 장애 영유아의 경우 싫어하는 특정 소리가 있는지 살펴 수정해야 한다. 두드리는 활동에서 스틱을 이용하는 경우에는 악기뿐만 아니라 주변의 다른 사물이나 또래에게도 휘두를 수 있는 위험이 있어 활동 시 주의해야 한다. 특히 피아노를 사용하는 경우에는 의자에서 낙상할 수 있으므로 좌식으로 활동할 수 있는 피아노로 대체할 수 있다. 악기에 시각적인 표시가 있는 것은 장애 영유아의 흥미를 이끌거나 악기 연주의 접근을 쉽게 할 수 있다. 이뿐만 아니라 악기에 채 등의 도구가 함께 필요한 경우 도구를 악기에 옆에 두어 접근을 용이하게 돕는다.

비장애 영유아 활동 지원

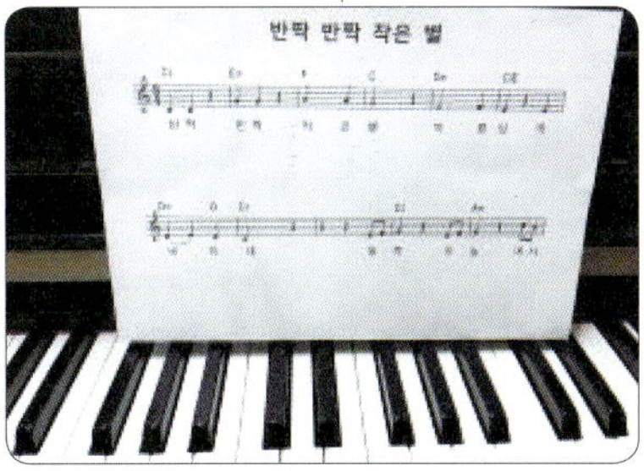

악보를 보고 피아노를 연주해보기

장애 영유아 활동 지원

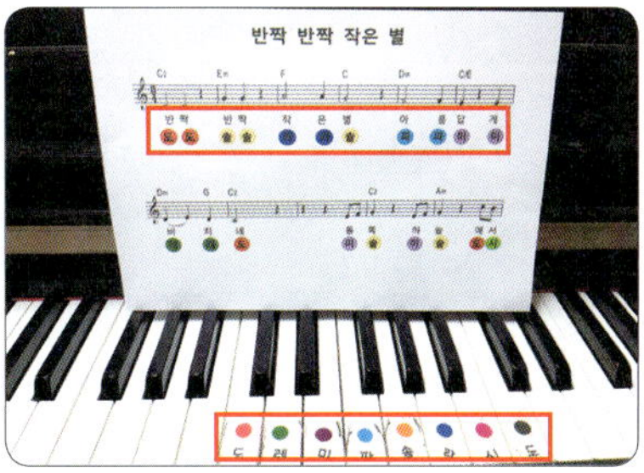

무지개 악보(시각적 표시)를 보고 같은 색의 건반 눌러보기

4) 미술 영역

물을 사용하기 쉬운 곳에 배치하고 장애 영유아들이 손쉽게 자료를 꺼내고 정리할 수 있는 자료장을 구비하고 다양한 재료를 제공함으로써 감각적인 예민함을 감소시켜 줄 수 있도록 한다. 또한, 손 위의 손 방법(hand on hand, 장애 영유아의 손 위에 교사의 손을 올려주어 함께 움직이는 방법)을 활용하여 장애 영유아 스스로 경험할 수 있는 시간을 마련해줄 수 있다.

미술 재료는 피부에 닿아도 해롭지 않은 것으로 사용한다. 감각추구가 있는 장애 영유아의 경우 입으로 물건을 넣는 구강탐색이 나타날 수 있기 때문에 교사의 감독이 필요하다. 또한, 날카로운 가위날이나 종이에 상처를 입을 수 있기 때문에 끝이 무디며 가볍고 안전한 가위와 베일 위험이 낮은 두꺼운 종이를 제공한다.

재료에 대한 명확한 가이드가 없을 때 또는 많은 재료가 제시되어 있을 때, 재료를 활용한 활동의 계획과 수행에는 인지능력과 시 · 지각 기술, 소근육의 통합이 이루어져야 한다. 구상한 것을 그림으로 표현하는 것부터 재료의 활용 방법 등 활동 준비 과정에 대한 지원은 장애 영유아 활동의 수행도를 높이는 데 도움을 준다.

비장애 영유아 활동 지원

거북이 사진을 보고 점토로 표현해 보기

장애 영유아 활동 지원

거북이 모양틀을 이용해 점토를 찍어보기

5) 역할놀이 및 쌓기놀이

역할과 쌓기 영역은 소음과 움직임이 많으므로 다른 놀이에 방해되지 않도록 배치하고 다수의 영유아가 함께 참여할 수 있도록 충분한 공간으로 구성한다.

쌓기 영역에서 공격적인 성향의 장애 영유아는 물건을 던지는 문제 행동이 나타날 수 있기 때문에 너무 크고 무거운 나무블록이나 날카롭고 뾰족한 부분이 있는 블록 등은 주의가 필요하다. 또한, 신체적인 결함이 있는 장애 영유아를 위해 블록은 영유아가 쉽게 꺼내고 정리할 수 있는 높이를 고려해 적절하게 보관하며 정리 시 바구니에 같은 블록 모양의 사진을 붙여 시각적 도움을 제공할 수 있다. 대부분의 장애 영유아는 블록을 단순히 쌓거나 옆으로 나열하거나 또래 친구들이 쌓은 것을 부수는 활동을 즐기기도 한다. 교사는 또래와 우정을 형성할 수 있도록 놀이의 개입과 적당량의 블록을 제공하여야 한다.

역할 영역에서 줄이나 끈, 날카로운 것 등의 위험요소를 미리 제거한 후 제공하는 것이 중요하다. 모형 음식의 경우, 장애아가 입으로 직접 넣는 경우가 많기 때문에 직경 3.5cm 이상 크기인 것으로 제공하고, 통합 상황에서 역할놀이에 참여할 때에 의사소통이 활발하지 못해 단순한 아가의 역할을 주로 담당하게 되니 의사소통이 원활하지 않더라도 다양한 배역을 맡을 수 있도록 교사가 관심을 가져야 한다.

비장애 영유아 활동 지원

구슬길 설계도를 그려 쿼드릴라
구슬길을 만들어보기

장애 영유아 활동 지원

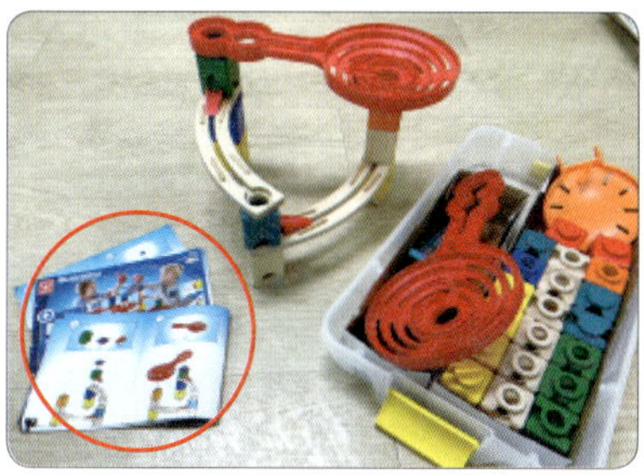

구슬길 안내 책자를 보며 쿼드릴라
구슬길을 만들어보기

6) 신체 영역

신체 영역은 탐색과 움직임을 위한 충분한 공간을 확보한다. 장애 영유아의 경우 다양한 신체 활동을 통해 욕구를 해소해 주는 것이 중요한데 신체 지각이 저하된 장애 영유아의 경우 신체를 이용한 활동에 어려움이 있을 수 있어 이러한 부분을 보상할 수 있는 지원이 활동 수행에 도움을 줄 수 있다. 또한, 활동을 스스로 수행할 수 있도록 돕는 보조 장치를 통하여 장애 영유아의 신체 지각을 점진적으로 증진시킬 수 있고, 성취감을 이끌어 낼 수 있다.

비장애 영유아 활동 지원

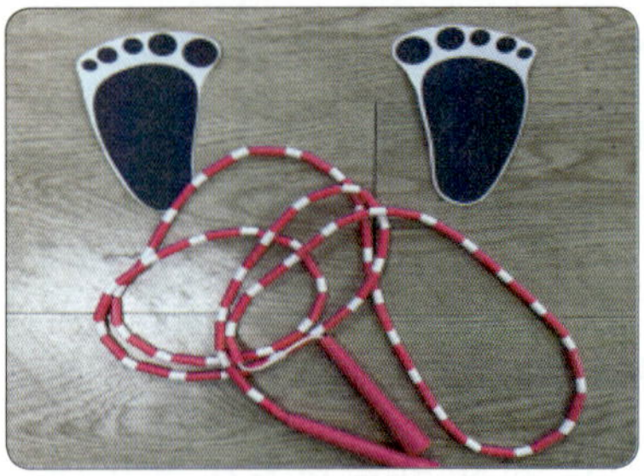

발자국 위에서 점프하며 줄넘기하기

장애 영유아 활동 지원

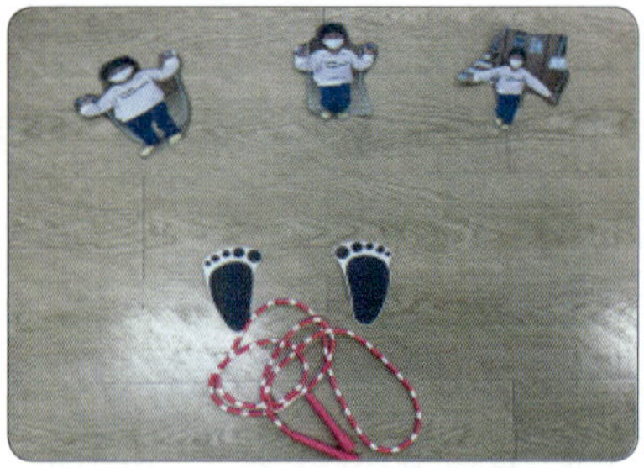

발자국 위에서 친구의 모습을 모방하여 줄넘기하기

장애 영유아가 안정적으로 생활할 수 있도록 각 영역의 환경 구성에 개별적 지원을 하였다면 놀이 상황을 잘 지켜보며 현재 적합한 환경인지 점검하고 보완해야 할 부분은 즉각적으로 수정하여 환경을 개선해 주어야 한다.

③ 장애 통합 교실에서의 놀이 사례

구글 어스로 만나는 건축물

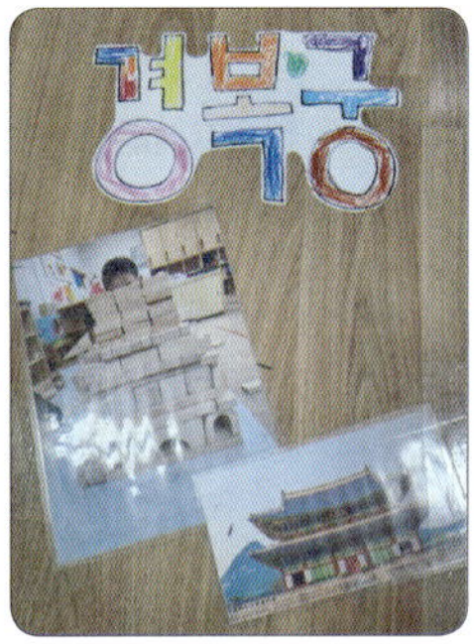

그동안 만들었던 구성물 사진은 바닥에 가시화되었다.

(실제 크기로 가시화하여 장애 유아가 블록을 올려 볼 수 있도록 도움을 주었다.)

유아들이 관심을 보이는 건축물 전면을 탐색하고자 교사는 구글 어스로 환경 지원을 해주었다. 구글 어스에서 본 에펠탑은 어떻게 생겼나요? 교사의 질문에 유아들은 마우스를 이리저리 움직여 보았다. 교사는 유아들의 구성물이 어떻게 변화하는지 놀이를 따라가 보았다.

"여기는 이런 모양이었어." "건축물을 보는 사람들도 만들까?"

"에펠탑 앞에 다리는 내가 만들게"

"난 공원에 나무를 만들게!"

하며 역할을 정하여 구성물에 필요한 재료를 찾기 위해 이곳저곳을 살핀다.

(블록을 길게 나열하는 장애 유아의 반복행동에 비장애 유아는 다리를 만든다 생각하였고 함께 다리를 구성하였다.)

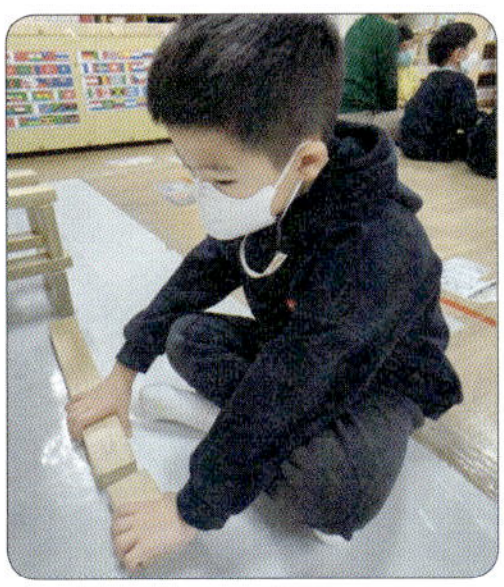

블록놀이 공간에서 비장애 유아들과 장애 유아의 협동 놀이가 이루어졌다. 엄밀히 말하면 비장애 유아들이 에펠탑을 구성하는 것을 보고 있던 장애 유아가 친구들이 완성한 구성물에 추가

적으로 블록을 올리며 구성물을 완성하는 모습이었다.

교사의 지원: 텔레비전과 바닥 등 놀이 공간에 유아들 생각의 흔적들이 가시화되어 있으니 유아들의 놀이 맥락이 잘 이어지는 모습이다. 구글 어스를 통해 실제 보지 못하였던 도시의 건축물을 3D로 관찰하여 구체화된 구성물을 완성하였고 장애 유아는 친구들의 놀이 모습을 보고 놀이를 모방하는 또래 교수가 이루어질 수 있었다.

구글 어스(Google Earth): 전 지구의 위성 이미지와 전 세계 수백 개 도시의 3D 빌딩 및 지형을 구경할 수 있다. 내 집이나 원하는 위치를 확대한 후 스트리트 뷰에서 360° 보기로 확인할 수 있다.

사용방법: 앱을 다운받고 유아들이 보고 싶은 세계 도시를 검색한다.

 # 세계의 유명한 건축물

블록놀이 공간에서 세계의 유명한 건축물을 구성하는 놀이가 시작되었다.

"나는 에펠탑 만들 거야"
"에펠탑을 만드려면 긴 블록이 많이 필요해."
(짧은 블록을 가져온 장애 유아에게 또래는 긴 블록을 보여준다)"이게 필요해 알겠지?"
(장애 유아는 또래가 보여준 블록을 찾아 가져왔고 또래가 블록을 쌓는 모습을 보이자 친구들이 만들고 있는 구성물에 추가적으로 블록을 올리며 구성물을 완성해 간다.)
"같이 하니까 빨리 완성했어!"

빛과 블록

빛이 사물을 비추는 각도와 양과 방법에 따라 사물의 보이는 시선, 느낌, 분위기까지 달리 보인다.

"내가 가까이 가니까 커졌어!" "나는 작아졌어."

빔프로젝터에 파란색 아크릴 블록을 비추는 장애 유아의 모습이 관찰되었다. 빔의 파란 빛 때문에 유아는 파란색 블록이 떠오른 걸까?(친구들도 다가와 아크릴 블록의 투과된 색에 관심을 갖는다.)

"노란색이 보여."

"빨간색 동그라미 모양이 나왔어!" "더 높이 쌓아보자."

빛과 만난 자신, 빛과 만난 블록으로 만들어지는 그림자와 투과되는 색에 호기심을 갖고 놀이에 적응하는 모습이였다. 비장애 유아와 장애 유아는 빛이 투과되는 블록으로 구성물을 쌓아보았고 놀이는 계속되었다.

교사의 지원: 앞으로도 빔프로젝터의 빛을 탐색하는(기계에 관심을 보이는) 유아의 모습이 관찰될 것이다. 자연스러운 과정이므로 교사는 인내심을 갖고 유아들의 빛과 블록놀이를 기록하였다. 또한, 당분간은 영상 지원보다 빛을 이용한 블록놀이를 지원해 보려 한다.

CHAPTER

11

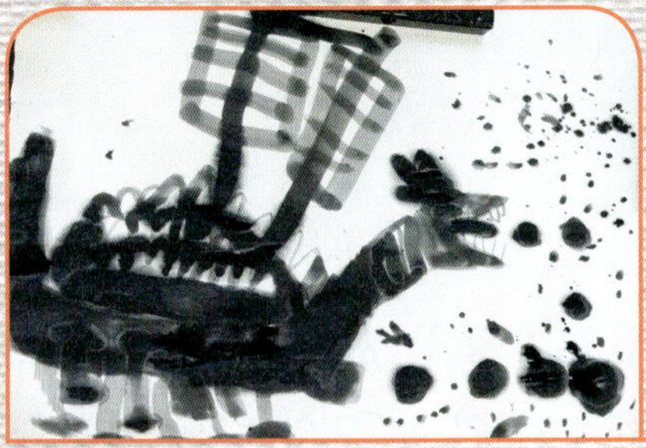

<거북선을 소환하다>
거북선 먹그림

기관과 가정과의 놀이 연계하기

1 기관과 가정과의 연계

1) 기관과 가정 연계의 필요성

현대 사회는 맞벌이 가정의 증대와 저출산으로 인하여 교육기관과 가정의 연계가 매우 중요해지고 있다. 교육기관은 영유아의 건강과 안전, 영양 등 생활의 전반적인 것을 부모와 소통해야 하고 부모는 교육의 주체로서 교육기관과의 적극적인 유대관계를 통해 협력하도록 해야 한다.

부모가 교육의 주체라는 인식을 통해 부모는 교육기관의 서비스를 이용하는 이용자가 아니라 교육의 유기적인 협력체계일 뿐 아니라 교육기관과 함께 하는 동반자적인 관계로서 교육기관과 관계를 맺어야 할 것이다. 교육기관과 부모는 무엇보다 '소통'과 '협력'이라는 키워드를 중심으로 영유아의 건강한 성장과 발달을 지원하고 안정되고 개방된 양육환경을 제공하고, 영유아의 권리와 행복을 추구하는 데 함께 하는 주체자가 되어야 할 것이다. 부모 참여프로그램을 비롯한 다양한 부모 교육의 확대와 더불어 교육자료의 제공을 통해 안정된 양육자로 성장하도록 도우며, 자녀와의 대화법, 상호작용의 기술, 긍정적인 양육 태도를 배우고 가정에서 실천하도록 지원한다.

2) 가정 연계의 유형

(1) 신입 원아 부모 오리엔테이션

교육기관에 처음 다니게 되는 영유아의 부모에게 교육기관의 교육 철학, 운영 현황, 교육프로그램, 건강 및 영양, 안전 등 운영에 관한 전반적인 내용에 대해 안내하고 소통함으로써 교육기관에 대한 이해를 돕고 교직원과 부모가 신뢰감을 형성하며 부모에게 정보를 제공하는 것을 목적으로 한다.

신입 원아 부모들을 위한 오리엔테이션은 주로 대집단으로 실시하며 중간 입소한 영유아의 부모에게는 개별 오리엔테이션을 실시한다. 대집단 오리엔테이션이 진행되지 못할 때 개별적으로 운영 전반에 대한 안내서를 배부하거나 온라인 화상 오리엔테이션이나 동영상을 제작하여 안내하고 소통한다.

신입원아 부모오리엔테이션

중간입소원아 부모오리엔테이션

온라인 오리엔테이션

(2) 부모 개별 면담

부모 개별 면담은 영유아의 성장과 발달, 생활 전반에 대해서 서로 의견을 교환하고 부모와 긴밀한 협력관계를 유지하게 한다. 모든 영유아의 부모와 연 2회 이상 개별 면담을 시행하며 개별 면담 시행 일시, 대상이나 면담자, 면담방법, 면담내용에 대한 기록이 필수 요건이다. 교사는 면담 전 영유아에 대한 관찰기록, 개별 면담일지, 신체 측정 기록, 활동 결과물, 검사결과 보고서 등 영유아의 발달적 변화와 특성을 볼 수 있는 결과물 등을 사전에 준비하고 부모와 면담을 진행한다. 효과적인 부모면담은 교사에 대한 신뢰를 구축하고 부모가 교사와 동반자적 관계로 자녀를 돕고자 하는 믿음이 생기게 된다.

맞벌이로 면대면 상담이 어려운 부모에게는 전화를 이용한 상담을 할 수 있으나 면대면 상담보다는 교감이 적기 때문에 신뢰감과 친밀감을 형성하기 위해서는 시간이 많이 필요하며 심도 있는 상담의 경우 면대면으로 진행하는 것이 바람직하다.

(3) 가정통신문

가정통신문은 서면으로 가정에 보내는 통신문으로 교육기관의 필요에 따라 가정과 쉽게 소통하는 방법이다. 최근에는 지면보다는 스마트알림장이나 카페를 통한 온라인 소통이 많아지고 있으므로 다양한 방법으로 소통할 수 있도록 소통창구를 열어 놓고 부모에게 알려야 하는 공지사항, 월별 행사 및 운영과 관련된 내용을 주 1회, 또는 월 1회 이상 실시하여 소통한다.

(4) 알림장, 스마트알림장

교육기관과 부모가 매일 영유아의 일과 및 특이사항을 교환하는 대화장의 형태로 대화 수첩, 알림장, 스마트알림장의 형태가 있다. 서면으로 오가던 알림장의 형태는 교육체제 개편으로 인해 등 · 하원 전자 알림 기능을 탑재한 스마트알림장을 이용하는 경우가 많아지고 있다. 스마트알림장은 개별 부모와 주고받을 수 있는 알림장, 공지사항, 앨범, 일정표, 투약의뢰서 등으로 구성되어 있다.

(5) 부모용 게시판 및 부모 공용 공간

부모용 게시판은 부모들이 교육기관을 방문했을 때 언제든지 필요한 정보를 확인할 수 있도록 교육기관 현관 쪽에 부착하여 게시한다. 게시판에는 교육기관 인가사항, 교육기관 원훈 및 교직원 현황, 교육프로그램, 식단표, 행사 부모교육, 그 밖에 부모에게 안내할 내용 등이 게시될 수 있도록 한다.

부모 공용 공간은 부모들이 모여 이야기를 나눌 수 있고 소모임을 할 수 있으며 육아 정보 관련 책자 등을 함께 비치하여 정보를 공유할 수 있도록 한다.

(6) 부모교육

부모교육은 부모가 요구하는 다양한 내용을 강의, 토의 등으로 제공하여 자녀 양육에 필요한 정보나 지식을 습득할 수 있다. 교육기관의 인력을 활용하거나 관련 분야 전문가를 초빙하여 강연하는 방식으로 진행할 수 있으며, 강연회 주제는 부모들의 요구도를 조사하며, 연 2회 이상 실시하고 학부모 운영위원회 협의를 통해 주제와 시기를 결정할 수 있다. 주제와 시기는 미리 가정에 공지하여 참여 의사를 파악하여 참여율을 높인다.

최근에는 영상을 통한 부모교육을 진행할 수 있으며, 참여율을 높이기 위해 실시간 영상 교육이나 댓글을 통한 양방향 소통을 할 수 있도록 하여 비대면 교육의 부족한 점을 보완할 수 있도록 한다.

전문가 초청교육

자체 부모교육

영상 활용 부모교육1. 기관

② 놀이와 가정 연계

부모님들은 영유아들이 기관에서 어떻게 놀이하며 생활하는지 많은 궁금증을 갖고 있다.

기본생활 전반에 대한 궁금증도 있겠지만 기관에서는 무엇보다 영유아들의 놀이 중심 교육을 전달하고 알릴 필요성이 있다. 영유아들의 놀이가 어떤 배움이 있고 그 배움을 이어가는 과정에서 영유아를 어떻게 바라보고 그들의 유능함과 창의적인 발현들이 어떻게 일어났는지를 가정과 함께 공유해야 할 분명한 이유가 있기 때문이다.

기관에서는 부모참여수업을 통해 가정과 놀이를 공유한다. 물론 일일 활동으로 끝나는 참여수업이 대부분이지만 놀이의 과정을 함께 나누는 교육 간담회를 통해 영유아들이 놀이를 통해 어떻게 성장해 나가는지, 놀이의 의미로움과 그 가치가 놀이 속에서 어떻게 드러나는지 부모와 나누는 것이 가장 큰 목적이다.

1) 놀이와 가정 연계의 사례

(1) 부모님과 함께하는 교육 간담회

① 부모참여수업을 통한 교육 간담회 진행하기

참여수업을 진행하기 전에 사전 조사 및 구체적인 일시와 장소, 프로그램을 안내한다.

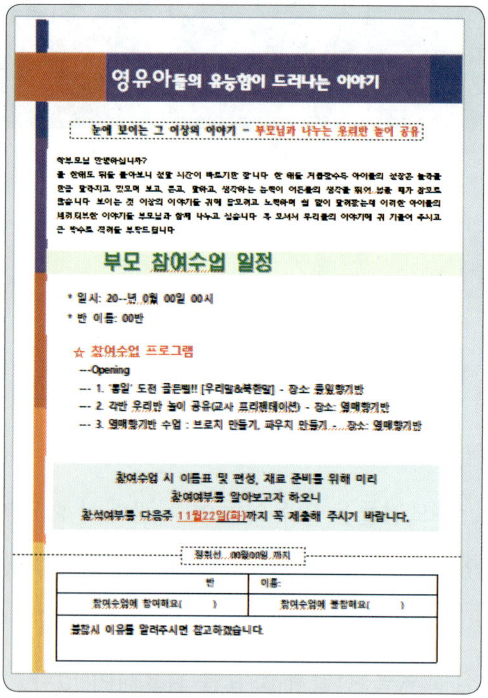

부모참여수업 순서

- 부모님과 오프닝을 통해 전반적인 본 기관의 교육 철학을 간단히 안내한다.
- 영유아들의 발달에 따라 놀이환경, 놀이 매체 지원, 또래관계, 놀이 과정의 변화 등 교사와의 간담회가 원활하게 진행되도록 원장님과 사전 오프닝을 통해 부모님들의 놀이 이해를 돕는다.
- 간담회가 끝난 후 부모참여수업 설문지를 통해 자녀에 대해 알게 된 점과 놀이를 바라보는 부모님의 관점, 태도 변화를 기록하도록 한다.

② 교육 간담회를 위한 교사 프리젠테이션

기관 방문으로 진행하던 교육 간담회가 코로나19로 인해 비대면으로 전환되면서 시대적 흐름과 맞물려 이제는 대부분 비대면으로 진행되고 있다. 비대면으로 진행하면서부터 부모님들의 참여율도 높아졌고 기관에서도 시간을 효율적으로 활용할 수 있어 큰 도움이 되고 있다. 부모가 영유아와 함께 참여하는 별도의 활동과 같이 할 수도 있지만 교육 간담회는 비대면으로 만남을 갖는 편이 더 효율적이다. 무엇보다 부모님들의 각자 사정을 고려하여 참여할 수 있기에 참여율이 높다는 점이 가장 큰 장점이 된다.

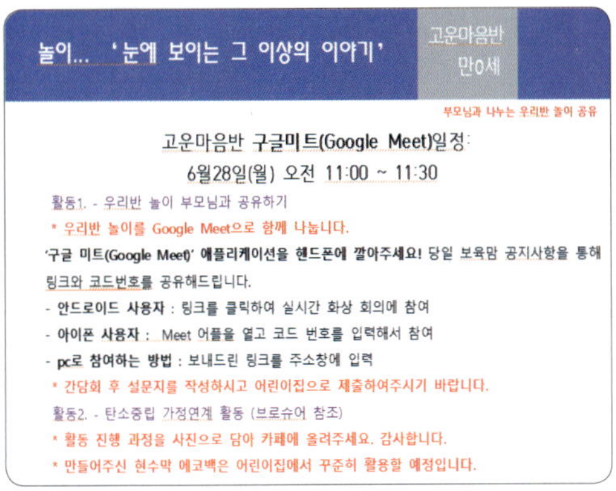
놀이... '눈에 보이는 그 이상의 이야기'
고운마음반 만0세
부모님과 나누는 우리반 놀이 공유
고운마음반 구글미트(Google Meet)일정:
6월28일(월) 오전 11:00 ~ 11:30
활동1. - 우리반 놀이 부모님과 공유하기
* 우리반 놀이를 Google Meet으로 함께 나눕니다.
'구글 미트(Google Meet)' 애플리케이션을 핸드폰에 깔아주세요! 당일 보육맘 공지사항을 통해 링크와 코드번호를 공유해드립니다.
- 안드로이드 사용자 : 링크를 클릭하여 실시간 화상 회의에 참여
- 아이폰 사용자 : Meet 어플을 열고 코드 번호를 입력해서 참여
- pc로 참여하는 방법 : 보내드린 링크를 주소창에 입력
* 간담회 후 설문지를 작성하시고 어린이집으로 제출하여주시기 바랍니다.
활동2. - 탄소중립 가정연계 활동 (브로슈어 참조)
* 활동 진행 과정을 사진으로 담아 카페에 올려주세요. 감사합니다.
* 만들어주신 현수막 에코백은 어린이집에서 꾸준히 활용할 예정입니다.

③ 참여수업 후 설문지 작성하기

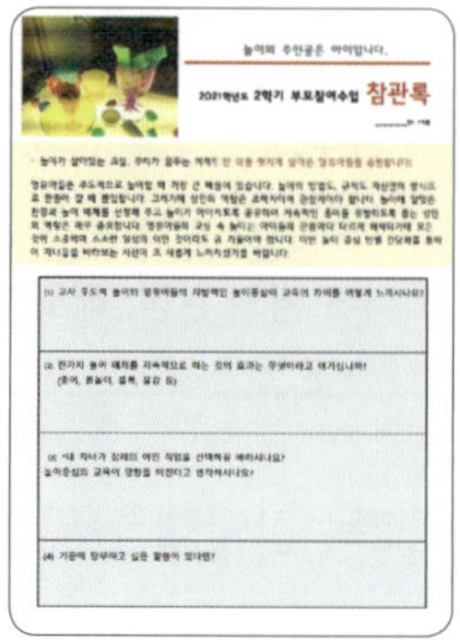

교육 간담회를 통해 놀이를 바라보는 관점이 달라졌다는 의견이 많았다. 또한, 그동안 부모님께서 중요하게 여기던 배움에 대한 방향이 학습에 더 가까웠다는 평가를 하기도 했으며 이렇게 놀이를 통해 창의적인 생각을 영유아들이 할 수 있다는 점에 놀라워하셨다. 특히 한 가지 놀이에만 몰입하는 경우에 염려하시는 경우가 많았는데 이러한 점도 사례를 통해 한 가지 놀이 안에서도 다양한 놀이 방향과 관점을 바라볼 수 있다는 것을 부모님들이 알게 되는 기회가 되었다.

교육 간담회를 통해 놀이의 의미로움과 그 해석을 부모님과 공유하므로 기관을 더욱 신뢰하고 담임 교사를 더욱 신뢰하게 되는 기회가 될 수 있다는 반응이 크게 나타났다.

④ 교육 간담회를 위한 교사 프리젠테이션의 사례

- 교사는 놀이 과정을 사진으로 남겨 일지나 일일 저널에 담고 놀이 상황을 기록한다.
- 놀이 과정이 영유아 중심의 놀이로 이어질 수 있도록 영유아들과 오늘의 놀이를 공유하는 시간을 갖는다. 전날 진행된 놀이 사진을 함께 보며 어떤 이야기가 있었는지 오늘은 어떻게 놀이를 이어갈지 함께 이야기 나눈다. 이 시간을 통해 영유아들의 생각을 들어보고 놀이 방향의 이어짐과 새로움을 담아 확장, 변화, 깊이 있는 맥락이 이어진다.
- 놀이가 시작된 시점, 확장되어가는 과정, 놀이의 의미로움 찾기, 지속하기 위한 즐거움의 요소들, 함께하는 즐거움, 새로운 아이디어, 놀이 전환점 등 영유아들의 놀이가 교사의 지원과 만나 어떻게 진행되어 갔는지, 그리고 다음으로 어떻게 이어가고 있는지, 새롭게 지식을 구성해 가고 있는 과정은 무엇인지 교육 간담회를 통해 부모와 나눌 수 있다.

(2) 가정과 공유하는 놀이 저널

영유아들의 놀이가 배움과 성장을 가져오기 위해서는 교사가 영유아들의 놀이를 지속적으로 관찰하고 그 과정의 흐름에 따라 적절한 지원이 이루어져야 한다. 그 지원 과정을 위해 놀이를 사진과 기록으로 남겨 현재 놀이의 의미를 짚어보고 다음 놀이에 반영하는 반복적인 과정이 이루어진다. 이러한 기록을 통해 영유아들의 놀이가 어떤 맥락으로 흘러가고 있으며 그 맥락 안에서 즐거움, 성취감, 도전, 용기, 인내, 협력, 소통, 협업, 창의 등 다양한 가치가 드러나도록 교사는 지원하고 고민하는 과정이 필요하다. 교사는 이와 같은 과정을 가정과 공유함으로써 놀이를 통해 성장하는 자녀들을 부모님과 함께 지지하고 응원하는 관계가 되고 기관을 믿고 맡기는 기반이 되고 신뢰감을 갖게 한다.

① 가정 연계 놀이 저널 사례

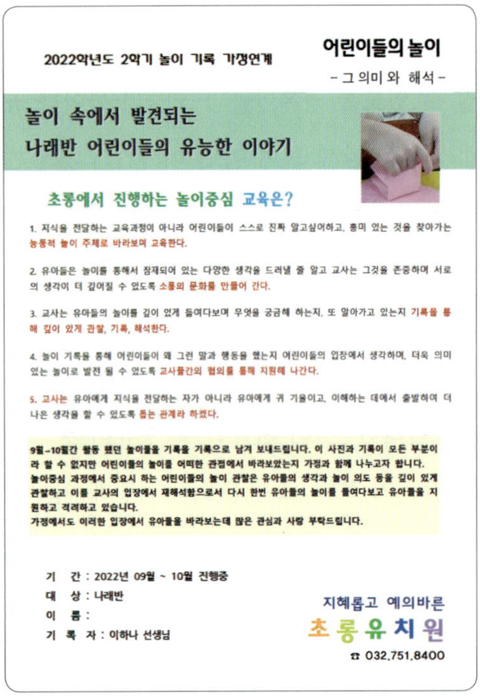

2022학년도 2학기 놀이 기록 가정연계

어린이들의 놀이

- 그 의미와 해석 -

놀이 속에서 발견되는
나래반 어린이들의 유능한 이야기

초롱에서 진행하는 놀이중심 교육은?

1. 지식을 전달하는 교육과정이 아니라 어린이들이 스스로 진짜 알고싶어하고, 흥미 있는 것을 찾아가는 능동적 놀이 주체로 바라보며 교육한다.

2. 유아들은 놀이를 통해서 잠재되어 있는 다양한 생각을 드러낼 줄 알고 교사는 그것을 존중하며 서로의 생각이 더 깊어질 수 있도록 소통의 문화를 만들어 간다.

3. 교사는 유아들의 놀이를 깊이 있게 들여다보며 무엇을 궁금해 하는지, 또 알아가고 있는지 기록을 통해 깊이 있게 관찰, 기록, 해석한다.

4. 놀이 기록을 통해 어린이들이 왜 그런 말과 행동을 했는지 어린이들의 입장에서 생각하며, 더욱 의미 있는 놀이로 발전 될 수 있도록 교사들간의 협의를 통해 지원해 나간다.

5. 교사는 유아에게 지식을 전달하는 자가 아니라 유아에게 귀 기울이고, 이해하는 데에서 출발하여 더 나은 생각을 할 수 있도록 돕는 관계라 하겠다.

9월~10월간 활동 했던 놀이들을 기록을 기록으로 남겨 보내드립니다. 이 사진과 기록이 모든 부분이라 할 수 없지만 어린이들의 놀이를 어떠한 관점에서 바라보았는지 가정과 함께 나누고자 합니다.
놀이중심 과정에서 중요시 하는 어린이들의 놀이 관찰은 유아들의 생각과 놀이 의도 등을 깊이 있게 관찰하고 이를 교사의 입장에서 재해석함으로서 다시 한번 유아들의 놀이를 들여다보고 유아들을 지원하고 격려하고 있습니다.
가정에서도 이러한 입장에서 유아들을 바라보는데 많은 관심과 사랑 부탁드립니다.

기 간 : 2022년 09월 ~ 10월 진행중
대 상 : 나래반
이 름 :
기 록 자 : 이하나 선생님

지혜롭고 예의바른
초롱유치원
☎ 032.751.8400

놀이 속에서 발견되는
하람반의
유능한 이야기

이

놀이의 주인공은
어린이!

2022학년도
하람반
2022.09~10.

어린이들은 상당히 많은 자유를 필요로 한다. 조사하고, 실험해보고, 실수하고, 그 실수를 수정할 자유, 그들의 호기심과 지적 능력과 감정을 어디에, 그리고 누구와 함께 투자할 것인지를 고를 수 있는 자유, 논리, 사고와 상상력이 어떻게 사물들 간의 지속적 상호 엮임을 만들어내고 세계를 움직이며 흔들어 놓을 수 있을지를 깨달을 자유를 필요로 한다.

지혜롭고 예의 바른 초롱 유치원

② 전자 알림장을 통한 놀이 공유

전자 알림장을 통해 부모와 놀이를 공유함으로써 것은 작은 일상도 소중한 시간이라는 점을 알리고 교사가 영유아들을 생각하는 마음과 놀이의 배움, 즐거움 등을 부모에게 전달할 수 있다.

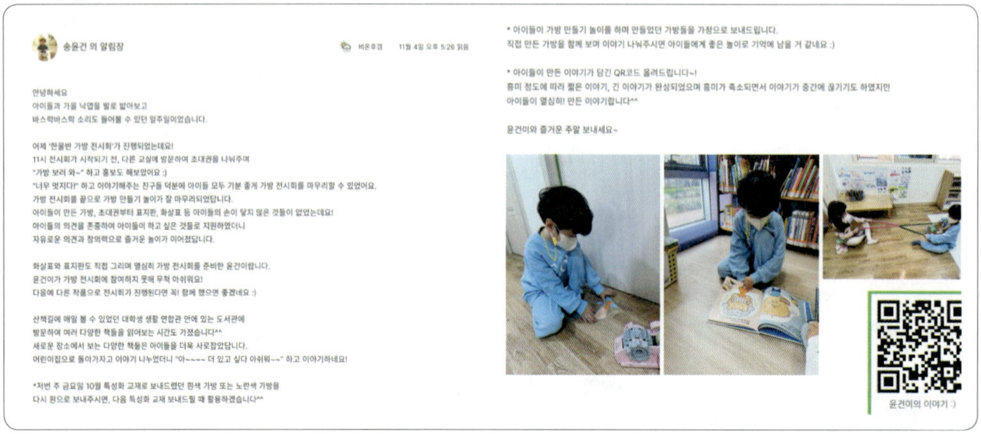

송윤건 의 알림장

비온후갬 11월 4일 오후 5:26 읽음

안녕하세요
아이들과 가을 낙엽을 발로 밟아보고
바스락바스락 소리도 들어볼 수 있던 일주일이었습니다.

어제 '한울반 가방 전시회'가 진행되었는데요!
11시 전시회가 시작되기 전, 다른 교실에 방문하여 초대권을 나눠주며
"가방 보러 와~" 하고 홍보도 해보았어요 :)
"너무 멋지다!" 하고 이야기해주는 친구들 덕분에 아이들 모두 기분 좋게 가방 전시회를 마무리할 수 있었어요.
가방 전시회를 끝으로 가방 만들기 놀이가 잘 마무리되었답니다.
아이들이 만든 가방, 초대권부터 표지판, 화살표 등 아이들의 손이 닿지 않은 것들이 없었는데요!
아이들의 의견을 존중하여 아이들이 하고 싶은 것들로 지원하였더니
자유로운 의견과 창의력으로 즐거운 놀이가 이어졌답니다.

화살표와 표지판도 직접 그리며 열심히 가방 전시회를 준비한 윤건이랍니다.
윤건이가 가방 전시회에 참여하지 못해 무척 아쉬워요!
다음에 다른 작품으로 전시회가 진행된다면 꼭! 함께 했으면 좋겠네요 :)

산책길에 매일 볼 수 있었던 대학생 생활 연합관 안에 있는 도서관에
방문하여 여러 다양한 책들을 읽어보는 시간도 가졌습니다^^
새로운 장소에서 보는 다양한 책들은 아이들을 더욱 사로잡았답니다.
어린이집으로 돌아가자고 이야기 나누었더니 "아~~~~ 더 있고 싶다 아쉬워~~" 하고 이야기하네요!

*저번 주 금요일 10월 특성화 교재로 보내드렸던 흰색 가방 또는 노란색 가방을
다시 원으로 보내주시면, 다음 특성화 교재 보내드릴 때 활용하겠습니다^^

* 아이들이 가방 만들기 놀이를 하며 만들었던 가방들을 가정으로 보내드립니다.
직접 만든 가방을 함께 보며 이야기 나눠주시면 아이들에게 좋은 놀이로 기억에 남을 거 같네요 :)

* 아이들이 만든 이야기가 담긴 QR코드 올려드립니다~!
흥미 정도에 따라 짧은 이야기, 긴 이야기가 완성되었으며 흥미가 축소되면서 이야기가 중간에 끊기기도 하였지만
아이들이 열심히! 만든 이야기랍니다^^

윤건이와 즐거운 주말 보내세요~

윤건이의 이야기 :)

③ 홈페이지를 통한 가정 연계 놀이 이야기

한 주간 어떤 놀이가 진행되었는지 홈페이지(카페)를 통해 매주 금요일마다 놀이 사진과 놀이 이야기를 올린다. 놀이 이야기는 주간 저널 형식이나 한 달, 또는 한 학기의 놀이를 정리하여 올리기도 한다.

열매향기반 9월 2주 놀이이야기

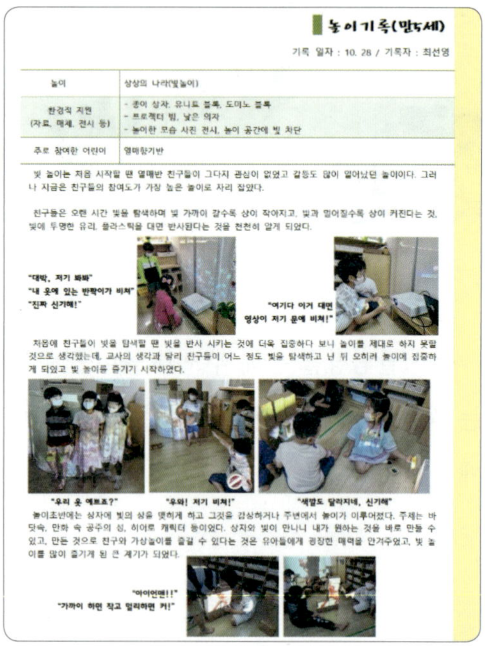

놀이기록(만5세)

기록 일자 : 10. 28 / 기록자 : 최선영

놀이	상상의 나라(빛놀이)
환경적 지원 (자료, 매체, 전시 등)	- 종이 상자, 유니트 블록, 도미노 블록 - 프로젝터 빔, 낮은 의자 - 놀이한 모습 사진 전시, 놀이 공간에 빛 차단
주로 참여한 어린이	열매향기반

빛 놀이는 처음 시작할 땐 열매반 친구들이 그다지 관심이 없었고 갈등도 많이 일어났던 놀이이다. 그러나 지금은 친구들의 참여도가 가장 높은 놀이로 자리 잡았다.

친구들은 오랜 시간 빛을 탐색하며 빛 가까이 갈수록 상이 작아지고, 빛과 멀어질수록 상이 커진다는 것, 빛에 투명한 유리, 플라스틱을 대면 반사된다는 것을 천천히 알게 되었다.

"대박, 저기 봐봐"
"내 옷에 있는 반짝이가 비쳐"
"진짜 신기해!"

"여기다 이거 대면
영상이 저기 문에 비쳐!"

처음에 친구들이 빛을 탐색할 땐 빛을 반사 시키는 것에 더욱 집중하다 보니 놀이를 제대로 하지 못할 것으로 생각했는데, 교사의 생각과 달리 친구들이 어느 정도 빛을 탐색하고 난 뒤 오히려 놀이에 집중하게 되었고 빛 놀이를 즐기기 시작하였다.

"우리 옷 예쁘죠?" "우와! 저기 비쳐!" "색깔도 달라지네, 신기해"

놀이초반에는 상자에 빛의 상을 맺히게 하고 그것을 감상하거나 주변에서 놀이가 이루어졌다. 주제는 바닷속, 만화 속 공주의 성, 히어로 캐릭터 등이었다. 상자와 빛이 만나니 내가 원하는 것을 바로 만들 수 있고, 만든 것으로 친구와 가상놀이를 즐길 수 있다는 것은 유아들에게 굉장한 매력을 안겨주었고, 빛 놀이를 많이 즐기게 된 큰 계기가 되었다.

"아이언맨!!"
"가까이 하면 작고 멀리하면 커!"

안녕하세요 ㅇㅇ반입니다~^^

이번 주에는 빔프로젝터에서 나오는 화상을 이용해 블록놀이를 재미있게 진행하였습니다.

빔을 통해 나오는 빛은 우리를 환상적인 세계로 데려다주었어요. 내 몸에 알록달록 빛이 비춰지고, 상자에 맺혀진 그림이 분리되기도 하며 가상의 세계를 연상하게 하였습니다.

특히 바닷속이 비추어졌을 때는 우리가 깊은 바닷속에 들어가 있는 것 같았답니다.

우리들의 빛 놀이를 따라와 보시겠어요?

(3) 교육 설명회를 통한 놀이의 중요성을 알리는 부모교육

새 학기를 준비하는 첫 번째 과정으로 새 학기 교육 설명회를 준비한다.

새 학기 연간 교육계획을 안내하고, 기타 행사 및 전반적인 원 생활을 알리는 것은 원아 모집에 중요한 부분이 된다. 특히 개정 누리과정이 2019년부터 시행되었으나 코로나19로 인해 원내 방문이 어려워져 부모에게 개정 누리과정에 대한 교육적인 소개와 내용 전달이 매우 미흡하였다. 그러나 비대면이든 대면이든 영유아 중심, 놀이 중심 교육에 대한 안내를 충분히 하고 새 학기 재원 신청서를 보내면서 지난해 어떤 놀이들이 이루어졌는지 부모에게 안내해야 한다. 서면으로 안내할 때 반별 놀이에 대한 이해를 돕기 위해 사진 작업을 통해 안내하여 놀이가 이 시대에 왜 필요하며 미래 역량 강화를 위해 어떻게 적용되고 발전해야 하는지 알리는 과정이 꼭 필요하다.

2023년 교육프로그램 예상안 (만 2세)

● 어떻게 놀이해보았을까요?

- 아래 놀이는 다온반 1년 놀이 중 대표적인 놀이 3가지 입니다.
다온반에서는 블럭 놀이, 달팽이 관찰, 빛 놀이가 상시 이루어지며 영아의 흥미에 따라 놀이가 변화합니다.

웹 캠을 통해 바라본 자연

바깥놀이 시간 개미, 풀, 열매 등 자연 관찰에 관심이 많은 다온반 친구들 이예요.
'**웹 캠**'을 활용해 겉으로 드러나지 않아 볼 수 없었던 자연의 모습, 담아보고 싶은 **자연**을
영상으로 촬영해보고 감상하며 자연과 한 발자국 더 친숙해질 수 있었답니다.

알록달록 물감놀이

봄, 여름, 가을, 겨울 사계절을 연상해볼 수 있는
다양한 물감의 색을 탐색해보았어요.
물감의 **질감** 뿐만 아니라, 색의 **섞임**, 붓을 통해 나타나는 선과 점의 **표현**까지 경험하며 놀이해보았습니다.

손끝으로 만들어지는 우리들의 이야기

종이를 오리고 붙이며, 각자만의 생각을 표현한 아이들.
말랑말랑하고 유동적인 성질의 **클레이**를 만나자 작은 손길로 다양한 음식이나 곤충 등을 표현해보고
그 속에서 재미난 **가상 이야기**들도 펼치며 놀이해보았습니다.

● 어떻게 활동해보았을까요?

특성화활동

놀이로 경험하는 수과학
프리키즈

특색활동

오감으로 탐색하는
레인보우 특색프로그램

특별활동

오감으로 느껴보고 연주해보는
오감&오르프

다양한 교구를 활용한 대소근육 활동의
체육

● 어디로 가보았을까요? (현장학습)

- 23년도부터 유아반 및 다온반(만 2세)은 월 2회 현장학습에 참여할 예정입니다.

신체건강증진! 즐거움이 가득!
축구장

농산물의 소중함을 알아볼 수 있는
부부농원

각종 재난 및 화재상황을 체험하는
고양소방서

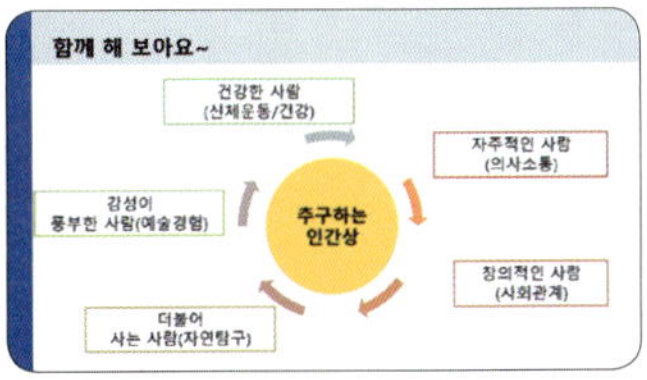
함께 해 보아요~
건강한 사람
(신체운동/건강)
자주적인 사람
(의사소통)
감성이
풍부한 사람(예술경험)
추구하는
인간상
창의적인 사람
(사회관계)
더불어
사는 사람(자연탐구)

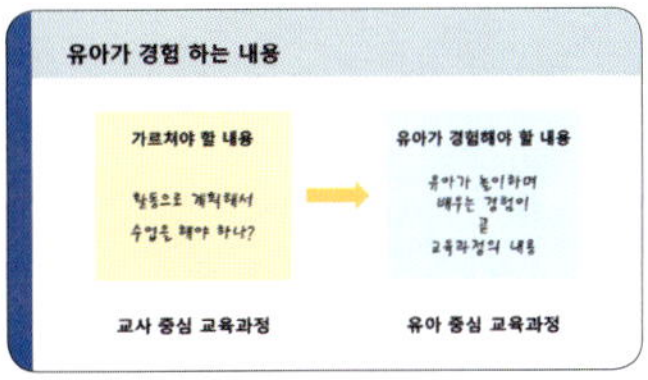
유아가 경험 하는 내용
가르쳐야 할 내용
활동으로 계획해서
수업을 해야 하나?
유아가 경험해야 할 내용
유아가 놀이하며
배우는 경험이
곧
교육과정의 내용
교사 중심 교육과정
유아 중심 교육과정

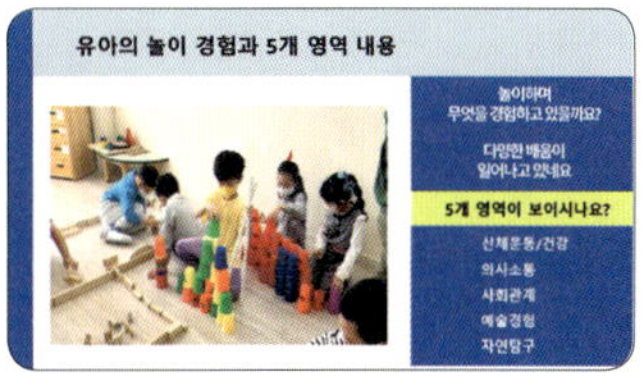
유아의 놀이 경험과 5개 영역 내용
놀이하며
무엇을 경험하고 있을까요?
다양한 배움이
일어나고 있네요
5개 영역이 보이시나요?
신체운동/건강
의사소통
사회관계
예술경험
자연탐구

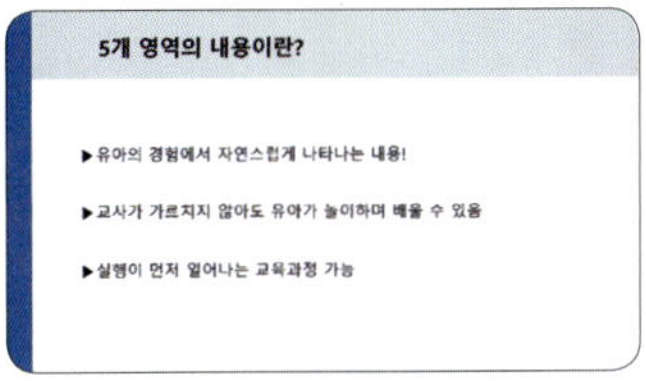
5개 영역의 내용이란?
▶유아의 경험에서 자연스럽게 나타나는 내용!
▶교사가 가르치지 않아도 유아가 놀이하며 배울 수 있음
▶실행이 먼저 일어나는 교육과정 가능

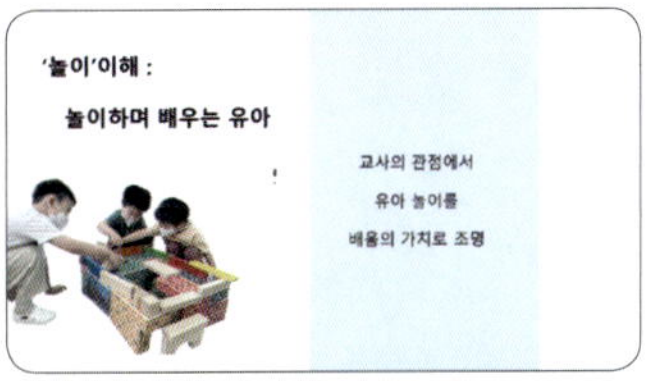
'놀이'이해 :
놀이하며 배우는 유아
교사의 관점에서
유아 놀이를
배움의 가치로 조명

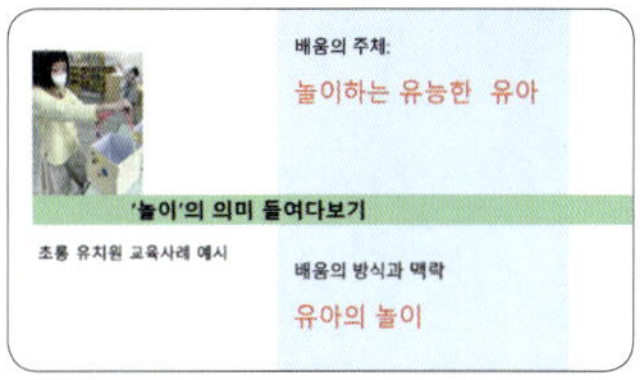
배움의 주체:
놀이하는 유능한 유아
'놀이'의 의미 들여다보기
초롱 유치원 교육사례 예시
배움의 방식과 맥락
유아의 놀이

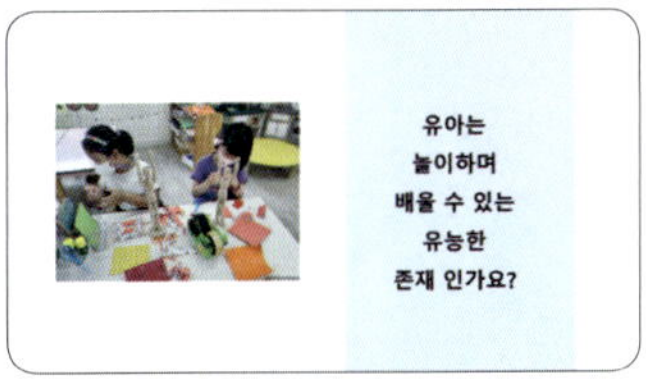
유아는
놀이하며
배울 수 있는
유능한
존재 인가요?

영유아가 존중받는 교육과정
영유아가 주도하는
놀이를 중심으로 운영되는 교육과정
2020 개정 놀이중심
교육과정

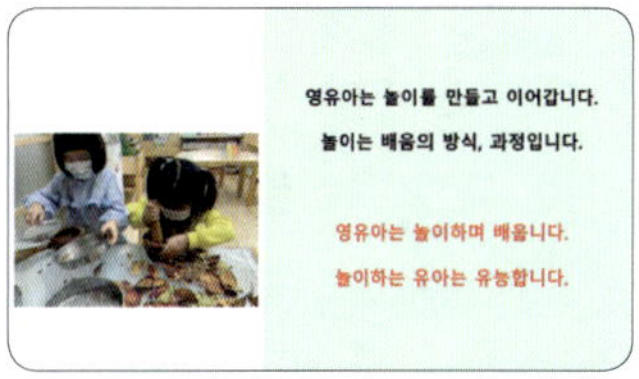
영유아는 놀이를 만들고 이어갑니다.
놀이는 배움의 방식, 과정입니다.
영유아는 놀이하며 배웁니다.
놀이하는 유아는 유능합니다.

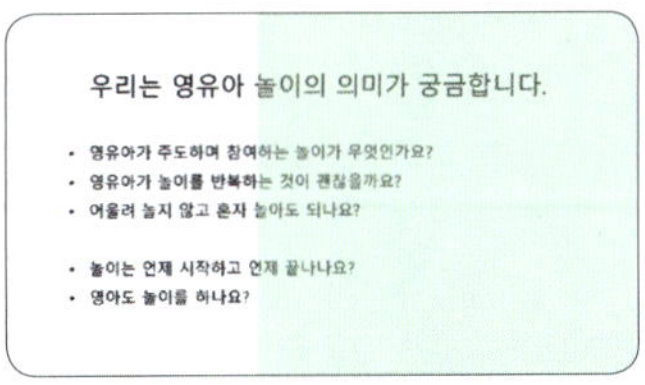
우리는 영유아 놀이의 의미가 궁금합니다.
• 영유아가 주도하며 참여하는 놀이가 무엇인가요?
• 영유아가 놀이를 반복하는 것이 괜찮을까요?
• 어울려 놀지 않고 혼자 놀아도 되나요?
• 놀이는 언제 시작하고 언제 끝나나요?
• 영아도 놀이를 하나요?

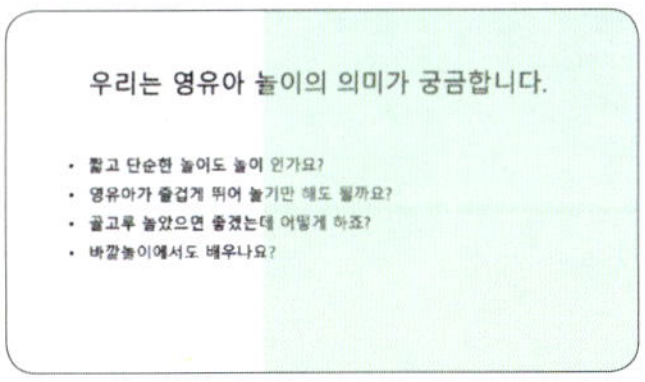
우리는 영유아 놀이의 의미가 궁금합니다.
• 짧고 단순한 놀이도 놀이 인가요?
• 영유아가 즐겁게 뛰어 놀기만 해도 될까요?
• 골고루 놀았으면 좋겠는데 어떻게 하죠?
• 바깥놀이에서도 배우나요?

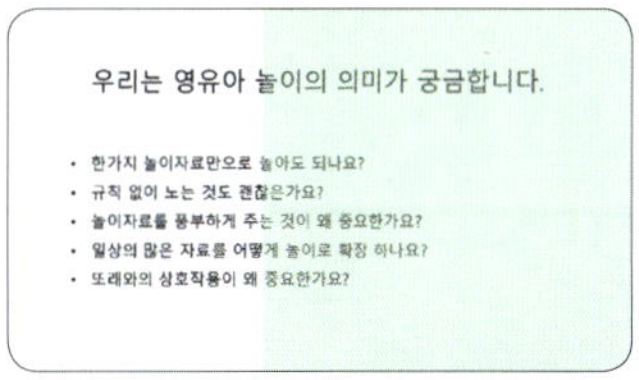
우리는 영유아 놀이의 의미가 궁금합니다.
• 한가지 놀이자료만으로 놀아도 되나요?
• 규칙 없이 노는 것도 괜찮은가요?
• 놀이자료를 풍부하게 주는 것이 왜 중요한가요?
• 일상의 많은 자료를 어떻게 놀이로 확장 하나요?
• 또래와의 상호작용이 왜 중요한가요?

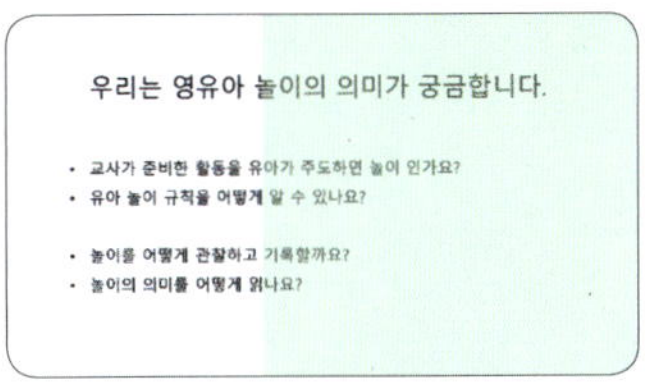
우리는 영유아 놀이의 의미가 궁금합니다.
• 교사가 준비한 활동을 유아가 주도하면 놀이 인가요?
• 유아 놀이 규칙을 어떻게 알 수 있나요?
• 놀이를 어떻게 관찰하고 기록할까요?
• 놀이의 의미를 어떻게 읽나요?

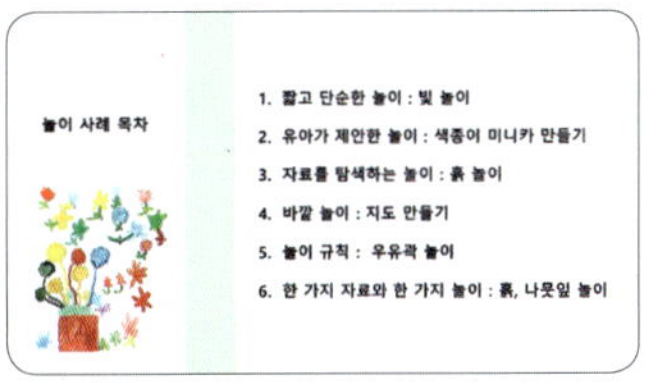
놀이 사례 목차
1. 짧고 단순한 놀이 : 빛 놀이
2. 유아가 제안한 놀이 : 색종이 미니카 만들기
3. 자료를 탐색하는 놀이 : 흙 놀이
4. 바깥 놀이 : 지도 만들기
5. 놀이 규칙 : 우유곽 놀이
6. 한 가지 자료와 한 가지 놀이 : 흙, 나뭇잎 놀이

짧고 단순한 놀이
빛을 이용한 매체 놀이

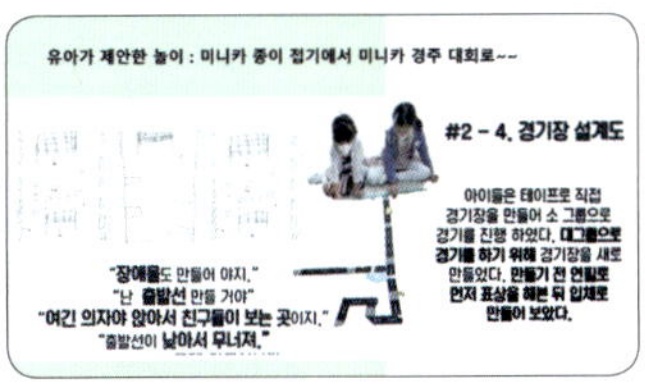
유아가 제안한 놀이 : 미니카 종이 접기에서 미니카 경주 대회로~~
#2 - 4. 경기장 설계도
아이들은 테이프로 직접
경기장을 만들어 소 그룹으로
경기를 진행 하였다. 대그룹으로
경기를 하기 위해 경기장을 새로
만들었다. 만들기 전 연필로
먼저 표상을 해본 뒤 입체로
만들어 보았다.
"장애물도 만들어 야지."
"난 출발선 만들 거야"
"여긴 의자야 앉아서 친구들이 보는 곳이지."
"출발선이 낮아서 무너져."

자료를 탐색하는 놀이
흙의 유연한 성질을 탐색하고
그것을 이용한 놀이 발견하기

바깥 놀이
어린이집 주변의 길과 공원, 엘
리스 숲길 (아이들이 지은 이름)
을 자주 산책하는 활동은 아이
들에게 어떤 의미가 있을까?

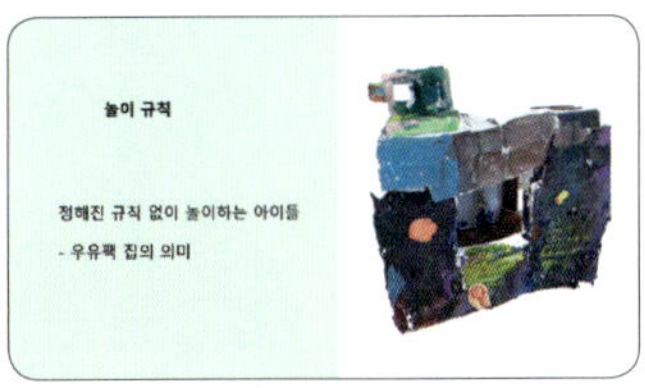
놀이 규칙
정해진 규칙 없이 놀이하는 아이들
- 우유팩 집의 의미

한 가지 자료와 한가지 놀이
가을 나뭇잎을 교실로
가져와 탐색한다.
나뭇잎을
부수고,
빻고,
가루를 만드는 놀이에
몰두하는 어린이들

0000 교직원들은
유아의 자유롭고
자발적인 참여를 도우며
놀이에 몰입하고
그 과정 속에서 즐거움을 얻을 수 있도록
노력하고 있다.

PART 2

〈멋진 건축물을 만나다〉
성 건축물 표상

디지털 미디어를 활용한 놀이 사례

1. 영아
2. 유아

CHAPTER

1

영아

〈빛과 놀이 그리고 우리들의 상상〉
놀이사진

0세 – OHP 〈생명 있는 빛과 그림자〉

1세 – 빔프로젝터 〈교실 속에 들어온 바다〉

– 빔프로젝터, 스토리빔 〈빛과 놀이 그리고 우리들의 상상〉

2세 – 구글(증강현실), 크롬 뮤직랩, 태블릿PC 〈유토와 만난 공룡〉

– 웹캠, 빔프로젝터, 네이버 그린닷, 태블릿PC, 노트북 〈자연과 만나요〉

생명 있는 빛과 그림자

지원된 디지털 미디어 활용: OHP

만 0세

손전등의 빛을 경험한 영아들에게 OHP를 지원하여 제한된 빛의 크기를 조절해서 놀이할 수 있도록 하였다. 영아들은 손전등과 같이 작은 불빛의 움직임도 흥미로워했지만 OHP에서 큰 화면으로 지원된 그림자를 이용한 놀이를 하면서 벽면에 나타났다 사라졌다 하는 그림자를 더 흥미로워하며 놀이를 이어나갔다. 그림자에 어울리는 음악을 지원하면 음악과 그림자의 느낌을 오감으로 느낄 수 있을 것으로 기대한다.

놀이의 흐름

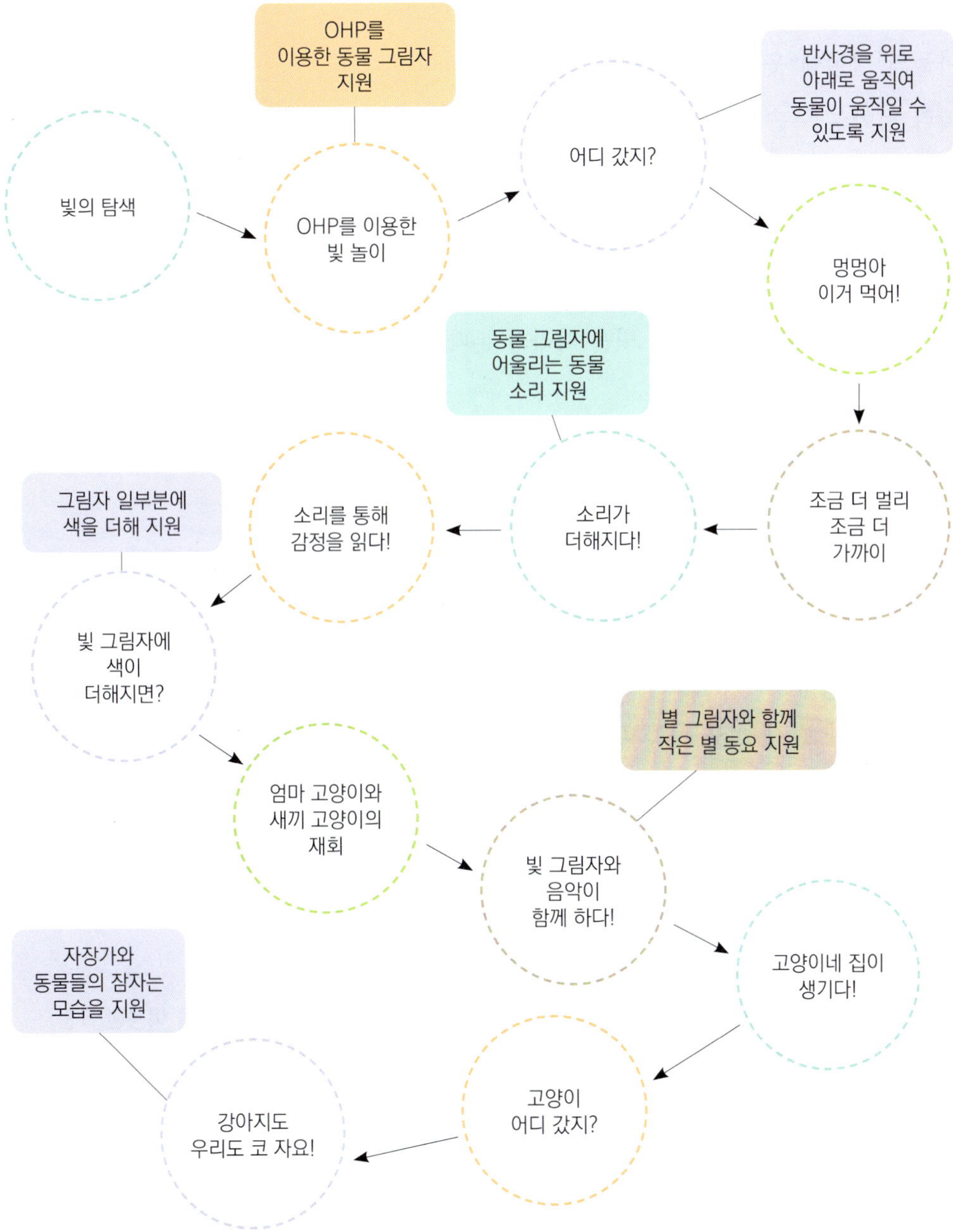
OHP를
이용한 동물 그림자
지원
반사경을 위로
아래로 움직여
동물이 움직일 수
있도록 지원
빛의 탐색
OHP를 이용한
빛 놀이
어디 갔지?
멍멍아
이거 먹어!
동물 그림자에
어울리는 동물
소리 지원
그림자 일부분에
색을 더해 지원
소리를 통해
감정을 읽다!
소리가
더해지다!
조금 더 멀리
조금 더
가까이
빛 그림자에
색이
더해지면?
별 그림자와 함께
작은 별 동요 지원
엄마 고양이와
새끼 고양이의
재회
빛 그림자와
음악이
함께 하다!
고양이네 집이
생기다!
자장가와
동물들의 잠자는
모습을 지원
고양이
어디 갔지?
강아지도
우리도 코 자요!

빛의 탐색

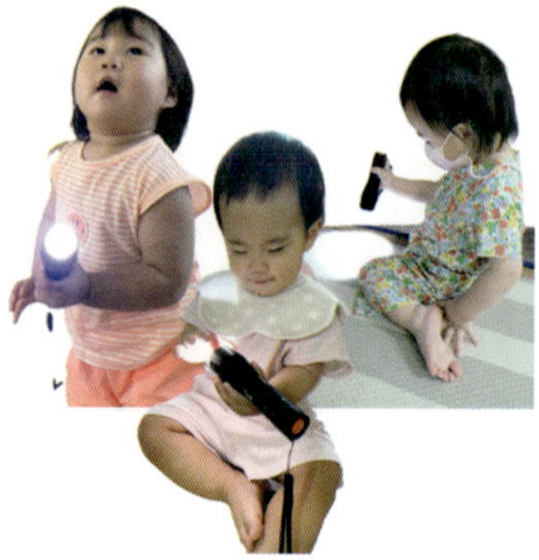

지원된 손전등을 잡고 교실 이곳저곳을 탐색하는 영아들의 얼굴엔 웃음이 가득하다. 교실에 나타난 빛을 따라 영아들은 손으로 잡아보고, 발로 밟아보며 자꾸 도망가는 빛을 탐색해 본다. 입안에 쏙- 한입 먹어보는 모습을 보이기도 하고, '선생님도 먹어보세요!'라고 이야기하듯 교사의 손에도 불빛을 비춰주는 모습이다. 여기저기 손전등을 비춰보며 빛을 따라가 본다.

OHP를 이용한 빛 놀이

OHP 위에 동물 그림자 종이를 올려 영아들이 동물 그림자를 더 크고, 가까이서 탐색할 수 있도록 제공해 주었다. 벽면에 비친 동물 그림자를 반가운 듯 두드리기도 하고, 손을 흔들며 인사하기도 하고, 강아지 그림자를 가리키며 "멍멍" 하고 울음소리를 흉내 내는 모습을 보이기도 한다.

- **교사의 지원:** 손전등에서 나오는 불빛에 관심이 있는 영아들에게 OHP의 빛을 이용한 그림자 놀이를 할 수 있도록 동물 그림자를 지원하였다. 영아들은 기기 자체보다 빛과 사물의 움직임에 관심이 많아 기기를 영아들의 손에 닿지 않는 안전한 곳에 설치하여 놀이하였다.
- **OHP:** 오버헤드 프로젝터(overhead projector: OHP, 오버헤드영사기)는 관중에게 그림을 보여주는 데 쓰이는 디스플레이 시스템이다. 그림을 보여주려면 OHP 시트를 렌즈 위에 두면 반사경을 통해 내용이 표시된다.

어디 갔지?

그림자만 보고도 강아지라고 인식하는 영아들은 강아지 그림자를 보며 "멍멍" 하고 소리를 낸다. 벽면에 비친 강아지 그림자가 사라지자 교사와 벽면을 번갈아 바라보며 그림자가 비쳤던 벽면을 두드리는 모습을 보인다. 벽 속으로 사라졌다고 생각하는 영아들이다.

멍멍아 이거 먹어!

교사가 OHP 위에 있는 강아지 그림을 움직이며 텐트 그림자 속에 숨었다가 나타나길 반복하자 '까꿍놀이'를 하듯 높고 큰 소리로 웃으며 영아도 텐트 속에 숨었다가 나오길 반복하는 모습을 보인다. '예쁘다~' 하듯 강아지 그림자를 쓰다듬기도 하고 과일 모형과 블록을 들고 와 강아지 그림자 입에 넣어 준다.

조금 더 멀리 조금 더 가까이

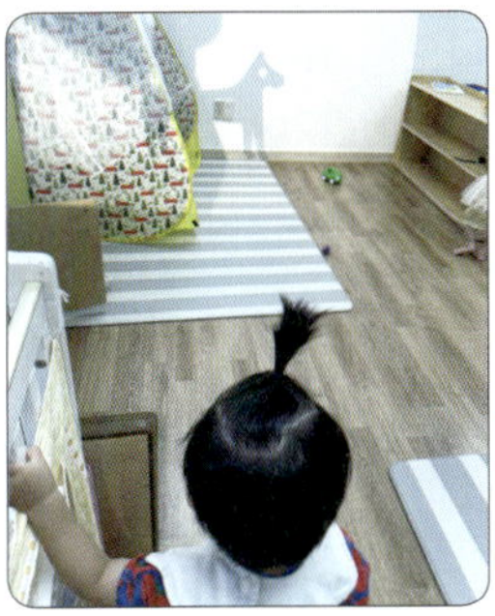

코끼리 그림자를 높이 올려 주었더니 코끼리를 보기 위해 고개를 들었다가 뒤쪽으로 이동하여 관찰한다. 앞에서 볼 때와 달리 멀리서 볼 때 그림자가 잘 보인다고 생각한 것인지 영아의 이러한 행동은 몇 번씩 반복되었다. 어린 영아들도 자신의 몸을 조절해서 측정하며 놀이하고 있다는 것을 깨닫게 된다.

- **교사의 지원:** 그림자를 지속해서 보여주는 것이 아니라 잠시 꺼 두거나 위쪽이나 아래쪽으로 반사경을 움직여 지원하였다. 그림자가 보이지 않을 때는 벽 속에 숨었다고 생각하는지 벽을 두드리는 영아의 모습을 볼 수 있었고, 그림자가 위로 올라갈 때는 자신의 몸을 조절하여 잘 보이는 방법을 체득하는 모습을 볼 수 있었다.

소리가 더해지다!

그림자에 강아지 울음소리를 더해서 크게 지원해 보았다. 영아들은 빛 그림자를 향해 모여들며 강아지를 가리키기도 하고 서로 "아아" "엄마" "어어" 등의 옹알이를 하면서 자신이 알고 있는 소리라는 듯 표현하는 모습을 볼 수 있었다. 귀여운 새끼 고양이 울음소리를 더 지원하였더니, 점프를 시도하듯 발을 동동 구르며 즐거워하는 모습을 볼 수 있었다.

- **교사의 지원 및 해석:** 다양한 동물 그림자에 이어 동물 울음소리를 함께 들려주면 어떨까 하는 생각으로 핸드폰으로 들려주었는데 영아들은 소리가 어디서 나는지 두리번거리다가 교사 핸드폰에 집중하는 모습을 보였다. 이미 소리가 나오는 위치를 알고 빛 그림자가 아닌 소리에 집중하는 모습이었다. 지속적인 관찰을 위해 다양한 동물 울음소리가 나오는 소리를 제공하였더니 영아들은 흘러가는 소리처럼 느끼는 듯 소리에 대한 반응이 거의 없었다. 영아들에게 소리의 반응을 관찰하기 위해서는 제거해야 할 것도 있다는 것을 깨닫게 되었다.

소리를 통해 감정을 읽는다!

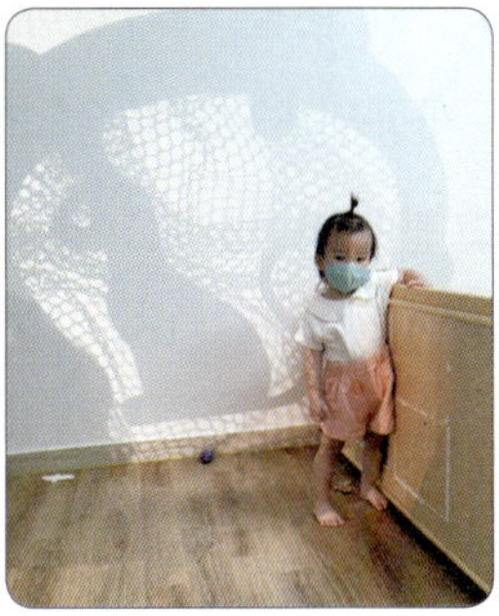

화가 난 고양이 울음소리도 함께 제공해 주었다. 화가 난 고양이 울음소리를 듣고 한 영아가 그 자리에서 '멈춤' 상태로 교구장을 붙잡고 서서 시선을 바닥에 향하고 움직이지 않는 모습이다. 달라질 것 없는 그림자에 소리만을 다르게 지원해주었더니 영아들은 고양이의 감정을 읽는다. "나 지금 갇혀 있어서 화가 났거든…."이라고 말하듯.

영아들의 감정 읽기는 눈으로 보는 것에 국한되지 않음을 깨닫게 되었다.

빛 그림자에 색이 더해지면?

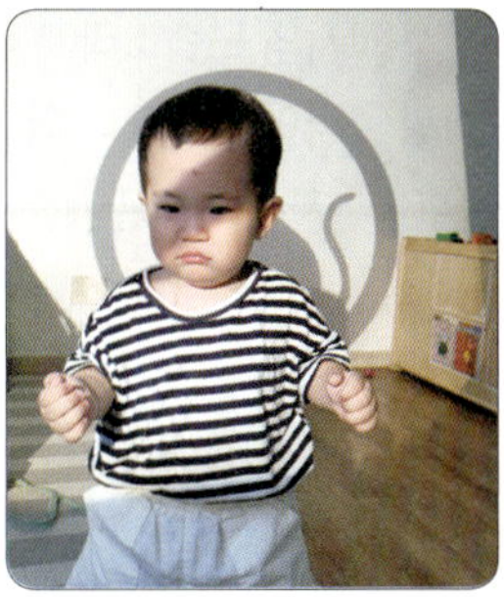

소리를 통해 감정을 읽을 수 있다는 것을 깨닫고 난 후, 그림자에 색을 넣어 주면 어떨까 하는 생각으로 고양이의 눈에 빨간색으로 색을 넣어 주었다. 영아들은 인사를 하려고 빛 그림자를 향해 몇 걸음 걷다가 빨간 눈 고양이 그림자를 보고 그냥 뒤돌아서 무거운 표정으로 빛 그림자를 등지고 나온다. 영아는 빛 그림자를 등지고 울먹울먹하더니 "으앙~" 울면서 교사에게 와서 안긴다. 소리에 이어 표정에 색을 입혔을 때도 감정을 느낄 수 있다는 것을 알 수 있었다.

엄마 고양이와 새끼 고양이의 재회

큰 고양이와 작은 고양이 빛 그림자를 함께 지원했다.

"고양이 눈은 어디 있나? 여기~"

"새끼 고양이 눈은 어디 있나?"

노래 부르니 영아가 빛 그림자에 다가가 새끼 고양이 눈을 가리킨다. 빛 그림자로만 제공된 크고 작은 그림자 중 작은 그림자가 새끼 고양이 그림자라고 손가락으로 콕 짚어 가리키는 모습이다. 영아들도 크고 작음에 대해서 자신의 경험을 비추어 엄마, 아기 또는 아빠, 아기라고 생각하는 것 같다.

- **교사의 지원 및 해석:** 고양이 빛 그림자의 크기를 달리하여 제시해 보았다. 빨간 눈을 두었을 때 무서워하는 영아들이 있어 눈도 친근한 표정처럼 느낄 수 있도록 눈동자를 만들어 제시하였더니 영아들이 무서워하지 않고 다가가는 모습을 볼 수 있었다. 특히, 작은 고양이를 보고 새끼 고양이라고 느꼈는지 교사의 노랫소리에 맞춰 새끼 고양이의 눈을 짚는 것을 볼 수 있었다. 엄마 고양이 옆에 새끼 고양이가 있으니 더 친근하게 느꼈을까? 눈의 표정뿐 아니라 새끼 고양이가 나타나 주어 엄마와 자신과의 관계를 생각하지 않았을까 싶다.

빛 그림자와 음악이 함께 하다 - 반짝반짝 작은 별

항상 마주 보고 있는 엄마 고양이와 새끼 고양이를 한쪽으로 돌려 비춰주었을 때, 영아들은 고양이의 시선을 쫓을 수 있을까 하는 의문으로 고양이의 시선 끝에 별을 놓아 주었다. 작은 별 동요를 틀어주었더니 두 손으로 반짝반짝을 표현하며 놀이하는 영아들이다.

• **교사의 지원 및 해석:** 별에 색을 입혀 지원해서인지 별에 관심을 보이는 영아들에게 작은 별 동요를 함께 지원했더니 반짝반짝을 표현하며 놀이하는 것을 볼 수 있었다. 영아들도 노랫말의 의미를 이해하는 것이 신기했다.

고양이네 집이 생기다!

고양이 그림자 옆에 집 모양 빛 그림자를 제시하였다. 그림자 앞에서 한참 동안 옹알이와 두드림을 반복하더니 집 그림자 옆을 두드리는 모습이다. 친구와 마주 보며 마치 '여기에도 집이 있었으면 좋겠어!'라고 서로의 의견을 나누는 듯 보였다. 집이라는 울타리가 있어서인지 영아들은 집 속에 갇힌 고양이가 밖으로 나와서 함께 놀이했으면 하는 모습이다.

고양이 어디 갔지? 고양이 춤추러~

등원 직후 벽면을 가리키며 교사에게 "어어!" 하고 이야기하는 영아들, 마치 "고양이 불러주세요!"라고 이야기하듯 재촉하는 모습이다. 고양이 그림자를 집 밖에 두어 지원해주었더니, 집 그림자 속에 손전등을 비춰보고, 손바닥으로 두드려본다. 고양이 그림자를 두드리며 "또꼬!"라고 이야기하는 영아, "친구가 왜 밖에 나와 있어요?"라고 질문하는 듯 보였다. 이때, 교사는 '고양이 춤' 클래식을 들려주었다. 익숙한 멜로디여서인지 영아들은 집 밖으로 나온 고양이를 쳐다보며 박자에 맞춰 손뼉을 치고 몸을 흔들며 춤을 춘다.

강아지도 우리도 코 자요!

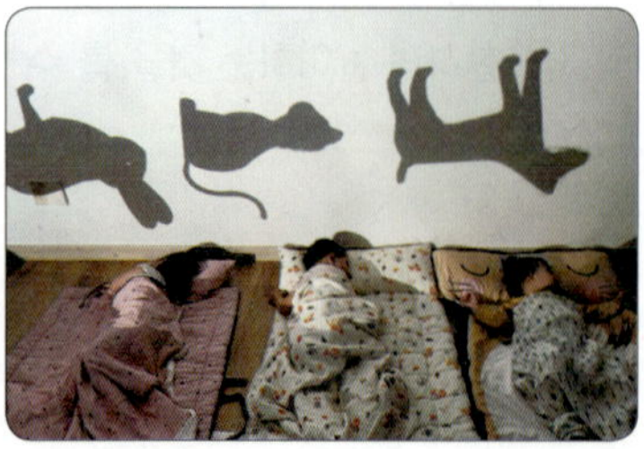

OHP가 켜지고 빛 그림자로 보이는 동물들을 반기는 영아들에게 그림자를 거꾸로 지원해 보았다. 한 영아가 거꾸로 된 그림자를 가리키며 긴 옹알이를 한다. 거꾸로 있는 강아지가 안쓰럽다고 생각한 것은 아닐까? 거꾸로 강아지에게 호기심 보이는 영아에게 평소 낮잠 시간에 들던 자장가를 지원해 보았다. 영아는 두 손을 모으고 눈을 감으며 "코자요~"라고 이야기하는 듯한 표현을 한다. 강아지를 뒤집어 제시했을 뿐인데 영아들은 잠을 자는 강아지를 상상하고 표현하는 것이 놀랍다. 아마도 익숙했던 자장가와 거꾸로 강아지의 모습이 낮잠을 연상하게 되었나 보다. 영아들도 상황에 따라 느낌을 다양하게 표현하고 감정을 표현할 줄 아는 것 같다.

- **교사의 지원 및 해석:** 빛 그림자를 어떻게 제시하느냐에 따라 영아들이 상상하고 표현하는 모습을 볼 수 있었다. 특히, 상황에 맞는 음악을 제시했을 때 영아들은 자신이 경험했던 것을 놀이 속에 표현하는 것을 볼 수 있었고 교사의 생각보다 다양한 감정을 느끼고 표현할 수 있다는 것을 깨닫게 된다.

교실 속에 들어온 바다

지원된 디지털 미디어 활용: 빔프로젝터

만 1세

빔프로젝터로 바다 영상과 파도 소리를 지원하였더니 바다 영상과 소리를 결합하면서 주변의 적합한 재료를 활용하며 바다 놀이로 이어졌다. 교사는 영상을 지원하지만 영아들이 영상을 부르는 시점을 포착하여 영상을 띄워줌으로써 자신이 바다를 부를 수 있다는 느낌을 갖게 하고 더불어 미디어를 활용하여 입체적인 느낌으로 놀이할 것으로 기대한다.

놀이의 흐름

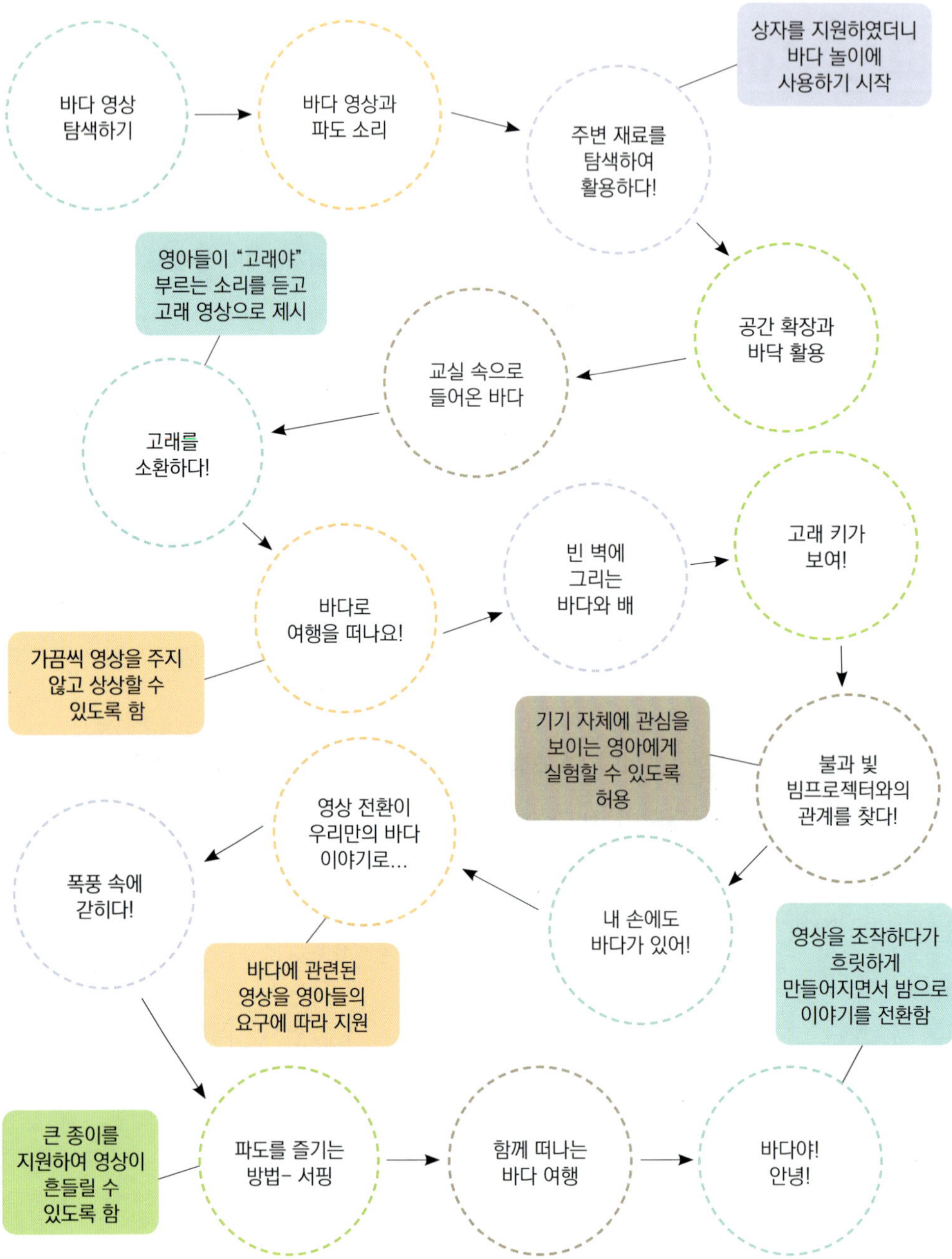
바다 영상 탐색하기
바다 영상과 파도 소리
주변 재료를 탐색하여 활용하다!
상자를 지원하였더니 바다 놀이에 사용하기 시작
공간 확장과 바닥 활용
교실 속으로 들어온 바다
영아들이 "고래야" 부르는 소리를 듣고 고래 영상으로 제시
고래를 소환하다!
바다로 여행을 떠나요!
가끔씩 영상을 주지 않고 상상할 수 있도록 함
빈 벽에 그리는 바다와 배
고래 키가 보여!
불과 빛 빔프로젝터와의 관계를 찾다!
기기 자체에 관심을 보이는 영아에게 실험할 수 있도록 허용
내 손에도 바다가 있어!
영상 전환이 우리만의 바다 이야기로...
바다에 관련된 영상을 영아들의 요구에 따라 지원
폭풍 속에 갇히다!
파도를 즐기는 방법- 서핑
큰 종이를 지원하여 영상이 흔들릴 수 있도록 함
함께 떠나는 바다 여행
바다야! 안녕!
영상을 조작하다가 흐릿하게 만들어지면서 밤으로 이야기를 전환함

바다 영상 탐색하기

교실 빈 벽에 빔으로 바다 영상을 틀어주었더니 영아가 "악어! 악어!"라고 이야기하며 바다 영상과 생물을 연결해 놀이하기 시작하였다. 실제로 악어가 있었던 것은 아니나 바닷속에 악어가 살 것으로 생각한다면 바다 영상과 생물을 연계하여 놀이할 수 있도록 확장하면 어떨까 하는 생각이 들었다.

바다 영상과 파도 소리

바다 영상과 파도 소리만 제공해 주었는데도 영아들은 악어가 나타났다며 바다 영상의 한 부분을 가리키며 "여기"라고 이야기하며 웃는다. 악어를 찾는 듯 바닥을 기어 다니며 악어 흉내를 내고 책상 밑을 살피는 모습을 보이는 영아들의 모습을 보며 영상과 소리 속에서 악어를 소환하고 상상하며 놀이한다는 것을 알 수 있었다.

주변 재료를 탐색하여 활용하다!

빔을 통해 벽에 비치는 바다를 바라보던 영아가 교실에 있던 상자를 가져와 안으로 들어간다. 다른 영아는 상자에 끈을 잡아당기기도 하고 화면 앞으로 상자를 끌고 이동하는 모습을 보인다. 상자에 바다 영상이 드러나자 여러 영아가 상자 곁으로 몰려와 서로 잡아주고 끌면서 바다로 항해를 하듯 놀이를 한다. 영아들도 공동의 목표와 이슈를 가지면 함께 놀이하는 것이 얼마든지 가능하다는 것을 보여주는 것 같다.

공간 확장과 바닥 활용

바닥에 흰 종이를 깔아 공간을 조금 더 확장하여 놀이할 수 있도록 지원하였더니 벽면뿐 아니라 흰 종이에 비친 바다 영상과 블록에 새겨진 영상으로 몰입도가 훨씬 높아졌다. 신기하게도 영아들은 흰 종이가 깔린 곳을 더 넘어서지 않으며 스스로 경계를 지으며 놀이한다.

바닥에 깔린 종이와 벽면에 흔들리는 바다 영상이 진짜 바다인 것처럼 말이다.

교실 속으로 들어온 바다

영상의 지점을 바닥까지 내린다면 영아들은 어떻게 놀이할까? 해변을 상상할 수 있는 영상과 낚시 놀이 도구들을 지원해 보기로 했다. 영아들은 바닷가에 낚시하러 온 듯 뜰채에 물고기를 담기도 하고 벽돌 블록 사이사이에 물고기를 숨겨 놓고 물고기를 잡는다.

블록과 벽면에 출렁이는 바닷물이 교실 안으로 밀려들어 온 듯 영아들의 낚시 놀이는 교실 속 바닷가에서 신이 난다. 가끔 그물에 걸린 물고기를 잡기도 하고 배가 사라진 자리에서 “배 갔어. 아빠가”라고 이야기하며 친구들과 함께 벽에 붙어 서서 손을 흔들기도 하고 벽을 두드리기도 한다. 저 멀리 사라져간 배에 아빠가 타고 있기에 다시 등장할 배에는 아빠가 다시 돌아올 것이라는 기대를 하게 하는 것 같다.

고래를 소환하다!

바다 영상을 띄워주자 한 명의 영아가 "고래야 빨리 와~~"라고 이야기한다. 다른 영아들도 이에 질세라 "고래야~"라고 외친다. 고래와 악어를 바다에 사는 생물이라고 느끼는 듯했다. 영아들이 이야기한 고래를 영상으로 틀어주면 어떻게 놀이할까 하는 생각으로 고래 영상을 틀어주었다. 그리고 다시 바다 영상으로 되돌아 왔더니 지난번 배가 사라진 것처럼 고래도 바다 어딘가에 있을 것이라고 상상한 것인지 사라진 벽면에 가까이 다가가 "고래야~"를 외치며 고래를 찾는 모습이다. 영상만 바꾸어 제시해 줄 뿐인데 영아들은 이미 바다 여기저기를 여행한 듯하다.

- **교사의 지원:** 영아들이 "고래야!" 부르는 소리를 듣고 교사가 바닷가에서 바닷속 고래 영상으로 바꾸어 제시하였다. 영아들은 자신이 원했던 고래가 벽 화면에 등장하자 바다와 고래를 연결하고 자신이 원하면 고래를 불러낼 수 있다고 상상할 수 있게 되면서 놀이가 바다에서 바닷속까지 확장되었다.

*빔프로젝터는 움직임이 있는 영상뿐 아니라 소리, 화면의 전환이 손쉬워 영아들이 관심 있는 것을 빠르게 지원해 줄 수 있는 매체이다.

바다로 여행을 떠나요

흰 블록을 놀이 공간에 함께 제시해 주었더니 영아들은 블록을 높게 쌓기도 하고 길게 늘이기도 하면서 놀이가 이어진다. 때론, 블록에 비친 영상에, 작은 바다가 만들어지기도 하고 높이 쌓은 블록에는 커다란 바다가 담기기도 한다. 블록뿐 아니라 친구의 팔에도 얼굴에도 새겨지는 바다는 그곳이 바다임을 더욱 분명히 하는 것 같다. 영아들

의 바다에 대한 흥겨움을 더하기 위해 '고래의 꿈' 노래를 함께 틀어주었더니 영아들은 고래가 사라진 화면에서도 노래를 부르며 고래와 함께임을 표현하는 것 같다. 그리고 길게 늘여진 블록은 영아들 하나하나를 태우고 어디론가 떠난다. 교사에게 손을 한껏 흔들면서…

"얘들아 어디 가니?"
"바다 보러 가요~"

빈 벽에 그리는 바다와 배

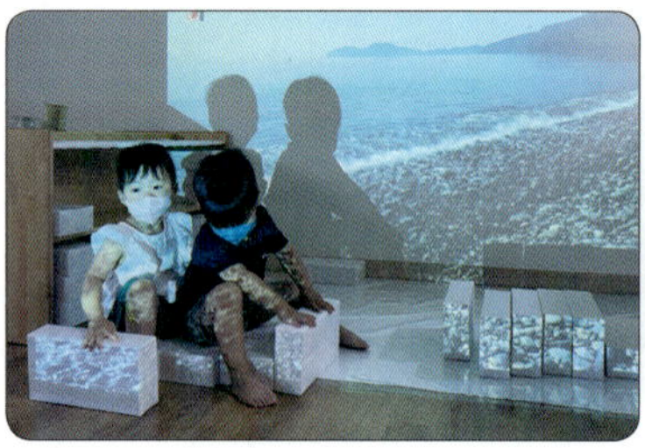

벽에 아무것도 나타나지 않자 또래와 함께 흰 블록을 쌓고, 그 위에 함께 앉아 본다. 자갈밭과 바다 영상을 틀어주자 흰 블록의 표면에 비치는 자갈밭을 보며 "우와!" 하고 신기하게 바라본다. 잠시 후 블록 위에 앉은 채로 무언가를 타고 가는 흉내를 낸다.

"이게 뭘까요?"
"배예요."

- **교사의 지원:** 때때로 영상을 주지 않고 상상하며 놀이할 수 있는 시간을 주기도 한다. 영아들은 매번 나왔던 바다가 어디로 갔는지 살피기도 하고 상상하면서 바다를 찾으러 가기 위한 전략을 세우기도 한다.

*빔프로젝터의 영상을 바꾸어주자 블록에 비치는 바닷속을 바라보며 블록에 맺힌 상을 이용한 놀이로도 연계가 된다. 평면의 화면이지만 블록을 이용했을 때 좀 더 입체적인 바다를 만들 수 있다는 것을 영아들이 놀이를 통해 배운다.

고래 키가 보여!

한 영아가 고래 영상으로 다가가 양팔을 벌리고 선다.

고래의 크기를 말하고 싶은 것인지 양팔을 고래 앞에 벌리고 서서 크기를 재 보는 흉내를 낸다. 자신이 경험하는 신기한 느낌을 교사에게도 느끼게 해 주고 싶은지 한동안 고래 앞에서 이리저리 움직이며 자신의 팔을 있는 힘껏 늘이는 영아의 모습을 볼 수 있었다.

영상을 가지고 상상 놀이만 일어날 수 있다고 생각했는데 어린 영아들이라도 놀이 속에서는 다양한 측정과 비교, 관계, 연관성 등을 스스로 찾아내며 놀이하는 것이 신기하다.

"선생님! 고래 키가 보여!"

"고래 키가 보여?"

불과 빛, 빔프로젝터와의 관계를 찾다!

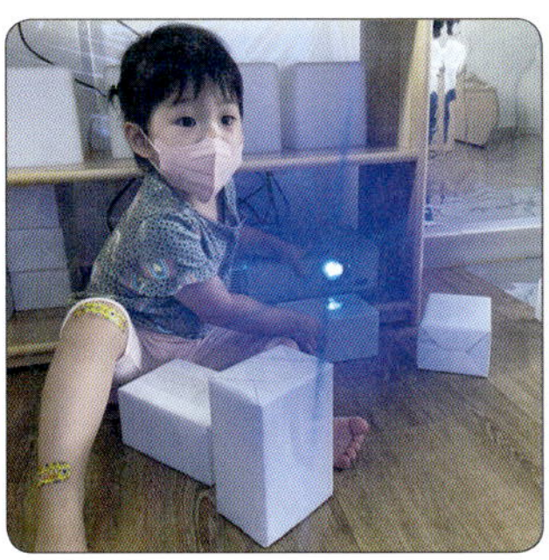

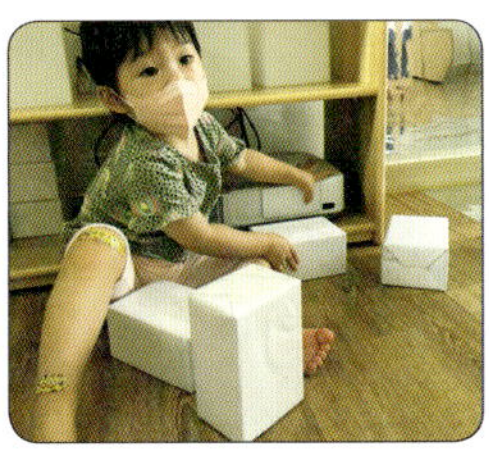

영아들의 흥미가 다른 놀이로 옮겨가 불을 켜주었다. "선생님! 불 꺼주세요! 고래 안 보여요!"라고 말한다. 다시 불을 꺼주자 잠시 고래를 바라보다가 빔프로젝터로 관심이 향한다. 또래와 함께 빛이 나오는 부분을 가리고 앉아 "고래 없어졌네!" 하고 말한다.

"고래가 어디로 갔지요? 어떻게 하면 고래가 다시 나타나 줄까?" 하자 살짝 몸을 비켜 "고래 있네!" 하고 웃다가, 다시 제자리로 돌아가 빛을 가린다.

- **교사의 지원:** 빔프로젝터 기기 자체에 관한 관심을 보이는 영아들이 있어 이를 제지하지 않고 실험할 수 있도록 허용하였다.

*영상에 집중했던 영아들이 빛이 어디서 나오는지 빛과 영상과의 관계는 어떠한지 실험하는 모습이 관찰되었다. 기계에 관한 관심은 영상이 어떻게 하면 나타나고 사라지는지 불을 켰을 때 영상이 왜 잘 보이지 않는지를 실험해 보고 있다는 것을 깨닫게 되었다. 간혹 이러한 실험들이 영상을 가지고 놀이하는 다른 영아들에게 피해를 주지 않을까 걱정했지만, 영아들은 이러한 관계를 알고 나서 자신이 바다나 고래를 소환할 수 있다는 자신감을 느끼게 되는 계기가 되기도 했다.

내 손에도 바다가 있어!

영아들이 "고래야~" 부르는 소리에 교사가 빔을 틀어 바다를 비춰주자 영상 가까이 다가가 고래를 찾는 모습을 보인다. 교사도 영아들과 함께 고래를 찾아본다. 그러자 바다 영상 한쪽을 가리키기도 하고 흰 블록을 쌓는다.

"고래가 여기 숨어 있어."
"이것 봐, 여기 바다가 있어."
"내 손에도 바다가 있어."

영상 전환이 우리만의 바다 이야기로…….

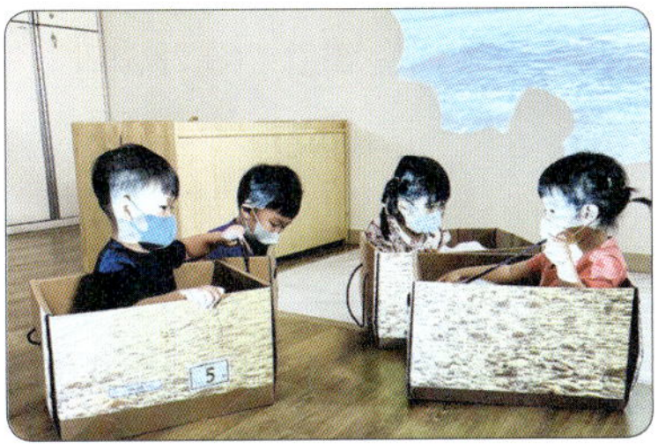

영아들이 영상이 나오는 벽 앞에 종이 상자를 가져와 타고 있는 모습을 보인다.

"지금 뭘 타고 있는 거예요?"

"배야. 배."

"배 타고 어디 가는 거예요?"

"바다가 없어."

바다 영상을 비춰주자 다시

"고래, 고래."

"친구들하고 배 타고 고래 잡으러 가는 거예요?" 하자 고개를 끄덕이며 화면을 가리킨다.

"고래가 없어."라고 하며 인상을 찌푸린다.

"바닷속에 고래가 숨어 있을까?"라는 말에 영아들은 화면 앞으로 가까이 다가가 두리번거리며 고래를 찾는다. 한참을 찾아봐도 고래가 보이지 않는다.

"고래야~~ 고래야!~~"

"선생님 고래가 안 와."

교사가 다시 고래의 영상을 보여주자

"고래 나왔다. 고래가 커. 고래 잡았다." 하며 화면 앞으로 다가가 손으로 고래를 잡는 모습을 보인다. 그리고 주먹을 꼭 쥐고 교사 앞으로 다가와 고래라며 조심스럽게 교사의 손에 고래를 담아 준다.

- **교사의 지원:** 바다에 관련된 영상을 바꿀 때 영아들의 요구에 따라 영상을 바꾸게 되자 영아들의 놀이에 이야기를 만들게 되고 놀이가 맥락 있게 이어감을 볼 수 있었다.

*고래를 소환하는 장면에서는 '고래야~'라는 언어의 통일을 주어 부르면 나올 수 있도록 하였더니 영아들이 바다 장면에서 고래를 보고 싶을 때 어디에 숨어 있는지 찾기도 하고 고래가 사라질까 얼른 손에 잡아 교사에게 주기도 한다.

폭풍 속에 갇히다

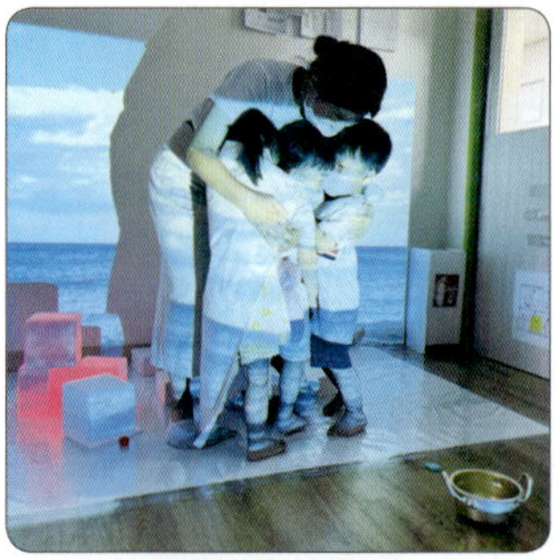

교사가 흰 종이를 펼쳐 벽면 영상 앞에 제시하였다.

"여기에도 바다가 있어요."
"바람이 부는 건가? 바다가 흔들리고 있어요."
"바람을 막아 주는 거예요?"
"우리 친구들이 바닷속으로 들어가고 있어요."

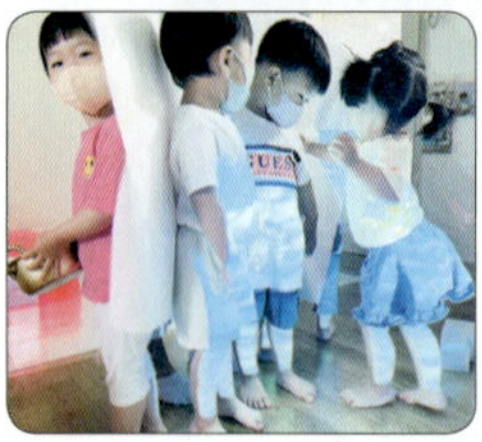

영아들이 웃으며 종이 속으로 들어간다. 다시 고래 영상을 펼쳐진 종이 위에 담자 영아들이 모여들어 종이로 영아들을 감싸 쥐자 한 영아가 물러서며 말한다.

"무서워요."

영아들은 교사의 품에 안겨 무서움을 달래고 있지만, 종이의 흔들림에도 폭풍에 휘몰아친 모습을 상상하고 놀이하는 순수한 모습에 웃음이 난다.

파도를 즐기는 방법 - 서핑!!

영상을 보여달라고 재촉하는 영아들이지만 영상을 보자 시큰둥한 모습이다. 교사는 영아들이 흰 블록 위에 서서 놀이하는 모습을 보고 서핑하는 영상을 틀어주었다. 영아들도 따라서 블록 위에 올라선 채 몸을 좌우로, 손을 위아래로 움직이며 마치 파도를 느끼는 듯한 모습

을 보인다.

“와~~ 큰 파도가 오고 있어요. 물에 빠지지 않도록 중심을 잘 잡아야 해요.”라는 교사의 이야기에 영아는 발에 힘을 주어 몸의 중심을 잡는 흉내를 내본다. 서핑이 끝나자 왠지 모를 뿌듯함과 자신감이 가득한 표정으로 폴짝 뛰어 바닥으로 내려온다.

- **교사의 지원:** 빔프로젝터에서 나오는 영상은 움직임과 소리를 지원하지만, 입체로 놀이할 수 있는 데 한계가 있다. 교사는 이를 입체적인 느낌을 주기 위해 큰 종이를 지원하여 바다가 흔들리는 모습을 재현하고자 하였고, 흥미가 떨어질 즈음 영아들에게 새로운 서핑 영상을 지원하여 놀이 흥미를 지속할 수 있도록 하였다.

*4D : 3D에 다른 하나의 기술이 더해졌다는 의미로 감각적인 요소가 가미된 것이다. 기존 빔프로젝터에서 출력되는 2D 영상에 종이 블록이나 각종 놀이 도구들, 종이 등을 지원하여 입체적인 효과뿐 아니라 감각적인 부분도 함께 느낄 수 있다.

함께 떠나는 바다 여행

커다란 배를 쌓다 보니 한쪽이 튼튼해도 한쪽이 무너져 배가 완성되지 않는 현상이 반복된다.

“우리 배가 완성되어야 바다에 사는 친구들을 만나러 갈 수 있을 텐데!”

그때, 한 영아가 자신이 앉아 있던 블록을 향해 외친다.

“기차야~~ 칙칙폭폭!”

마치 기차가 나타나 주길 바라는 듯하다.

다른 영아는 한 걸음 떨어진 곳에 자신만의 작은 배를 다시 만들기 시작한다. 큰 배보다 작은 배를 만드는 게 더 수월하다는 것을 안 걸까? 저마다 만드는 모습과 방법은 달라도 함께 떠나는 바다 여행에는 동의한 듯하다.

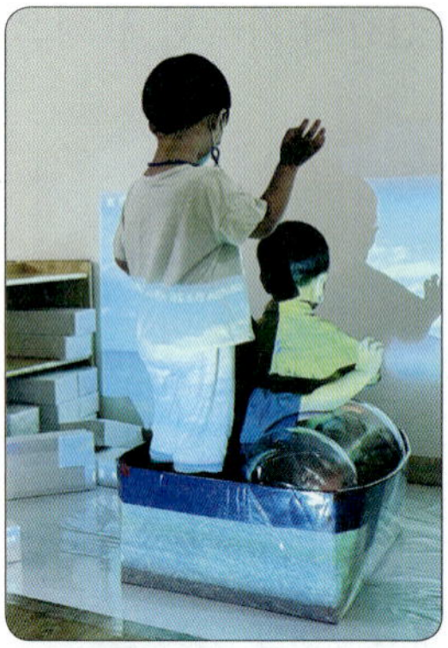

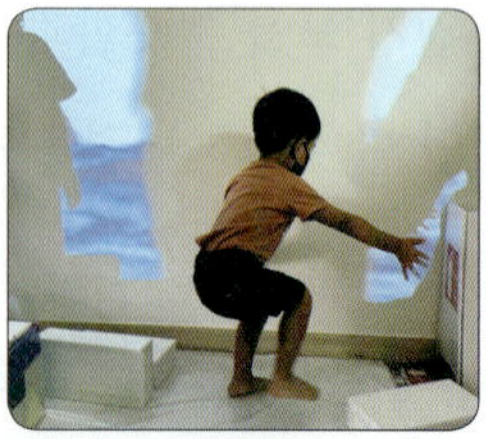

바다야 안녕~

영아의 빔 조작으로 바다 영상이 흐릿해진다.

"벌써 밤이 되었어요."

"이제 우리는 집으로 돌아가야 할 거 같아요."

영아들이 다시 상자 배에 오르고 바다를 향해 손을 흔들어 준다.

"바다야 안녕~"

아쉬움이 가득한 목소리로 인사를 한다. 영상을 통해 만난 바다와 바닷속 세상, 그리고 고래와 상어의 모습이 영아들에게는 좋은 기억으로 남았길 기대한다.

- **교사의 지원:** 빔프로젝터 조작에도 관심이 많았던 영아에게 이를 허용해 주었다. 영상이 흐릿해지는 지점에서 "밤이 되었어요."라고 이야기해 주어 영아들의 놀이가 자연스럽게 마무리될 수 있도록 하였다.

*블록에 맺힌 영상을 이용하여 입체로 거창하게 놀이하는 것은 어렵더라도 놀이 상황에 따른 영아들의 놀이 대처법이 훌륭하다. 배를 만들기 힘드니 기차를 만들어 함께 여행을 떠나자고 이야기를 하고 다른 또래들도 함께 놀이할 수 있도록 전환하는 것을 영아들이 직접 해낼 수 있다는 것이 놀랍다.

빛과 놀이 그리고 우리들의 상상

지원된 디지털 미디어활용: 빔프로젝터, 스토리빔

만 1세

우리 곁에서 언제나 만날 수 있는 빛은 영아들에게 어떤 흥미를 가져다줄까? 햇빛이 잘 들어오는 교실의 특성상 창가에 아크릴 색깔 블록을 올려주는 것을 시작으로 영아들의 빛 놀이를 따라가 보았다.

교실 안에서도 빛의 흥미를 이어가고자 손전등을 지원하였고, 영아들은 상상하고 놀이하며 다양한 탐색 과정을 보여주었다. 놀이의 주도권(빛 = 손전등)을 갖게 된 영아들이 빛을 어떻게 느끼고 상상하며 흥미 요소를 찾아내고 놀이를 이어가게 될지 기대된다.

| 놀이의 흐름 |

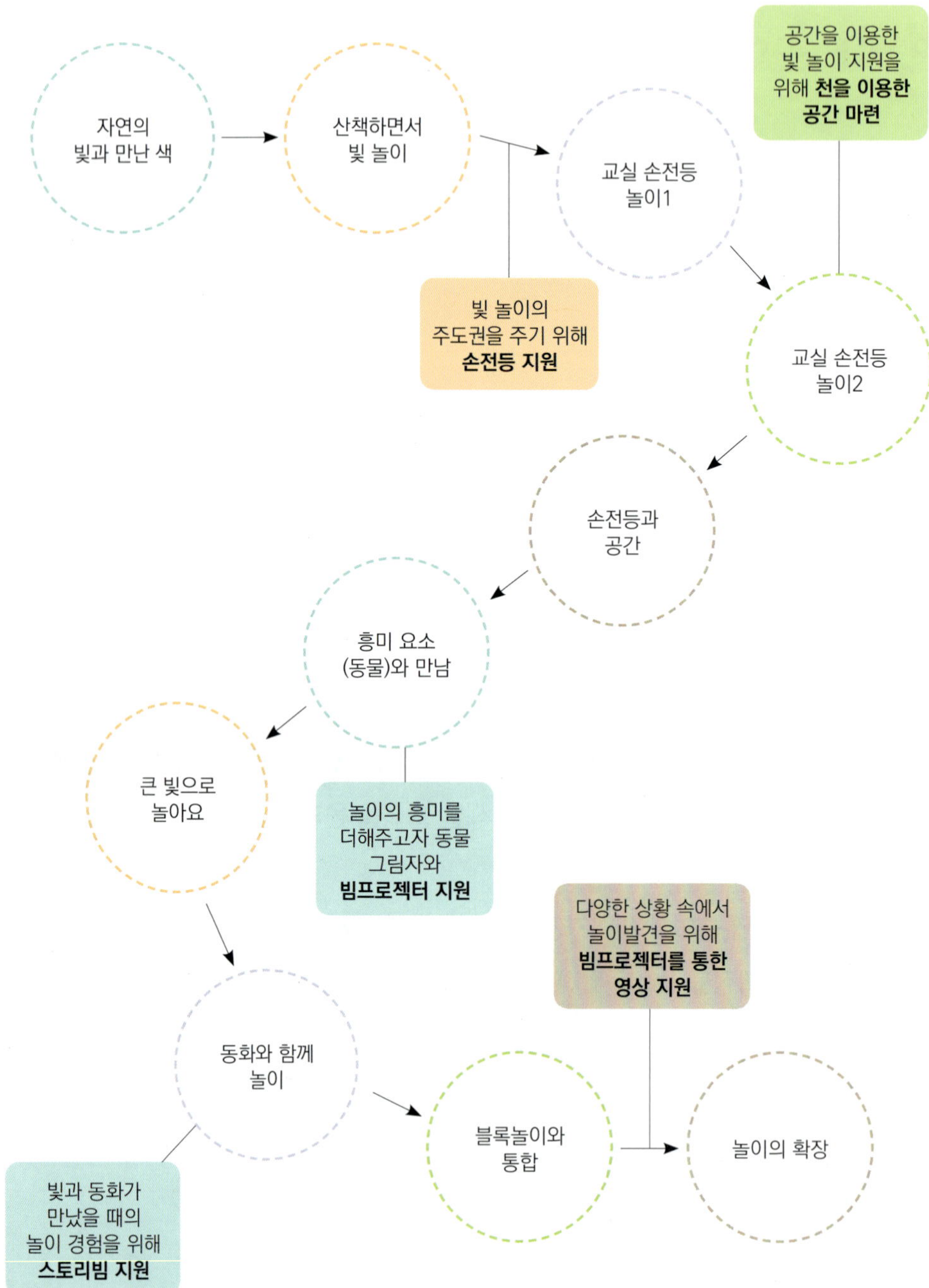
자연의 빛과 만난 색
산책하면서 빛 놀이
빛 놀이의 주도권을 주기 위해 **손전등 지원**
교실 손전등 놀이1
공간을 이용한 빛 놀이 지원을 위해 **천을 이용한 공간 마련**
교실 손전등 놀이2
손전등과 공간
흥미 요소 (동물)와 만남
놀이의 흥미를 더해주고자 동물 그림자와 **빔프로젝터 지원**
큰 빛으로 놀아요
동화와 함께 놀이
빛과 동화가 만났을 때의 놀이 경험을 위해 **스토리빔 지원**
블록놀이와 통합
다양한 상황 속에서 놀이발견을 위해 **빔프로젝터를 통한 영상 지원**
놀이의 확장

자연의 빛과 만난 색

학기 초 영아들의 빛에 대한 호기심을 자극하기 위해 교실 창가에 색깔 아크릴 블록과 셀로판지 그림들을 놓아주었다. 새아침반 교실은 창문이 크고 넓게 자리하고 있어서 교실 밖의 풍경은 교실의 한 일부분처럼 가깝게 느껴지는 환경이었고 그래서 더욱 자연을 교실로 끌어들이기 용이하였다.

산책하면서 빛 놀이

교실로 들어온 자연 빛에 대한 호기심을 직접 느낄 수 있도록 산책 나가서도 빛 놀이를 즐겼다. 색깔 돋보기는 빛과 만나 선명한 색을 나타내었고, 빛과 만난 그림자도 자연스럽게 발견하는 모습을 보였다.

- **교사의 지원:** 산책 후 빛에 대한 호기심이 많이 생긴 영아들을 위해 교실의 놀이시간에 손전등을 지원하였다. 영아들의 작은 손에도 꼭 쥐어지는 작은 손전등은 놀이의 주도권을 갖기에 충분하였고 스스로 빛을 이용한 다양한 탐색 과정을 만들어 갔다. 안전상의 큰 문제가 없다면 아무리 영아들이어도 놀이의 주도권을 줄 때 더욱 놀이의 적극성을 보이는 것을 알 수 있었다.

교실 손전등 놀이 1

들고 있는 놀잇감을 비추어 그림자 만들기, 놀잇감 한쪽만 비추어 빛의 유무를 확인하기, 높은 천장을 비추거나 어두운 교구장 뒤를 비추기, 교사들에게도 또는 자신의 얼굴에도 빛을 비추어 탐색하기 등 여러 놀이 모습의 영아들을 볼 수 있었다.

교실 손전등 놀이 2

손전등을 이용한 놀이의 즐거움이 더욱더 이어질 수 있도록 플라스틱 그릇, 여러 모양의 그림자 탐색판 등을 지원하였다.

홈이 파인 그림책은 손전등을 비추자 모양이 나타났고, 투명 컵이나 그릇들을 비추자 빛이 굴절되어 새로운 형상을 드러내었다. 영아들은 빛을 들고 교실 여기저기를 다니면서 자신의 시선이 닿는 곳마다 빛을 비추었다.

- **교사의 지원:** 영아들은 발달상 구멍이나 틈을 좋아한다. 교구장의 작은 공간만 생기면 자신의 몸을 구겨서 집어넣으려는 모습을 흔히 볼 수 있는 것도 이와 같은 맥락에서 해석할 수 있겠다. 만 1세 교실에 공간놀이를 지원하면 영아들의 발달에 맞는 흥미 요소가 놀이 요소가 될 수 있을 것으로 예상하며, 천을 이용한 공간을 마련해주기로 하였다. 이와 함께 손전등을 들고 놀이의 주도권을 가진 영아들의 놀이 확장도 기대하게 되었다.

손전등과 공간

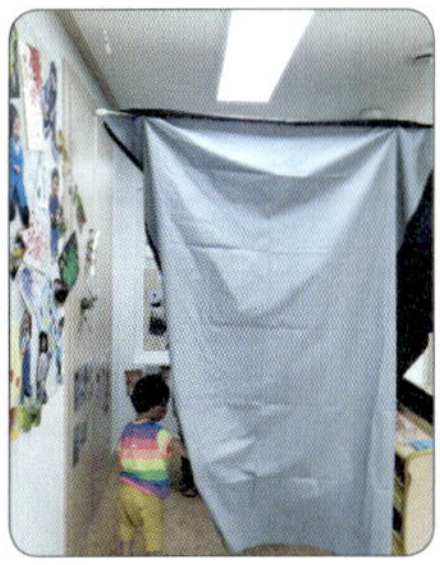
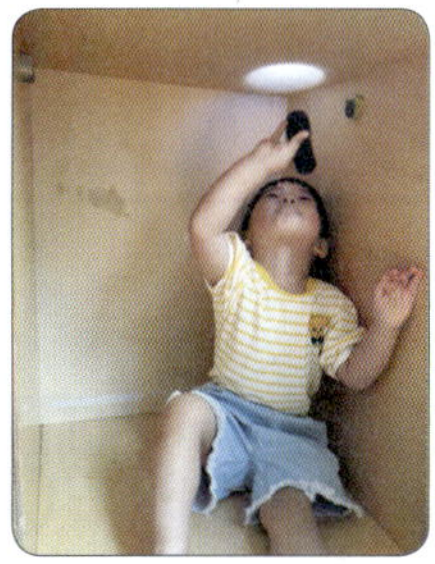

암막천을 교실에 내려주고 공간을 어둡게 만들어주었더니 손전등으로 안을 비추거나 암막천에 빛을 비추는 영아들이다. 이불장을 놀이 공간으로 제공하였더니 아늑한 공간 안에서 빛 놀이를 즐기고 있다.

흥미 요소(동물)와 만남

홈이 파인 그림자 책의 모양 중에 늑대 모양을 좋아하는 영아들의 모습이 관찰되어 늑대와 그 밖에 영아들이 좋아하는 동물들의 이미지를 손전등으로 비추는 놀이를 지원하였다.

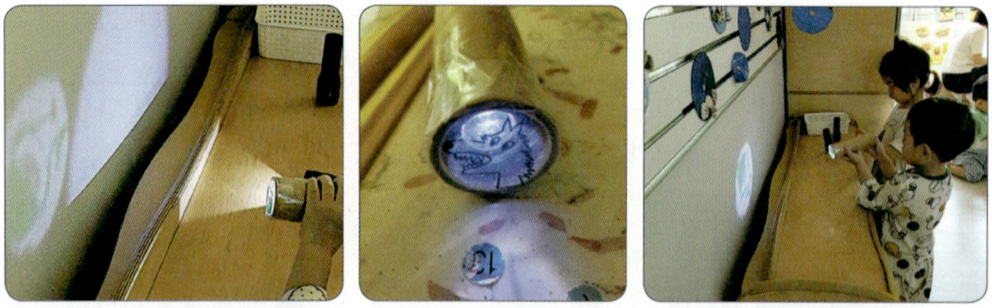

• **교사의 지원:** 손전등으로 놀이하는 영아들의 빛 놀이가 이루어지던 가운데 좀 더 커다란 빛(빔프로젝터)을 제공한다면 영아들은 어떻게 놀이를 이어갈까? 작은 빛이었던 손전등이 아닌 교실의 한쪽 면을 커다랗게 비추는 빛(빔프로젝터)과 만난다면 어떤 놀이 모습을 보일지 영아들의 커다란 빛 탐색을 따라가 보기로 하였다.

• **빔프로젝터** : 빔프로젝터는 외부 출력기기 노트북, PC, 스마트폰과 연결하여 영상을 화면으로 크게 보여주는 역할을 하는 기계이다. 노트북과 연결하면 영상을 빈 화면에 띄울 수 있어 주제와 관련된 놀이의 몰입이나 자극을 줄 수 있다.

큰 빛으로 놀아요(빔프로젝터)

푸른 빛으로 등장하는 빔프로젝터 빛은 영아들을 파랗게 이미지화해주었고 영아들은 교실을 새로운 색으로 변신시켜준 빛이 신기하기만 하였다. 큰 빛과 만난 영아들은 자신의 몸을 비추어보며 그림자와 만날 수 있었고 자신의 몸이 움직일 때마다 그림자의 크기가 변화하는 것도 관찰하는 모습이었다.

동화와 함께 놀이

푸른 빛으로 놀이하는 빛 놀이에 흥미를 잃어갈 즈음 영아들이 좋아하는 동화인 '아기돼지 삼형제' 영상을 빛 놀이 공간에 제공하였다.

빔프로젝터로 나오는 동화 영상을 보고 들으며 영아들은 즐거운 웃음소리와 함께 "돼지! 돼지!" "늑대 무서워!" 하며 동화 속으로 몰입하는 모습을 보였다. 말로는 무섭다고 하지만 밝게 웃는 표정을 짓는 영아들은 놀이를 즐기고 있었다.

- **스토리빔:** 빔프로젝터로 나오는 동화 영상은 흥미로웠지만, 빔프로젝터는 어느 한 곳에 고정되어 있어서 정해진 곳에서만 놀이할 수 있다는 단점이 있었다. 영아들이 놀이 주도권을 온전히 가질 수 있도록 '스토리빔'을 지원하였다. '스토리빔'은 크기가 작고 무선이라 영아들이 들고 다니면서 자유롭게 탐색할 수 있기 때문에 보다 적극적인 놀이 모습이 기대되었다.

블록놀이와 통합

빛으로 만난 '아기돼지 삼형제' 이야기는 영아들이 동화 속 내용에 더욱 더 몰입하게 되었고, "늑대 무서워~"라고 말하며 튼튼한 아기 돼지집을 만드는 놀이로 이어졌다.

늑대가 되어준 친구 덕분에 '아기돼지 삼형제' 놀이는 더욱 더 즐겁게 이루어졌다. 종이 벽돌 블록과 책으로 튼튼한 집을 짓고 친구와 함께 늑대로부터 숨어 있으면 함께 숨었다는 동질감과 즐거운 경험을 함께 하고 있다는 즐거움 또한 느낄 수 있었다.

- **교사의 지원:** 영아들은 발달적으로 신체를 움직이며 놀이하는 것을 좋아한다. 빛 놀이는 어쩌면 신체를 이용한 놀이가 함께 이루어졌기 때문에 영아들이 더욱 재밌게 몰입하며 놀 수 있었을 것이다. 그래서 빛을 이용한 놀이가 더욱더 확장될 수 있도록 '바다, 육지, 하늘 영상'을 지원하여 영아들의 놀이 모습을 들여다보기로 하였다.

놀이의 확장

〈바다〉

바닷속 수중 영상과 파란 천을 함께 지원하였더니 영아들은 진짜 물 속에 있는 듯한 모습으로 헤엄치거나 발로 물장구를 치는 놀이를 보였다.

〈육지-자동차길〉

자동차가 쌩쌩 달리는 도로 영상을 지원하자 와플 블록으로 자동차를 만들어 영상과 함께 스피드를 즐기는 모습을 보였다.

〈하늘〉

하늘을 나는 비행기 영상을 지원하자 "어떻게 하늘을 날 수 있지?"라고 말하며 온몸으로 하늘을 나는 모습을 보인다. 교실에 있는 색종이를 접어 비행기라고 날리는 영아의 모습도 관찰되었다.

앞으로의 놀이 예상:

- 신체 놀이와 빛 놀이를 좋아하는 영아들에게 다양한 상황 속 영상을 이용한 빛 놀이(빔프로젝터 이용)를 앞으로도 제공한다면, 영아들의 놀이 속 즐거움이 더해질 것으로 기대한다.
- 인공적인 빛에 대한 관심이 자연적인 빛(햇빛)에 대한 흥미로 이어져 바깥 놀이에서도 빛과 그림자, 빛과 색 그림자 등의 놀이를 발견하여 즐길 것으로 예상한다.
- 빛과 그림자에 대한 흥미가 더해져 다양한 그림자를 만들어보고 상상 놀이로 이어질 것으로 예상한다.

유토와 만난 공룡

지원된 디지털 미디어활용 : 구글(증강현실), 크롬 뮤직랩, 태블릿PC

만 2세

유토는 따뜻한 열을 주면 굳지 않는 성질이 있고 서로 잘 붙고 유연해 영아들이 좋아하는 매체이다. 처음에는 손에 닿는 미끄러운 느낌이 낯선지 자주 손을 씻는 모습을 보였으나 점차 유토의 모양을 통해 연상되는 것들을 탐색하고 만져보며 다양한 놀이를 이어갔다.

라이트테이블 위의 유토는 빛과 함께 영아들의 상상을 가시화하기 시작하였다. 또래들과 서툴지만 언어로, 표정으로, 또 유토로 표현하게 될 영아들의 놀이 이야기를 들여다보았다.

놀이의 흐름

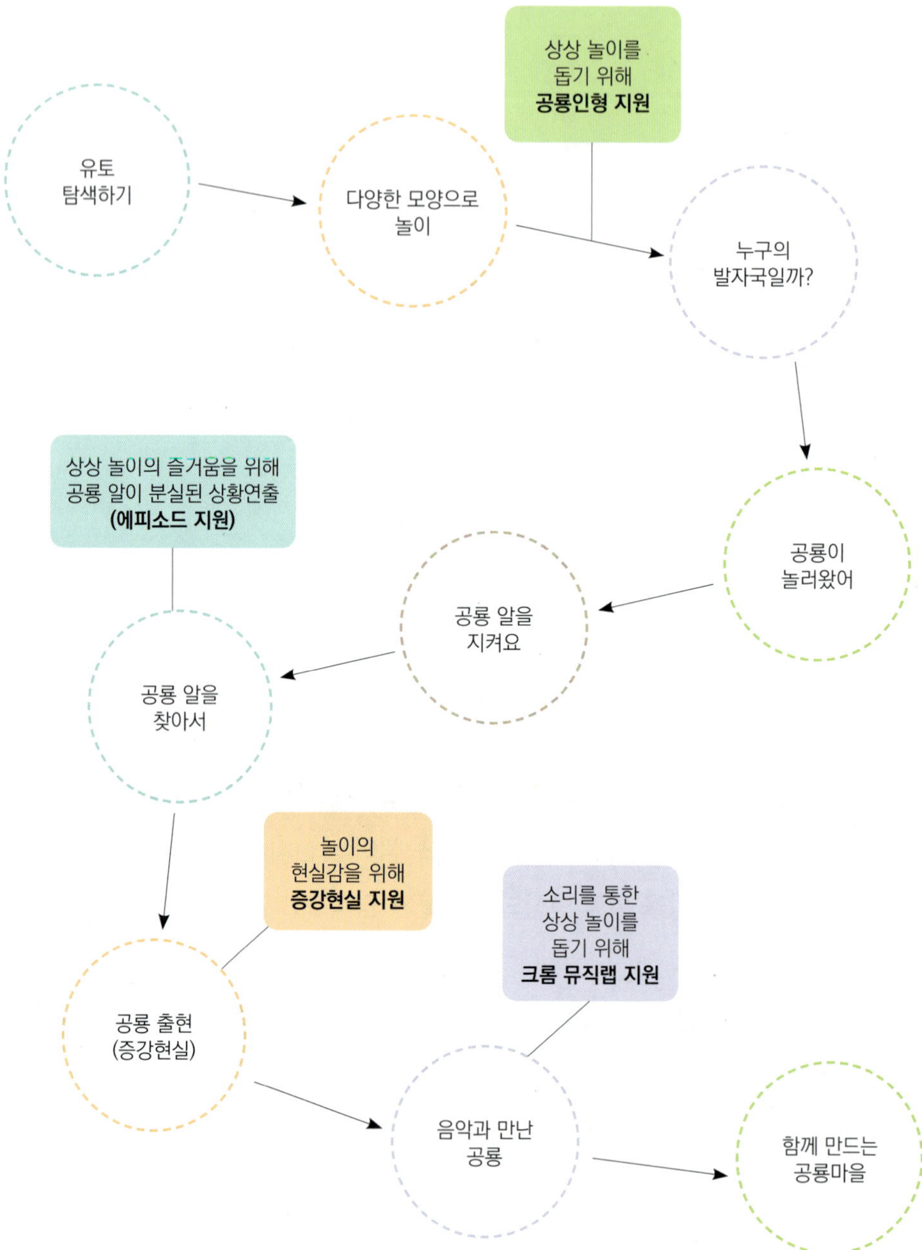

유토 탐색하기
다양한 모양으로 놀이
상상 놀이를 돕기 위해 **공룡인형 지원**
누구의 발자국일까?
공룡이 놀러왔어
공룡 알을 지켜요
상상 놀이의 즐거움을 위해 공룡 알이 분실된 상황연출 **(에피소드 지원)**
공룡 알을 찾아서
놀이의 현실감을 위해 **증강현실 지원**
공룡 출현 (증강현실)
소리를 통한 상상 놀이를 돕기 위해 **크롬 뮤직랩 지원**
음악과 만난 공룡
함께 만드는 공룡마을

유토 탐색하기

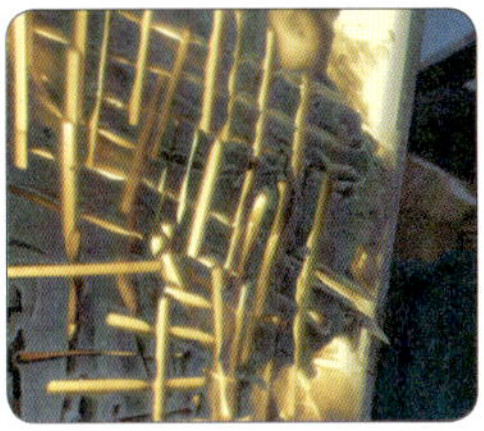

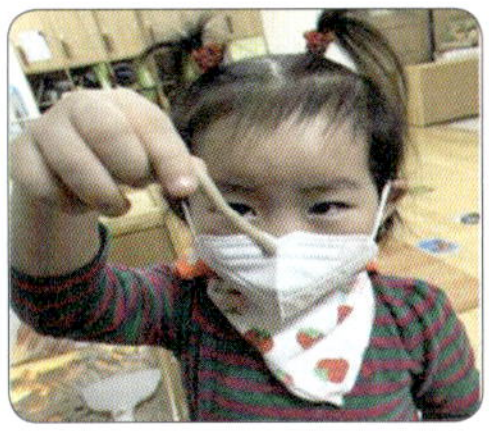
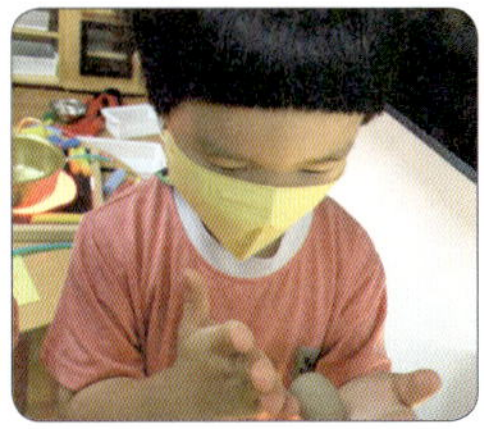

유토의 말랑한 성질은 영아들이 유토를 촉감으로 느끼며 감각이 발달하도록 도울 뿐 아니라 영아가 상상하고 생각한 것들을 쉽게 현실로 구현함으로써 영아들은 즐거움을 느낄 수 있고, 또 내가 원하는 것을 만들어 낼 수 있다는 자긍심을 갖게 해준다. 이에 아라반 영아들이 유토를 어떻게 탐색하고 변형하며 놀이하는지 궁금증을 가지고 따라가 보았다. 처음에는 손에 묻는 미끄러운 느낌이 낯설었는지 손을 펴며 "선생님 이거~" 하며 몇 번이고 손을 씻는 영아들이었다. 하지만 점차 유토의 모양을 통해 연상되는 것들을 눈으로 탐색해보고 손으로 촉감을 느끼며 즐겁게 놀이하는 영아들의 모습을 볼 수 있었다.

다양한 모양으로 놀이

"선생님 이거 알이야."

"우리 ○○이가 유토로 알을 만들었구나!"

"선생님~ 이건 뱀이에요~"

교사는 영아들에게 익숙한 자동차 놀잇감이나 흙 놀이 도구, 지관 등을 지원하였다. 영아들은 지원된 도구들로 유토 위에 그림을 그린다. 유연한 성질의 유토는 여러 모양들을 표현하였고, 라이트테이블의 빛까지 머금어서 더욱 아름다움을 연출해냈다.

"선생님 길이 생겼어~"

"이건 동그라미 모양이야."

"여기는 자동차길이야~"

- **교사의 지원:** 유토는 소근육으로 작업하는 것을 즐기는 영아들에게 매력적인 매체임에 틀림없다. 그러나 지속적인 놀이 지원을 위해 교사는 영아들의 흥미가 이어질 수 있는 이야기가 필요해보였고, 여전히 영아들의 상상 속에서 살아 숨쉬고 있는 공룡 인형을 제공하기로 하였다. 매체놀이와 가상놀이가 함께 어우러져서 즐거운 경험의 시간이 될 수 있기를 기대하였다.

누구의 발자국일까?

어느 날 발자국을 발견한 한 영아가 "이거 뭐야?" 하며 이야기를 꺼내자 다른 친구들도 발자국에 관심을 보였다.

"누구의 발자국일까?"라고 질문하자 영아들은 교실을 두리 번 거리며 공룡의 발자국이란 걸 찾아냈다. 공룡을 가져와 꾹꾹 눌러보았고 유토 사이로 나오는 빛의 모양에 더 흥미를 느끼는 모습을 보였다.

오감 활동 시간에 개구리 알을 탐색하고 올챙이를 관찰하면서 알에 관심이 많아진 영아들은 유토로 동그라미를 만들어 보더니 동그라미 모양을 통해 '알'이 연상되었는지 "공룡 알"이라고 명명해보는 모습이다. 단순한 동그라미 모양이 아닌 영아들이 좋아하는 공룡의 알로 표현되며 놀이가 더욱 확장되기 시작하였다.

공룡이 놀러왔어

교사가 놀이를 확장시켜주기 위해 테이블 위에 커다란 알을 만들어 놓았다. 처음에는 무엇이 들어 있는지 궁금하여 손으로 파보는 영아들의 모습이 보여 알 속에 소리나는 악기를 넣어두고 소리를 듣게 했더니 알을 흔들어 보고 귀에 대어 보며 호기심 가득한 눈빛으로 "여기 아가가 있어~쉿~" 하며 교실은 온통 공룡 알에 대한 이야기로 가득해졌다.

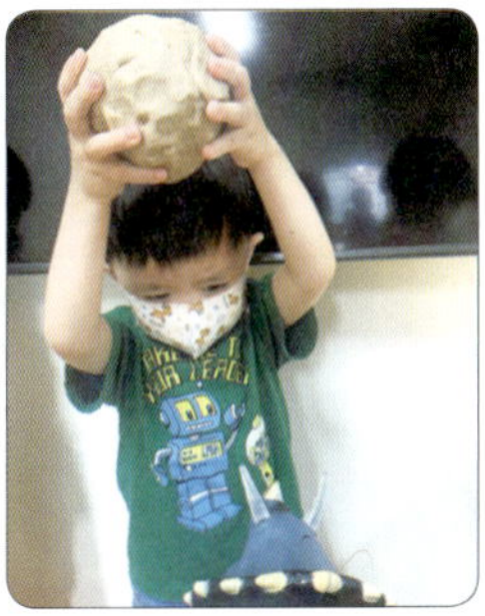
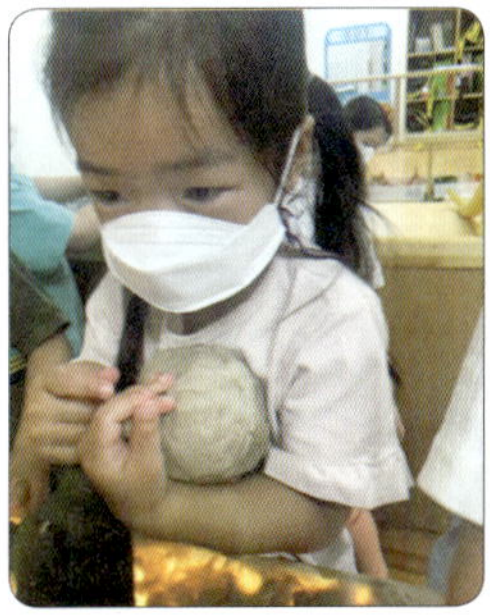
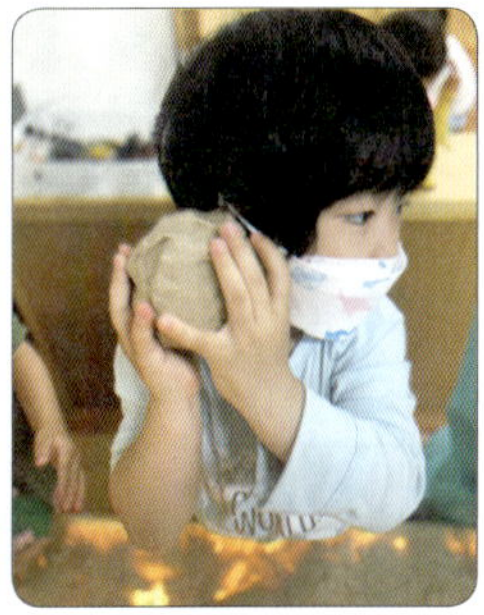

"얘들아, 티라노 공룡이 우리 공룡 알을 가져가면 어떻게 될까?"

"안 돼요~"

"무서운 공룡이 와서 알을 가져가면 안 돼요."

"어떻게 하면 좋을까?"

"지켜줄 거야!"

"공룡 알을 숨겨요."

공룡 알을 지켜요

공룡 알을 지키기 위해 어떻게 하면 좋을까?

교사의 질문에 영아들은 다양한 생각을 이야기해 주었다.

"바구니에 담아요."

"책상 밑에 넣어요."

"보자기로 덮어요."

(보자기로 덮은 바구니를 색 테이프를 가져와 감싸고) "이렇게 하면 공룡 알을 지킬 수 있어요"

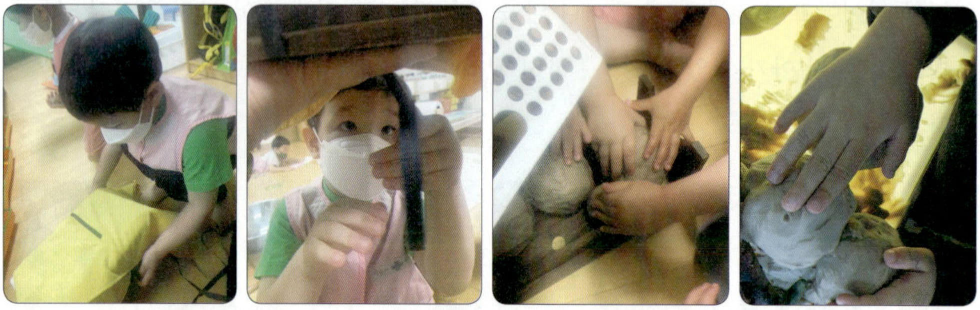

공룡 알을 찾아서

하루가 지나고 영아들은 공룡 알이 잘 있는지 찾는다. 교사가 공룡 알 한 개를 감추고 영아들이 어떻게 반응하는지 놀이를 따라가 보았다.

"공룡 알이 어디로 갔을까?

"무서운 공룡이 알을 가져갔나봐."

"어떻게 하지?"

공룡 알 한 개를 찾기 위해 교실 이곳저곳을 살핀다.

영아들은 진심으로 걱정하며 공룡 알 찾기에 노력했고 잃어버린 알을 찾아내고는 안도의 한숨을 내쉬었다. 상상 놀이에 몰입하고 즐기는 영아들의 모습을 볼 수 있었다.

• **교사의 지원:** 영아들의 상상 놀이는 '~인 체하는' 가상놀이와 비슷해보이지만 조금은 다른 성격을 지닌다. 가상놀이는 내가 직접 겪어보지 못했지만 주변의 인물들을 통해 본 경험이 놀이로 반영되는 반면, 상상 놀이는 내가 현실에서 경험하지 않았던 대상이나 상황을 나의 창의적인 상상력으로 표현하는 놀이라고 할 수 있다. 때문에, 공룡은 상상 속에서나 만날 수 있으므로 '공룡 알의 분실'이라는 교사의 상황 연출은 영아들이 즐거운 상상 놀이로 몰입할 수 있도록 도움주었다.

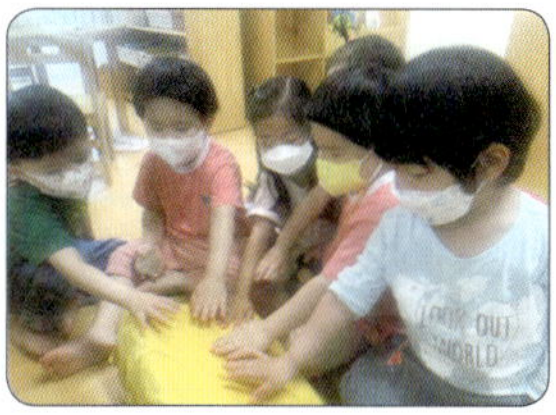
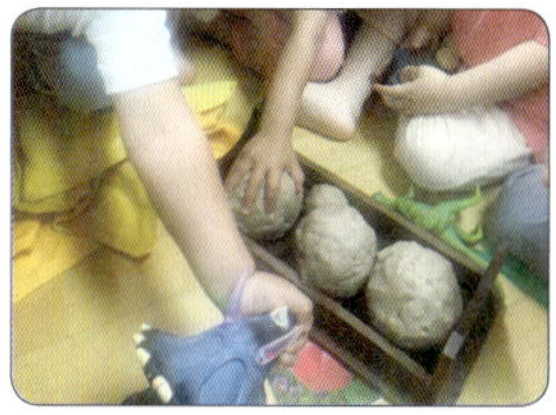

• **교사의 지원:** '공룡 알 분실'이라는 시끌벅적한 상황이 마무리되자, 영아들은 더욱더 공룡 놀이에 즐거움을 느끼는 모습이었다. 교사는 영아들이 유토 위에서 놀이하는 작은 인형 공룡이 아닌 큰 공룡 이미지를 만나면 어떠한 반응을 보일지 궁금해졌다.
또한, 공룡이 우리 반에 찾아온다면 어떤 놀이를 만들어낼까?

• **구글 아트앤컬쳐(Arts & Culture):** 구글이 제공하는 것으로 전 세계의 작품들과 박물관의 모습들, 수천 개의 콘텐츠 등을 전 세계에 보여주는 서비스이다.

• **사용방법:** 앱을 다운받고 영아들이 검색하고 싶은 공룡 이미지(증강현실)를 연출한다.

공룡 출현(구글 아트앤컬쳐 – 증강현실)

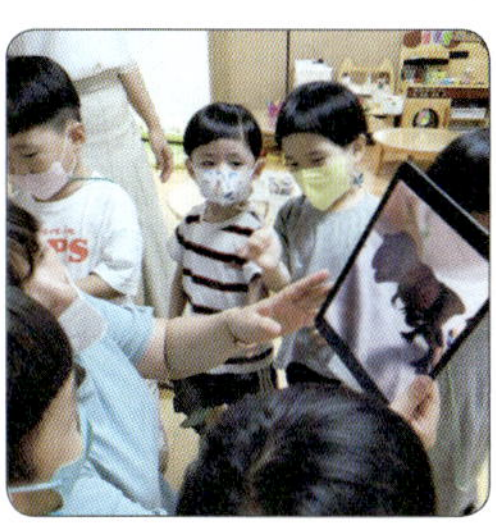

디지털 기기로 다운받은 구글 아트앤컬쳐 앱을 열어 공룡을 불러왔다.

"신기해. 우리반에 진짜 공룡이 왔어."
"어? 선생님 위에 있다~"

"내가 선생님 구해줄 거야."

"저리가. 나쁜 공룡!!!"

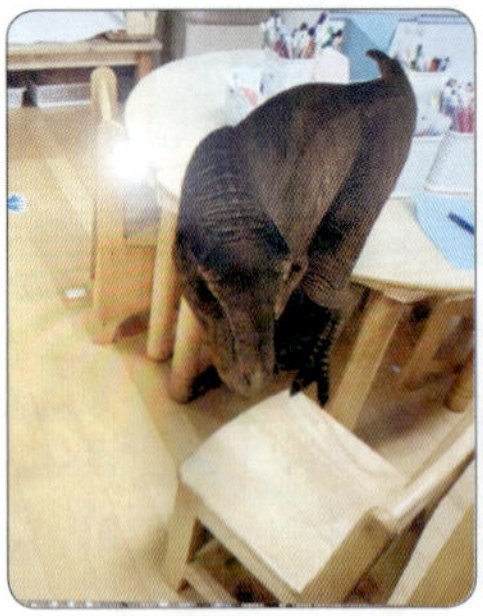

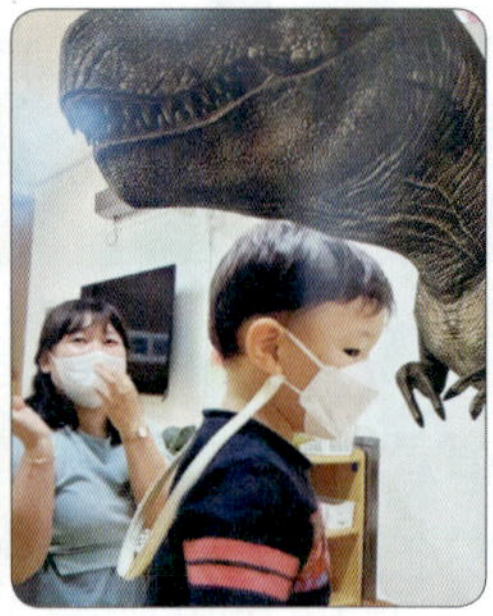
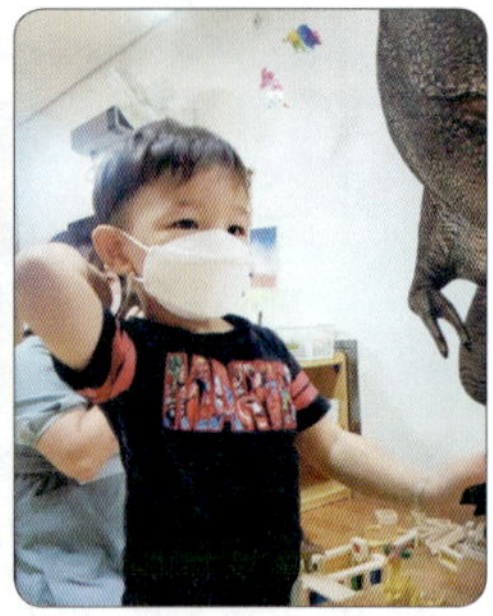

음악과 만난 공룡(크롬 뮤직랩)

공룡을 직접 교실에서 만난 영아들은 디지털 기기에서 나오는 공룡 소리를 듣고 더욱 더 실감나게 공룡과 만나는 모습이었다. 영아들이 직접 공룡 소리를 만들어 보면 어떨까? 공룡 발자국 소리, 울음소리, 공룡이 등장하는 소리 등을 만들어 본다면 영아들의 상상 놀이가 더욱 즐거울 것으로 기대되었다.

- **크롬 뮤직랩**: 구글에서 만든 뮤직앱으로 쉐어드 피아노(Shared Piano), 송 메이커(Song Maker), Rhythm(리듬), Spectogram(스펙토그램), Sound Wave(사운드 웨이브), Arpeggios(아르페지오), Kandinsky(칸딘스키) 등 직접 음을 듣고 누르며 음악을 만드는 앱이다.

크롬 뮤직랩으로 공룡소리를 만들어보았다.

"크---"

"우-우-"

"걸어오는 소리 같다. 또 어떤 소리를 만들고 싶니?"

"공룡이 밥 먹는 소리."

"이 음악은 기분 좋을 때 나는 소리 같다."

음악이 흘러나오면서 영아들은 몸으로 소리를 느끼며 움직이는 모습을 보인다.

(빠!빠! 하는 음악이 나오니 손으로 책상을 두드리는 영아)

(두두—두두——)

"으.. 무서워."

함께 만드는 공룡마을

말랑말랑한 감촉의 유토를 통해 시작된 공룡 알 이야기~

공룡 알을 지키기 위해 친구들과 협동하는 모습~

증강현실로 만난 공룡 덕분에 영아들의 이야기는 더욱 풍부해졌다.

유토로 만났던 공룡이 새롭게 아크릴 색깔 블록과 손전등 빛과 만나 놀이를 이어간다.

상상 속 공룡이 아름다운 색깔 빛과 만나 또 다른 이야기가 시작되고 있다.

앞으로의 놀이 예상:

- 아크릴 색깔 블록과 벽돌블록으로 공룡마을 만들기가 이어질 것으로 예상한다.
- 블록으로 공간을 만들면서 또래와의 긍정적인 상호작용과 함께 협동놀이가 일어날 것으로 기대한다.
- 아크릴 색깔 블록과 손전등으로 빛 놀이가 이어질 것으로 예상한다.
- 빛과 색, 공간으로 연출된 공룡마을 안에서 영아들의 상상 놀이가 더욱 활발히 일어날 것으로 기대한다.

자연과 만나요

지원된 디지털 미디어활용 : 웹캠, 빔프로젝터, 네이버 그린닷, 태블릿PC, 노트북

만 2세

바깥 놀이를 좋아하는 영아들은 밖에서 볼 수 있는 나무, 이름 모를 풀, 개미, 나비 등 자연과 자주 만나게 된다. 영아들의 시선에는 교실 밖은 흥미롭고 신기한 것들이 많이 있다. 특히 작은 개미들의 움직임은 영아들의 흥미를 더욱 이끈다. 자연 속의 호기심을 놀이 요소로 지원하면 영아들은 놀이 속에서 자연을 더욱 가깝게 느끼고 교실의 놀이와 연계한 의미 있는 놀이 경험들이 더욱 풍부해질 것으로 기대해본다.

놀이의 흐름

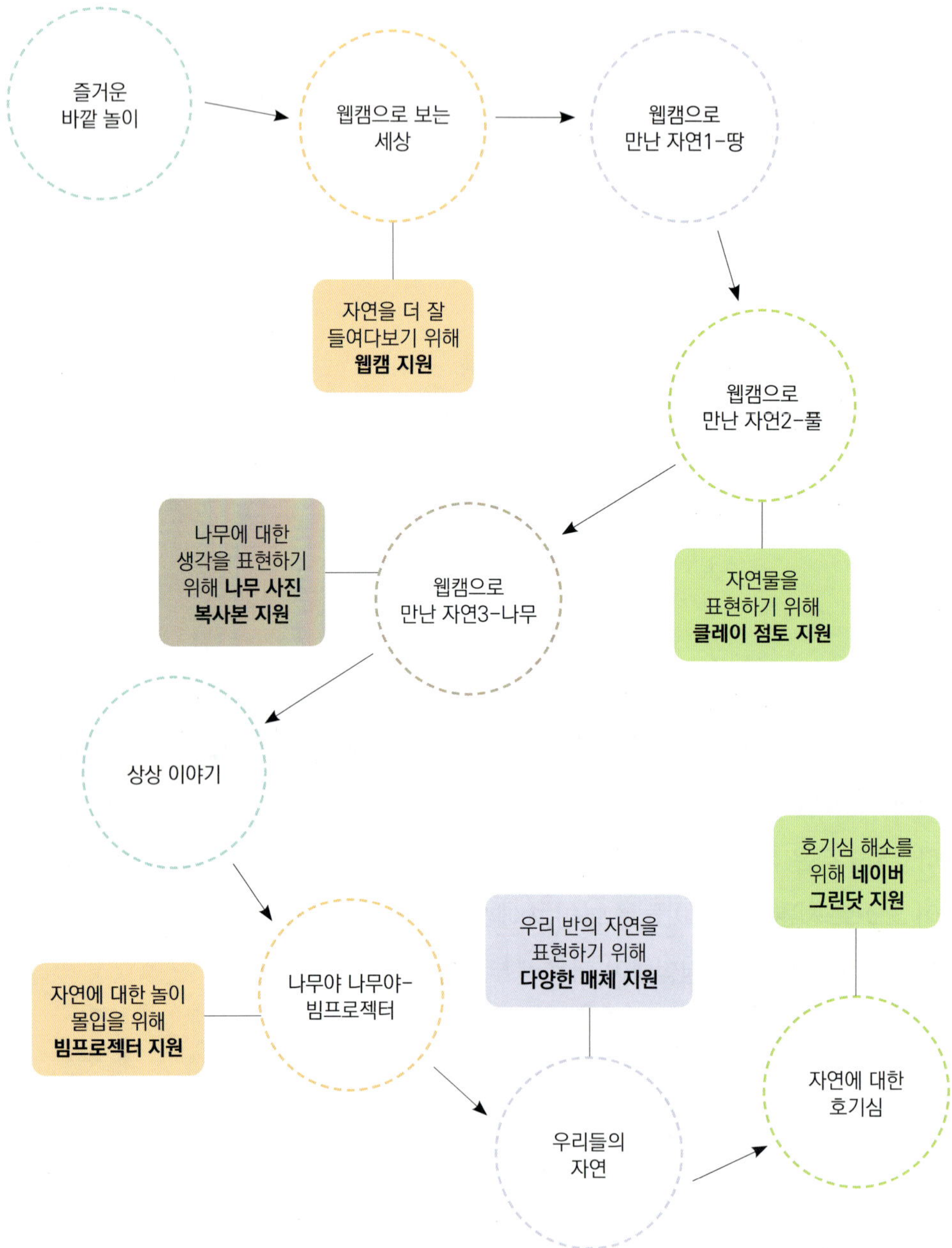
즐거운
바깥 놀이
웹캠으로 보는
세상
자연을 더 잘
들여다보기 위해
웹캠 지원
웹캠으로
만난 자연1-땅
웹캠으로
만난 자연2-풀
자연물을
표현하기 위해
클레이 점토 지원
웹캠으로
만난 자연3-나무
나무에 대한
생각을 표현하기
위해 **나무 사진
복사본 지원**
상상 이야기
나무야 나무야-
빔프로젝터
자연에 대한 놀이
몰입을 위해
빔프로젝터 지원
우리들의
자연
우리 반의 자연을
표현하기 위해
다양한 매체 지원
자연에 대한
호기심
호기심 해소를
위해 **네이버
그린닷 지원**

즐거운 바깥 놀이

산책하며 바깥에서 놀이하는 시간은 영아들이 어린이집 하루일과 중 가장 좋아하는 시간이다. 맑은 공기와 바람을 느끼며 마음껏 뛰어놀 수 있는 넓은 공간은 영아들의 웃음소리로 가득하다. 오늘도 영아들은 땅 위 친구인 개미, 풀, 나무들과 만나고 있다.

"여기 개미다."
"여기도 있어."
"이 꽃이 예뻐~ 예쁜 색이야!"
"(나뭇잎과 나무 조각으로) 이렇게 하니까 강아지 같아."

웹캠으로 보는 세상

자연을 들여다보고 관찰하는 것을 좋아하는 영아들을 위해 좀 더 자연을 가깝게 보고 느낄 수 있도록 웹캠을 지원하기로 했다.

- **웹캠:** Web과 Camera의 합성어로, 주로 PC와 연결하여 화상 데이터를 네트워크 상에 스트리밍할 목적으로 개발된 카메라를 말한다.
- **사용방법:** 웹캠으로 찍은 영상을 노트북에 연결하여 저장하고 추후에 영아들과 영상을 보면서 이야기 나누는 시간을 갖는다.

교사: 카메라로 뭐 보고 싶어?

영아: 개미요.

영아: 개미를 따라가봐요~

영아: 나비도 보고 싶어요.

영아: 어두운 곳도 보고 싶어요.

교사: 어두운 곳? 왜? 뭐가 보일 것 같아?

영아: 괴물.

영아: 유령도 있을 거 같아요.

영아: 벌레, 개미도 있을 거 같아.

영아: 난 나무도 보고 싶어요.

영아: 풀도 보고 싶어요.

(웹캡으로 찍은 영상을 보면서)

"개미다."

"개미가 진짜 크게 보여."

"땅 위의 풀도 크게 보이는데?"

"여기 ○○얼굴도 보여."

"선생님도 보여~"

〈어두운 풀 숲〉

"너무 깜깜해~"

"난 깜깜한 게 좋아."

"어두운 곳이 좋아."

"이거 괴물 아니야?"

"이거 괴물 같아."

"내가 물리쳐줄까?"

웹캠으로 만난 자연 1 – 땅

"나뭇잎이야. 하지만 이건 작지만 길기도 해."

"이것 봐. 나뭇잎이 엄청 크게 보여."

"나뭇가지도 찍어보자. 잘 보인다."

영아들은 보도 블록 사이, 잔디나 길 위를 웹캠으로 촬영하고 PC에 나오는 영상을 흥미롭게 관찰하였다.

눈앞엔 작은 크기의 나뭇잎이 화면에는 크게 보여지는 것을 신기해하였다.

웹캠으로 만난 자연 2-풀

땅 위 자연과 더불어 풀 속 자연에 대한 호기심을 웹캠으로 담아보면 영아들의 상상이 더해질 것으로 기대되어 '풀 속 탐색'을 제안하였다. 웹캠을 처음 접했을 때도 풀 속을 촬영했던 기억을 되살린 영아들은 더욱 적극적으로 탐색하는 모습이었다.

"달팽이가 있네."

"너무 너무 동글동글~(달팽이)"

- **교사의 지원:** 풀에서 우연히 만난 달팽이, 평소 같으면 그냥 지나칠 수도 있었던 달팽이는 웹캠 촬영으로 영아들과 만날 수 있었다. 서로에게 반가웠던 순간은 잠깐이었지만 달팽이에 대한 애정은 교실 '클레이 놀이 공간'에서 달팽이 만들기 놀이로 이어졌다. 교사는 더욱 많은 양의 클레이를 제공하였고, 자연에서 만난 상황을 연출하기 위해 바깥 놀이 사진을 크게 출력하여 지원하였다.

"여기에 달팽이가 있었어."

"동글동글 말아야지."

"이건 엄마 달팽이, 여긴 아기 달팽이."

웹캠으로 만난 자연 3-나무

산책 나간 영아들이 땅 위에서 제일 먼저 찾는 것은 '개미'이다. 어디에 숨어 있는지 찾고, 어디에서 나와 어디로 가는지 눈과 발로 개미의 움직임을 따라간다. 영아들은 개미의 움직임에 왜 흥미를 보일까? 작고 귀여운 개미의 역동적인 움직임이 자신들과 닮았다고 생각하는 것은 아닐까?

"개미가 땅바닥으로 가고 있어."

"기어 다니고 싶으니까."

"개미는 집에 가요. 어디로 가는 거지? 올라가~"

"집에 가요. 개미! 개미 여기 있어요."

"개미가 걸어가요~"

"개미가 뛰어가요." (개미의 움직임이 빨라짐)

"개미가 꽃 먹어요." (개미가 풀 위로 올라감)

- **교사의 지원:** 나무 위로 올라간 개미의 모습을 보고 영아들은 개미집을 상상했다. 교사는 다른 영아들의 생각도 궁금하여 출력한 사진을 보여주었고 그 위에 표상할 수 있도록 그리기 도구를 지원하였다.

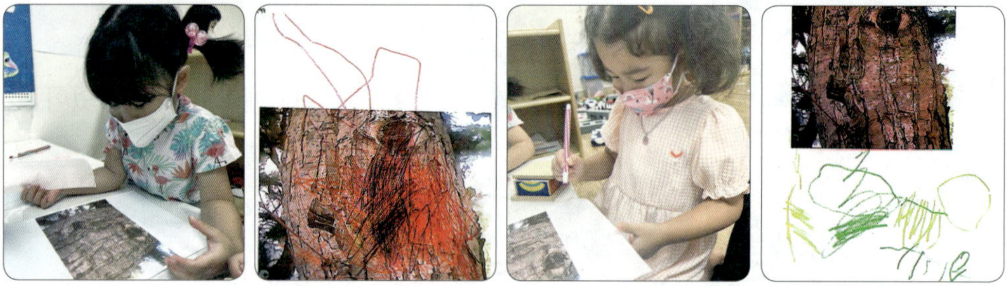

"개미가 있어."

"개미 길이 엄청 많아! 개미가 집을 찾으러 가는 것 같아."

"나무야. 개미가 이쪽으로 간대."

상상 이야기

개미의 움직임이 나무로 옮겨지게 되면서 나무에 대한 흥미가 생긴 영아들이다. 영아들의 상상이 궁금하여 산책하면서 발견하게 된 나무의 다양한 모습들을 웹캠으로 찍어서 되돌려주었다.

"괴물 같아!" "여기 괴물이 있는 거 아니야?"

"괴물 무서워…" "나무 구멍이 괴물 같아."

"불빛 괴물." "하얗고 무서워."

"따라가면 안 돼." "따라가면 잡힐 수도 있어."

"태풍치고 그럴 때 이 괴물이 다 쓰러져가지고 움직일 것 같아."

"엄청 커다라니까 무서운 산 괴물."

"나무 괴물."

"나무 괴물은 방귀 껴."

"좋은 냄새, 아빠 냄새랑 비슷해."

"안 무서운 괴물이야."

"한 눈 귀신." "눈이 하나야." "눈이 하나 있어."

"부리에 손 넣으면 안 돼."

"괴물이 물지도 몰라."

"나무 괴물." "뭔가 초록 초록해."

"무서운 괴물이야 잡아먹으려고 했어."

"반짝 반짝 괴물." "반짝 반짝 빛이 나는 거야."

"반짝 반짝 괴물이야."

"나무 괴물 입이야!" "여기 엄청 많아."

"입이야?" (손을 넣어보려고 함) "안 돼~~~"

- **교사의 지원:** 자연에 대한 영아들의 놀이 몰입을 위해 산책할 때 찍어온 자연 영상을 영아들에게 생동감 있게 되돌려주기 위해 빔프로젝터를 지원하였다. 찍은 영상을 벽에 송출해주었더니 온몸으로 만나는 자연 영상으로 영아들의 즐거운 놀이 몰입을 이끌었다.
- **빔프로젝터** : 컴퓨터와 연결하여 영상과 이미지를 송출하는 기계로 벽만 있으면 이미지를 구현해낼 수 있기 때문에 텔레비전보다 큰 영상을 지원할 수 있다는 장점이 있다. 큰 공간을 이용한 놀이가 가능하므로 신체를 이용한 탐색도 가능하다.

나무야 나무야 – 빔프로젝터

우리들의 자연

빔프로젝터를 이용한 놀이를 통해 보다 더 가까워진 자연을 교실에서도 느낄 수 있도록 라이트테이블 위에 인조 자연물로 정원을 꾸며주었다. 그동안 놀이를 통해 친숙해진 개미와 거미, 나무 괴물 등 영아들은 지원된 클레이로 자연물을 꾸며서 장식하였다.

- **교사의 지원:** 자연물을 끼적이기가 아닌 클레이로 표현할 수 있도록 지원한 것은 아직 소근육 발달이 미숙한 영아들의 표현력이 끼적이기보다 클레이로 조물거리며 표현하는 것을 더 편안하게 느끼기 때문이다.

라이트테이블 위의 정원은 영아들의 작품들이 더해지자 생동감 있는 자연으로 변신하였고 교사는 영아들이 만든 자연 속에 다시 한 번 웹캠을 지원하여 교실 속 자연을 가깝게 느낄 수 있기를 기대하였다.

영아들이 만든 자연을 웹캠으로 촬영한 영상을 다시 영아들에게 되돌려주었다. 교실 벽에서 만난 커다란 자연물은 더욱 생동감 있게 다가왔다.

자연에 대한 호기심(네이버 그린닷)

산책길에서 만난 자연(개미, 나무, 풀, 돌 등)을 웹캠으로 찍어 교실에서 빔프로젝터로 다시 만나는 놀이를 이어가며 영아들은 자연에 대한 호기심이 커져갔다. 그 이후 산책을 나가면 주변의 풀이나 꽃들의 이름들을 궁금해하는 영아들이 많아졌다.

- **네이버 그린닷:** 네이버 검색창 하단에 동그라미 부분의 스마트렌즈를 켜서 촬영하면 대상의 모든 정보들을 알 수 있다.
- **앞으로의 놀이 예상:** 빔프로젝터를 이용한 빛 놀이를 통해 그림자에 대한 흥미가 생기게 되어 빛을 이용한 그림자 놀이가 활발히 일어날 것으로 보인다. 또한, 가을로 계절이 바뀜에 따라 변화된 자연의 모습들을 눈으로 관찰하고 영상으로 담아 교실에서도 가을 탐색 놀이가 이어지며, 계절을 보다 가깝게 느낄 수 있을 것으로 기대한다.

CHAPTER

2 유아

〈부루마블 보드게임으로 만나는 세계 여러 나라〉
국기 표상

3세 – 피워포인트, 태블릿PC, 스톱모션, QR코드 〈라온이의 세상 여행〉

4세 – 파워포인트, 구글(증강현실), 크롬 뮤직랩, 태블릿PC 〈바다 생물 이야기〉

5세 – 파워포인트, 한글그림판, 미러링, 태블릿PC 〈거북선을 소환하다!〉

– 태블릿PC, 스마트폰, 스톱모션, QR코드 〈우리들의 패션쇼〉

– 코딩 로봇, 스톱모션, 스마트폰, 노트북 〈재활용품 로봇! 생명을 얻다!〉

– 구글 어스, 구글 아트앤컬쳐, 빔프로젝터, 태블릿PC 〈멋진 건축물과 만나다〉

– 구글 어스, 미러링, 태블릿PC 〈부루마블 보드게임으로 만나는 세계 여러 나라〉

라온이의 세상 여행

지원된 디지털 미디어 활용 : 파워포인트, 태블릿PC, 스톱모션 , QR코드

만 3세

글쓰기와 그리기 놀이를 즐기는 유아들은 종이와 색연필만 있으면 자신의 경험과 상상이 담긴 다양한 이야기들을 만들어낸다.

낱장 종이에 끼적였던 작은 에피소드를 나누면서 또래들의 이야기 짓기 놀이는 점점 활발하게 일어났고, 작가가 되어 친구들과 생각을 나누는 시간도 가져보았다.

미디어 기술을 활용하여 다시 되돌려주는 과정을 통해 알록달록 색연필과 종이가 만들어내는 유아들의 다양한 창작 이야기가 더욱더 빛을 발할 것이며 이와 같은 경험으로 언어적 · 예술적 표현이 풍부해질 것으로 기대해본다.

놀이의 흐름

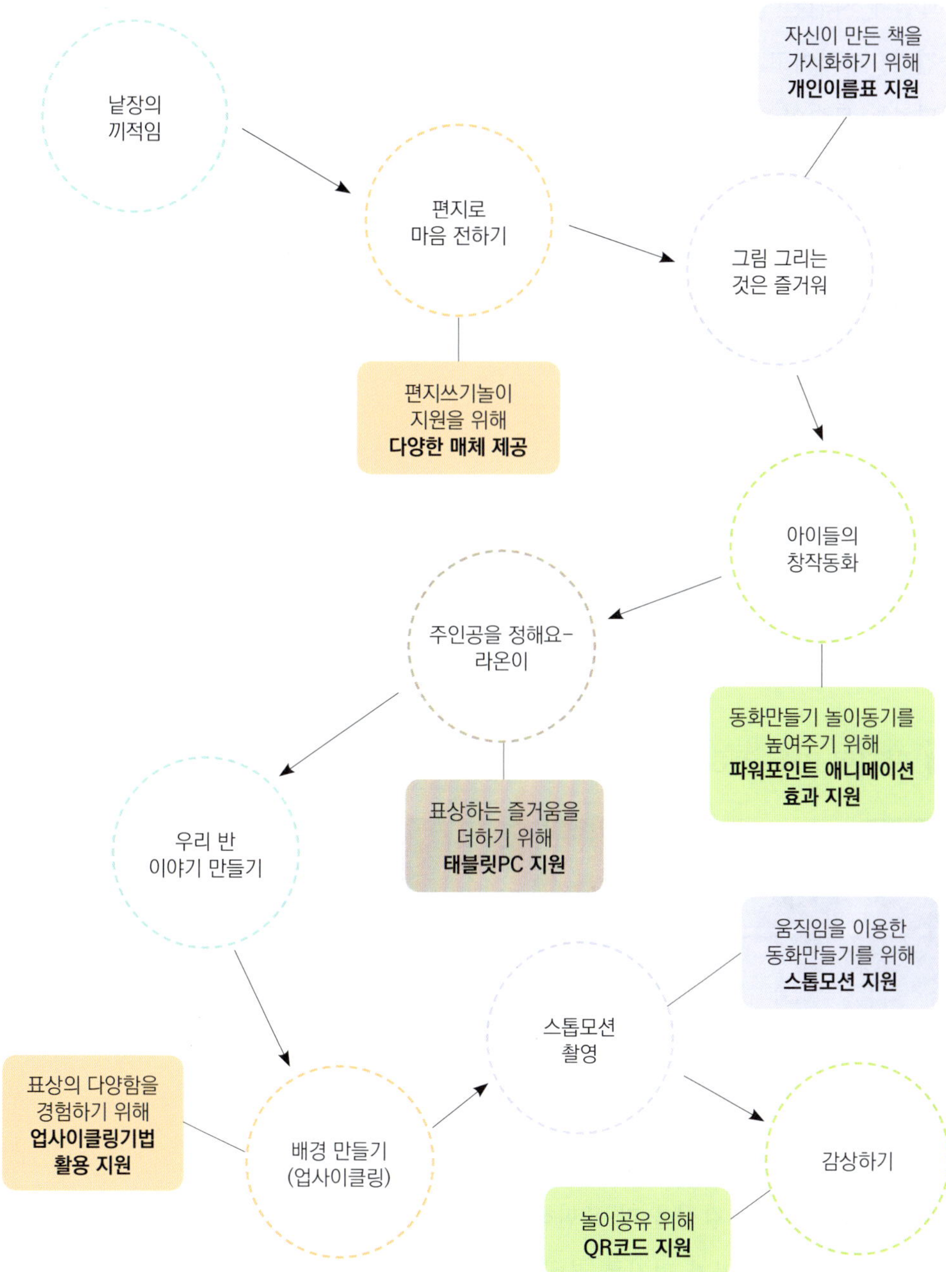
낱장의
끼적임
편지로
마음 전하기
편지쓰기놀이
지원을 위해
다양한 매체 제공
그림 그리는
것은 즐거워
자신이 만든 책을
가시화하기 위해
개인이름표 지원
아이들의
창작동화
동화만들기 놀이동기를
높여주기 위해
파워포인트 애니메이션
효과 지원
주인공을 정해요-
라온이
표상하는 즐거움을
더하기 위해
태블릿PC 지원
우리 반
이야기 만들기
배경 만들기
(업사이클링)
표상의 다양함을
경험하기 위해
업사이클링기법
활용 지원
스톱모션
촬영
움직임을 이용한
동화만들기를 위해
스톱모션 지원
감상하기
놀이공유 위해
QR코드 지원

낱장의 끼적임

교실에 지원된 종이류와 쓰고 그리기 도구들로 유아들은 자유롭게 끼적이는 작업을 즐긴다. 끼적이고 그리는 작업이 끝나면 자신의 표상물을 교사에게 가져와 하나하나 설명하는 모습이 사뭇 진지하다. 유아들의 끼적임을 들여다보았다.

이건 나인데… 나비가 된 거예요.
옆에는 고슴도치예요. 이건 난데…

도깨비(우측 그림)가 나타나서
공주로 변신시켜 줬어요.

그림 속에는 자신을 '나비', '공주'로 표상하여 나타낸다. 자기 표상에는 내면화된 자신에 대한 지각, 의미 등이 포함되었다. 즉, 유아들은 스스로를 나비와 공주로 나타내어 타인, 주변 세계와 관계 맺어나가는 존재로 표현하고 있다.

편지로 마음 전하기

친구가 놀이하고 있는 놀잇감이 필요했던 한 유아가 그 친구의 놀잇감을 뺏자 친구가 속상해하는 모습을 보였다. "미안해" 하고 사과한 후 책상으로 간 유아가 종이와 펜을 꺼내 든다. 미안했던 감정을 다 표현하지 못했는지 자신의 감정을 담아 편지를 쓴 유아는 다시 친구에게 다가가 편지를 건네며 마음을 표현한다.

• **교사의 지원:** 만 3세 유아들의 편지쓰기놀이 공간에는 다양한 종이류뿐만 아니라 글씨에 서툰 유아들을 위해 글이 아닌 다른 방법으로도 마음을 전할 수 있도록 반 친구들의 얼굴 사진이나 다양한 꾸미기 재료들을 지원한다.

그림 그리는 것은 즐거워

아빠가 아기를 안고 있어요.
언니오빠는 스케이트를 타요.

바다에 가족이 수영하러 왔어요.
해가 뜨기 전의 하늘이에요.

손에 힘이 생긴 유아들은 그림을 그리고 그것을 설명하며 이야기 짓는 놀이를 즐기는 모습을 보였다. 알록달록 그려진 그림들은 나름의 경험이 녹아 있는 것도 있고 상상의 이야기가 표현된 것도 있었다. 그리기 작업을 통해 점점 세상에 대한 관심이 커지는 유아들이다.

• **교사의 지원:** 유아들의 낱장 그림들이 많아지자 교사는 유아들에게 책을 만들어 볼 것을 제안하였다. 구멍을 뚫어 고리링을 걸어주고, 유아들의 개인 이름표를 고리에 달아서 각자 자신이 만든 책을 가시화할 수 있도록 환경적 지원을 하였다. 눈으로 가시화가 되자 유아들은 더욱더 열심히 자신의 책을 만드는 모습을 보였다.

아이들의 창작동화

유아들의 이야기들을 '파워포인트 애니메이션 효과'를 주어 움직이도록 만들어주었다.

〈수민이의 이야기〉

비가 와서 안전한 집으로 가요.

엄마랑 비가 안 오는 안전한 곳으로 왔어요.

엄마를 따라 갔어요.

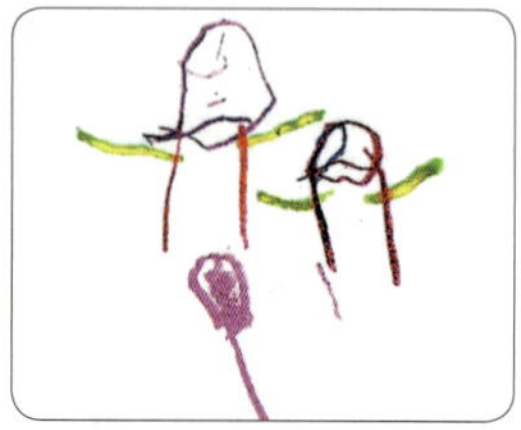

음식을 먹어요.

〈준서의 이야기〉

우리 아빠는 요리를 잘해요.

아빠는 매달리기를 잘해요.

아빠는 달리기를 잘해요.

나는 아빠를 사랑해요.

〈유은이의 이야기〉

가족끼리 캠핑을 왔어요.

공원을 산책하다가 무지개를 만났어요.

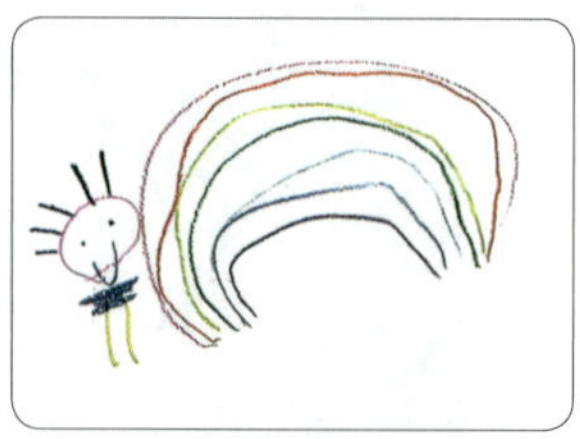

유은이가 무지개를 봐서 기분이 좋아요.

- **교사의 지원:** 유아들이 그림 그리고 이야기 짓는 놀이에 더욱 즐겁게 몰입할 수 있도록 파워포인트로 작업한 영상물을 지원하였다. 자신들이 그린 평면 그림들이 실제로 움직이는 효과를 시청하면서 보다 움직임이 살아 있는 내용을 구성할 것으로 기대하였다.
- **파워포인트(Power Point):** 주로 다른 사람들 앞에서 의견을 프리젠테이션하는 도구로 유아들의 그림을 오려 내용에 맞는 움직임을 애니메이션 효과로 표현할 수 있다.

주인공을 정해요 – 라온이

유아: 와~ 재밌다.

유아: 선생님 우리들이 다같이 이야기를 만들면 어때요?

교사: 재밌겠는데? 그럼 주인공은?

유아: 이름을 뽑아서 주인공을 정해요.

교사: 주인공이 안 된 친구는?

유아: 속상할 거 같아요.

유아: 다하면 어때요?

유아: 너무 많잖아.

유아: 주인공을 라온반 친구들로 하면 어때요?

교사: 좋은데? 이 친구 이름은 뭘로 할까?

유아: 우리가 이름을 정해줘요.

유아: 우리니까 우리가 라온반이니까 라온이로 해요.

- **교사의 지원:** 유아들이 표상하는 것의 흥미를 더욱 가질 수 있도록 그리기 펜이 장착된 교육용 패드(태블릿PC)를 지원하였다. 면의 색이나 선의 두께까지 선택 가능한 기계여서 유아들의 그리기 흥미를 이끌었다.

태블릿PC에 그림 그리기

우리 반 이야기 만들기

유아: 선생님. 우리가 만든 라온이 이야기도 움직이게 만들어줘요.

〈다같이 만든 '라온이' 이야기 1〉

집에서 아빠랑 놀이를 해요.

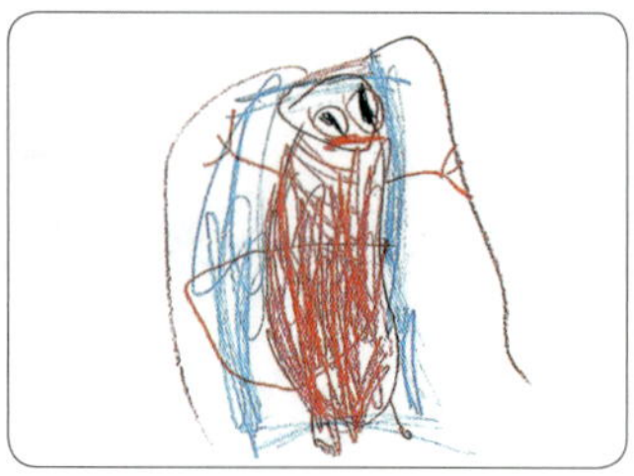

라온이는 목욕을 해요.

아침을 먹었어요.

라온이와 엄마는 어린이집에 와요.

라온이는 어린이집에 처음 가지만 용기를 냈어요.

라온이와 친구는 어린이집에서 재밌게 놀이를 해요.

〈다같이 만든 '라온이' 이야기 2〉

"누가 라온인지 잘 모르겠어."

"라온이는 주인공이라 똑같아야 해."

"라온이의 이야기가 더 재밌으면 좋겠어."

"맞아. 라온이가 새를 만나면 어때?"

첫 번째 '라온이의 이야기'는 여러 가지의 아쉬움이 있었고 유아들은 두 번째 '라온이의 이야기'를 만들었다.

(두 번째 이야기 내용) 라온이는 섬으로 여행을 떠나요. 섬으로 가려면 헬리콥터를 타야 해요. 헬리콥터에 탄 라온이는 나무 위 둥지를 발견했어요…(중략) 나무에 사는 애벌레도 만났어요. 라온이가 안녕하고 인사했어요. 애벌레는 부끄러웠는지 나무에서 내려와 모래 속에 숨어버렸어요…

〈캐릭터 그리기〉 – 태블릿PC 사용

라온이

헬리콥터

나무

사람

달팽이

애벌레

새

〈내용 꾸미기〉 – 파워포인트 사용

배경 만들기(업사이클링 북)

만들어진 이야기를 파워포인트 작업으로 꾸몄고 다음으로는 배경을 만들기로 하였다. 편지쓰기 공간에서 종이로 모양을 오려서 편지지를 꾸미는 유아의 놀이에서 아이디어를 얻어 배경을 그림으로 표현하지 않고 종이로 모양을 오려서 화면만 전환될 수 있도록 지원하였다.

- **업사이클링 북:** 폐기되는 동화책이나 잡지 등의 그림들을 이용해서 책을 만드는 방법으로 버려지는 자원을 이용한 놀이 방법이다. 이야기에 맞는 배경을 생각하고 적절한 이미지의 색을 지닌 부분을 폐기되는 동화책이나 잡지 등에서 오려서 종이에 붙인다.

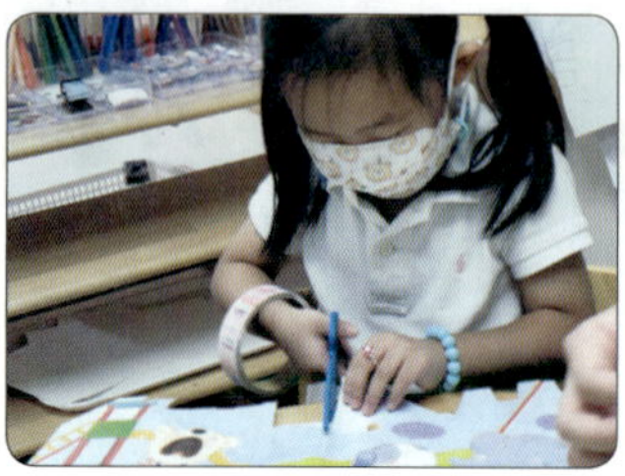

하늘

바다

땅

스톱모션 촬영

파워포인트 애니메이션 효과로 움직이는 동화를 만들 수 있지만 좀 더 유아들의 놀이 주도권을 위해 스스로 작업해보고 촬영해볼 수 있는 '스톱모션'을 소개해주었다. 촬영하는 것을 알려주니 이야기의 흐름에 따라 캐릭터를 옮겨가며 쉽게 촬영할 수 있었다.

- **스톱모션(Stop Motion):** 촬영 시 피사체의 동작을 변화시킴으로써 마치 그 대상의 최종적인 이미지가 움직이는 듯한 시각효과를 연출하는 기법이다.
- **사용방법:** 촬영 시 특정 프레임에서 카메라를 멈추고 피사체에 변형을 가한 후 다시 촬영한다. 촬영을 마친 후 녹화된 내용을 확인한다. 불필요한 부분이 촬영되었다면 그 부분을 잘라서 삭제할 수 있다.

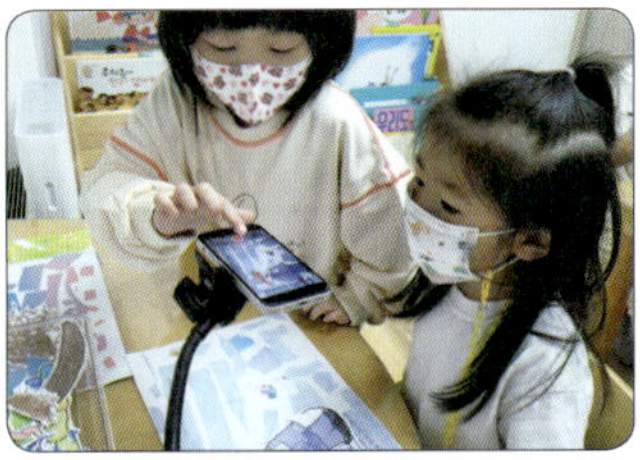

"살짝 눌러야 해."

"지금이야. 새를 옮겨봐."

"너무 빨리 옮겨진 거 같아. 천천히 해야 해."

"다시 돌려보자.(녹화된 것을 보고서) 너무 빨리 만났어."

"화면을 바꾸자."

"이젠 누가 나와야 하지? 애벌레가 나와야 해."

〈스톱모션 촬영 내용〉 – 캡처 사진

"진짜 라온이가 움직이는 거 같아."

"바람도 움직이는 거 같고."

"진짜 재밌다."

"진짜 신기하고 재밌어!"

감상하기(QR코드 지원)

스톱모션으로 찍은 이야기 영상은 유아들의 언어놀이에 자극을 주어서 그 이후에도 이야기책 만들기 놀이가 활발히 일어났다. 유아들은 놀이시간에도 수시로 '라온이의 세상 여행' 동화를 보고 싶어 했고, 교사는 유아들의 의견을 담아 동화를 QR코드로 만들어 교실에 붙여주었다.

- **QR코드:** 많은 내용의 용량을 담은 코드로 스마트폰으로 이 코드를 촬영하면 그 안에 저장된 문서나 영상들을 볼 수 있다. 네이버 아이디만 있으면 쉽게 제작이 가능하다.

앞으로의 놀이 예상:

- 자신들이 만든 이야기가 실제로 움직이는 동화가 되는 경험을 한 유아들은 더욱더 이야기 짓기 놀이를 적극적으로 할 것으로 예상한다.
- 스톱모션을 활용한 놀이가 여러 놀이 영역에서 활용되어 일어날 것으로 보인다.
- '업사이클링 기법'을 활용한 놀이를 통해 버려지는 것을 다시 의미 있게 들여다보는 노력을 할 것으로 기대한다.

바다 생물 이야기

지원된 디지털 미디어 활용 : 파워포인트, 구글 앱(증강현실), 크롬 뮤직랩, 태블릿PC

만 4세

흙(도자기흙)으로 바다 생물 만들기를 즐기던 유아들은 흙작품들이 많이 쌓이게 되자 모아진 흙작품들로 이야기 만들기를 원했고 자신들이 만든 구성물이 주인공이 되는 동화 만들기가 시작되었다.

보다 바다 생물답게 만들기 위한 유아들의 방법과 이야기 짓기 놀이를 통해 매체의 예술적 표현뿐 아니라 언어적 감수성도 높아질 것으로 기대된다.

놀이의 흐름

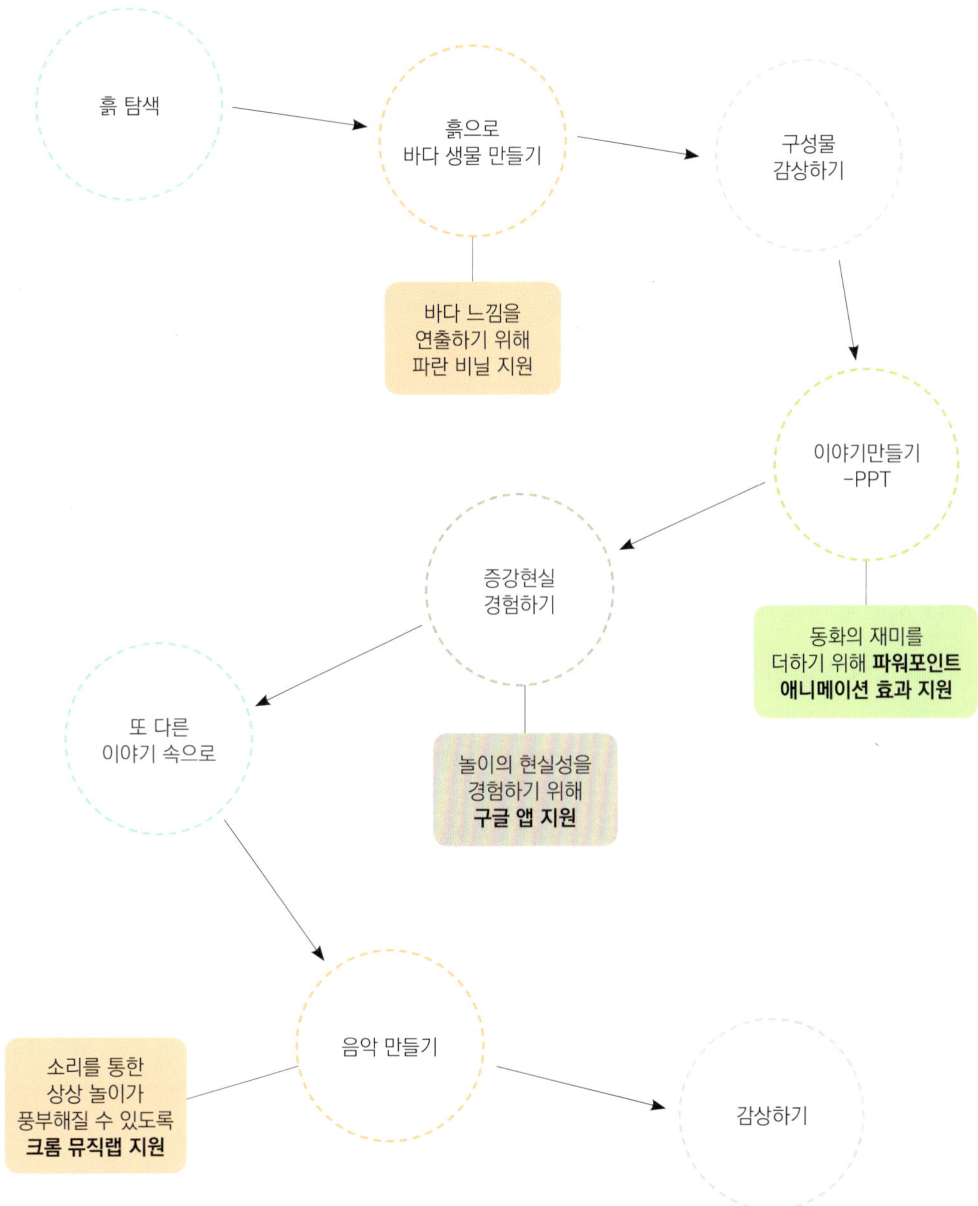
흙 탐색
흙으로
바다 생물 만들기
구성물
감상하기
바다 느낌을
연출하기 위해
파란 비닐 지원
이야기만들기
-PPT
증강현실
경험하기
동화의 재미를
더하기 위해 파워포인트
애니메이션 효과 지원
또 다른
이야기 속으로
놀이의 현실성을
경험하기 위해
구글 앱 지원
음악 만들기
소리를 통한
상상 놀이가
풍부해질 수 있도록
크롬 뮤직랩 지원
감상하기

흙 탐색

교실에 지원된 도자기 흙은 성질이 유연해서 유아들의 자유로운 표현 욕구를 높여주는 매체이다. 흙덩어리에서 작은 조각을 떼어내 손바닥으로 누르면 납작해지고, 길게 코울링하면 지렁이 모양이 된다. 돌돌 돌리면 동그란 공 모양으로 변신도 가능하고 흙을 여러 도구들로 누르면 스케치북이 되어 다양한 무늬도 만들어 낼 수 있다.

"색깔이 똑같지만 재밌어."
"난 이렇게 만드는 것이 좋아."
"나뭇조각으로 끼울 수 있어."
"서로 잘 붙어."

흙으로 바다 생물 만들기

"난 바다 생물을 만들어야지~"

가족과 바다 생물을 볼 수 있는 곳에 여행 다녀온 유아를 중심으로 바다 생물 만들기가 시작되었다.

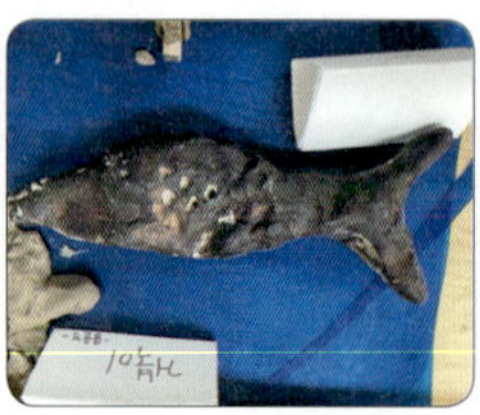

• **교사의 지원:** 유아들이 만든 바다 생물은 다른 유아들도 잘 볼 수 있도록 교실 교구장 위에 파란색 비닐을 깔아주고 그 위에 전시하였다. 파란 비닐을 깔아준 것은 바다 생물을 전시하는데 보다 더 바닷속 느낌을 연출하기 위함이다. 이와 같이 교사는 유아들 작품의 내용이 효과적으로 잘 드러낼 수 있도록 가시화해 주는 노력이 필요하다.

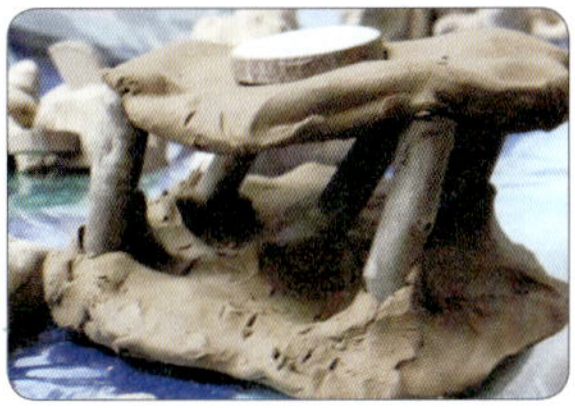

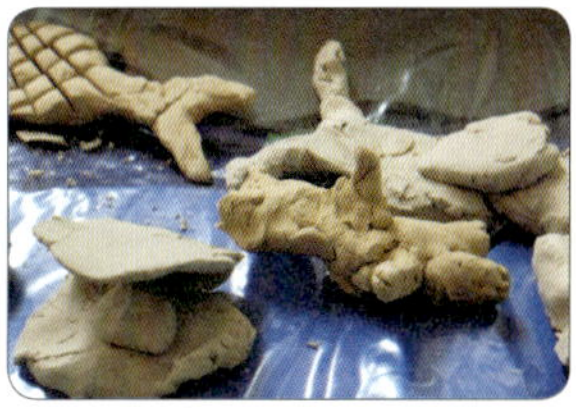

구성물 감상하기

"와. 이제 전시할 공간이 없어요."

"진짜 우리가 많이 만들었어요."

"여기 상어도 있고 이건 고래야."

"문어도 있고."

"이렇게 많이 만들어진 것으로 뭘 해볼까?"

"우리들이 만든 것으로 이야기를 만들어요."

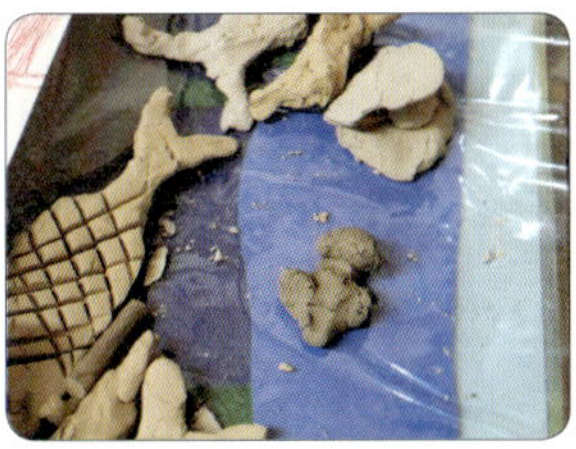

이야기 만들기- 파워포인트 활용

이야기를 만들자는 유아들의 의견을 시작으로 배경 그림을 그리고 이야기를 만들었다. 주인공은 유아들이 만든 흙작품 중에서 골랐고, 교사는 역동적인 동화 이미지를 위해 파워포인트의 애니메이션 효과를 적용하여 움직이는 동화를 만들어주었다.

연어와 고등어를 잡아먹은 상어는 범고래를 만났어요. 상어와 범고래는 "안녕" 인사를 나눴어요.

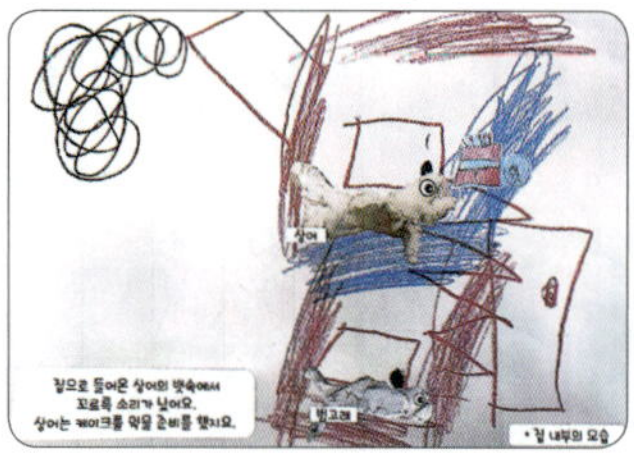

집으로 돌아온 상어의 뱃속에서 꼬르륵 소리가 났어요. 상어는 케이크를 만들 준비를 했어요.

인사를 나눈 상어와 범고래는 함께 집으로 갔답니다.

유아들의 놀이 성취감을 높여주고자 유아들의 이야기를 흙작품들과 합성해서 보여주자 유아들의 놀이 동기가 높아졌다.

- **파워포인트(PowerPoint) 애니메이션:** 파워포인트에서 제공되는 애니메이션 기능으로 작성한 개체로 간단한 움직임을 만들 수 있다.
- **사용방법:** 1. 파워포인트 화면에 배경 그림과 작품 사진을 차례대로 불러온다.
  2. 배치하고 글을 삽입한다.
  3. 애니메이션에서 슬라이드 화면 전환 기능을 사용한다.

증강현실 경험하기(구글 앱 지원)

유아들의 놀이 몰입도를 높이고 즐거운 재미 요소를 더해주고자 구글 앱을 이용해 상어를 교실로 불러온 효과(증강현실)를 경험할 수 있게 해주었다.

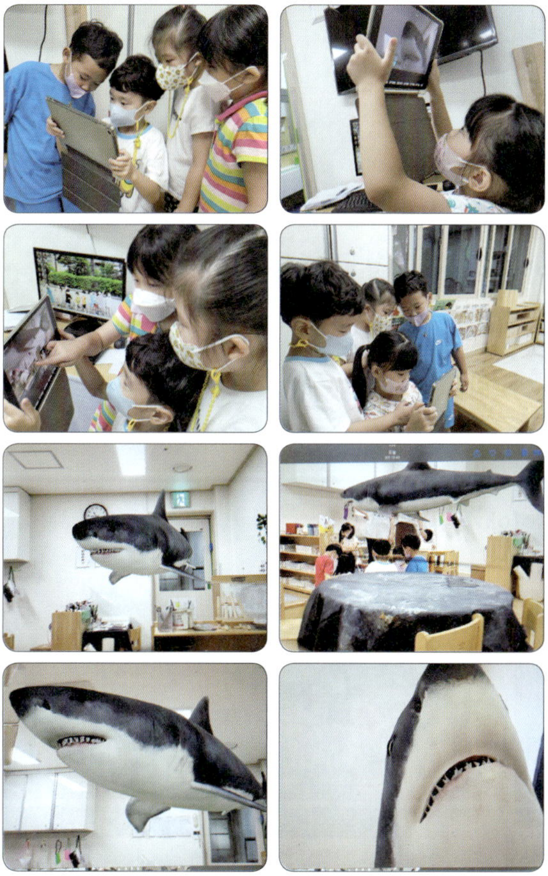

"와 진짜 크다…"

"와 신기해.."

"교실에 없는데 어떻게 상어가 보이지?"

"그렇게 하면 상어가 없어져."

"상어가 선생님 위에 올라가 있다."

"상어야…"

"야~~~ 그렇게 하면 없어져.."

"으악… 너무 무서워…"

"때려! 때려!"

"진짜 커… 잡았어."

"이빨만 잡았어."

"나도 잡았어!"

"진짜 무서워…"

"이빨을 사진 찍어야 해.."

"진짜 움직여."

- **교사의 지원:** 바다 생물 이야기 만들기에 더욱 흥미를 가질 수 있도록 구글 앱을 검색하여 '상어' 이미지를 증강현실로 구현해주었다. 증강현실로 교실에서 직접 상어를 만난 유아들은 너무나 흥분하며 즐거워했다. 손으로 움직일 때마다 상어의 모양과 방향, 크기가 함께 변화하는 모습을 보면서 유아들은 더욱 더 몰입하여 놀이를 이어갔다.

- **구글(Google):** 구글은 웹 검색, 포털 사이트, 또는 관련 사이트를 운영하고 광고를 주 사업 영역으로 하는 미국의 구글 사가 서비스하는 전 세계에서 압도적 1위를 차지하는 검색 엔진이다.
- **사용방법:** 1. 구글 검색 창에 상어를 입력한다.
  2. 내용 중 3D로 보기를 클릭한다.
  3. '내 공간에서 보기'를 클릭한다.

또 다른 이야기 속으로

교사: 얘들아. 지난번에 너희들이 상어를 보다가 이렇게 사진을 찍었나봐.

유아: 와. 신기하다.

유아: 진짜 우리 반에 상어가 온 거 같아.

유아: 사진에 맞게 우리가 이야기를 만들어줘요.

유아들은 자신들이 찍은 사진 위에다 이야기를 만들었다.

상어는 옆에 있는 김서하에게 "나랑 같이 놀자 서하야" 하고 이야기했어요.

상어가 다른 친구들을 발견하였어요.
상어는 친구들이 무엇을 하는지 궁금해 쳐다보았답니다.

친구들이 무엇을 하는지 살펴본 상어는 한울반을 둘러보기도 하였어요.

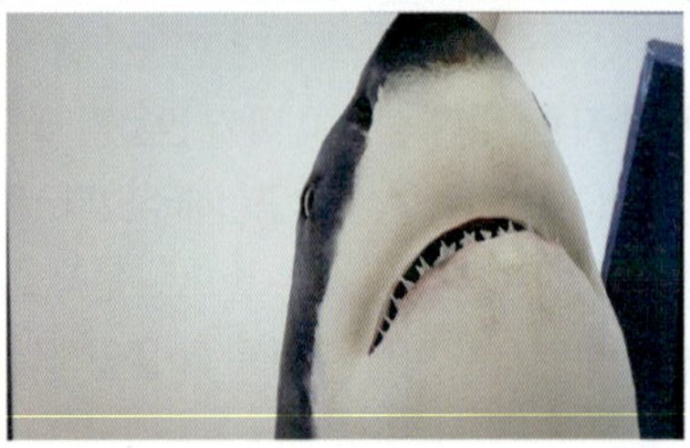

창문을 살펴보던 상어가 움직임을 멈췄어요.
창문 밖을 유심히 살피던 상어는
창문 밖이 바다인 줄 알고 헤엄을 치기 위해 밖으로 나갔답니다.

음악 만들기(크롬 뮤직랩)

증강현실로 불러낸 '상어'는 교실 속 배경과 어울려져 유아들의 놀이 흥미를 높여주었고, 상상하여 이야기 짓는 놀이로 이어졌다. 유아들과 함께 만든 이야기를 감상해보았다.

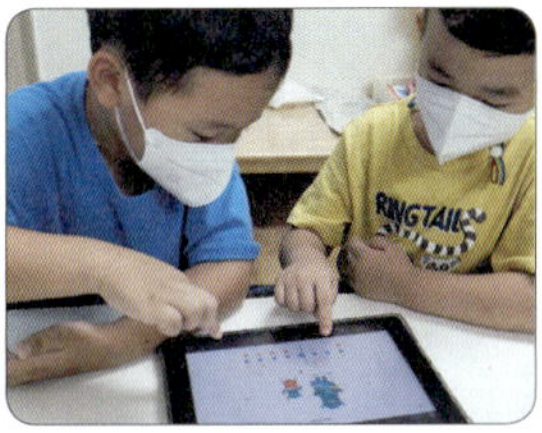
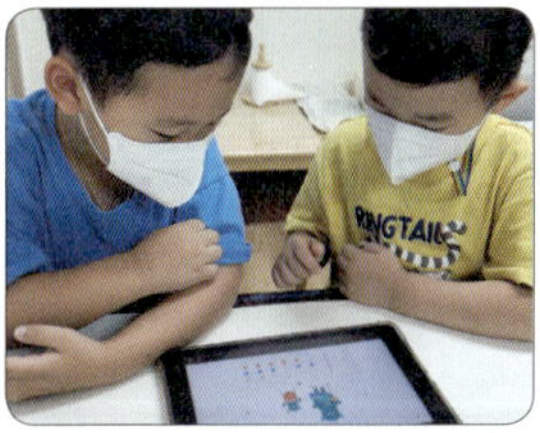
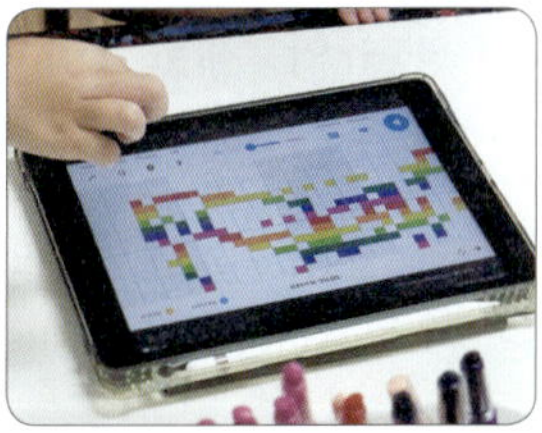
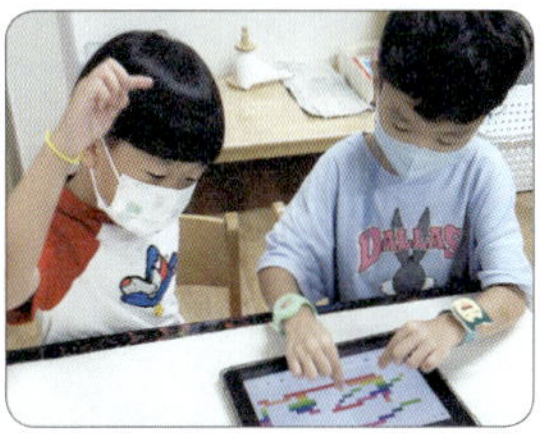
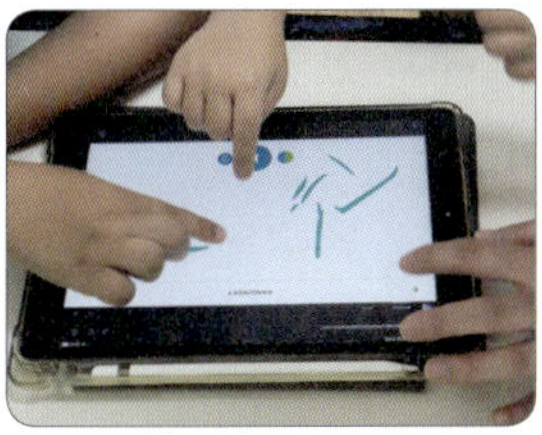

"진짜 우리 반에 상어가 들어온거 같아." "이빨이 진짜 무섭다."

"우리가 만든 이야기 재밌어!"

"창문으로 나가는 장면이 더 있었음 좋았겠다."

"상어가 들어올 때 무서운 음악이 있음 좋겠다. 더 무섭게~"

"무서운 음악이 필요한데?"

"두-두—두두 한 음악이 필요해."

"맞아. 무서운 거야."

"별 그려봐봐."

"어? 그런 소리는 무섭지 않고 신나는데?"

"춤을 추고 싶은데? (몸을 흔든다.)"

"기계소리 같아. 그건 무섭지 않아."

"완성하면 더 멋질 것 같아."

- **크롬 뮤직랩:** 구글에서 만든 뮤직앱으로 쉐어드 피아노(Shared Piano), 송 메이커(Song Maker), Rhythm(리듬), Spectogram(스펙토그램), Sound Wave(사운드 웨이브), Arpeggios(아르페지오), Kandinsky(칸딘스키) 등 직접 음을 듣고 누르며 음악을 만드는 앱이다.

• **사용방법:** 유아의 흥미에 따라 송 메이커(Song Maker)로 그림을 그려 음악을 만든다. Rhythm(리듬)으로는 박자로 음악을 만든다. Kandinsky(칸딘스키)로는 선과 도형을 그려 음악을 만든다.

감상하기

교사: 애들아. 우리가 만든 흙으로 이야기도 만들고 증강현실로 상어도 만나고 어땠어?

유아: 재밌었어요.

유아: 상어를 본 게 재밌었어요.

유아: 맞아. 나도.

유아: 다른 동물들도 봤음 좋겠어요.

유아: 우리가 만든 바다 생물들을 다 만나고 싶어요.

유아: 이렇게 소리도 만드는 것이 신기했어요.

유아: 뚱땅뚱땅 북치는 원숭이가 귀여웠어요.

유아: 곰돌이도.

앞으로의 놀이 예상:

- 상어가 아닌 다른 바다 생물들을 증강현실로 만나는 놀이가 이어질 것으로 예상된다.
- 흙으로 유아들의 흥미에 따른 여러 가지 구성물들을 만들 것으로 예상한다.
- 자신들의 구성물에 이야기짓는 놀이가 활발히 일어날 것으로 보인다.
- 크롬 뮤직랩의 여러 가지 음악을 만드는 장치들을 활용하여 즉흥적인 음악 만들기 놀이가 이어질 것으로 기대한다.
- 소리 만들기와 함께 녹음작업도 진행되어 이야기에 유아들의 목소리를 녹음하여 연출할 것으로 기대한다.

거북선을 소환하다!

지원된 디지털 미디어 활용 : 파워포인트, 한글그림판, 미러링, 태블릿PC

만 5세

영화 '명량'을 보고 온 유아가 만든 유니트 블록 거북선을 시작으로 이순신과 거북선에 대해 호기심이 생겼고 블록으로 거북선 만들기가 활발히 일어나게 되었다. 유아들은 자신들이 만든 블록 거북선으로 이야기를 만들고 배경을 그리며 동화 만들기 놀이로 이어졌다.

이와 같은 놀이 경험을 통해 블록으로 거북선을 구성하기 위한 다양한 방법들을 찾는 또래들의 사고과정이 활발히 일어나고, 이야기 짓기를 통한 언어적 감수성이 길러질 것이며, 미디어 활용을 통해 유아들 놀이의 극적인 즐거움이 높아질 것으로 기대한다.

놀이의 흐름

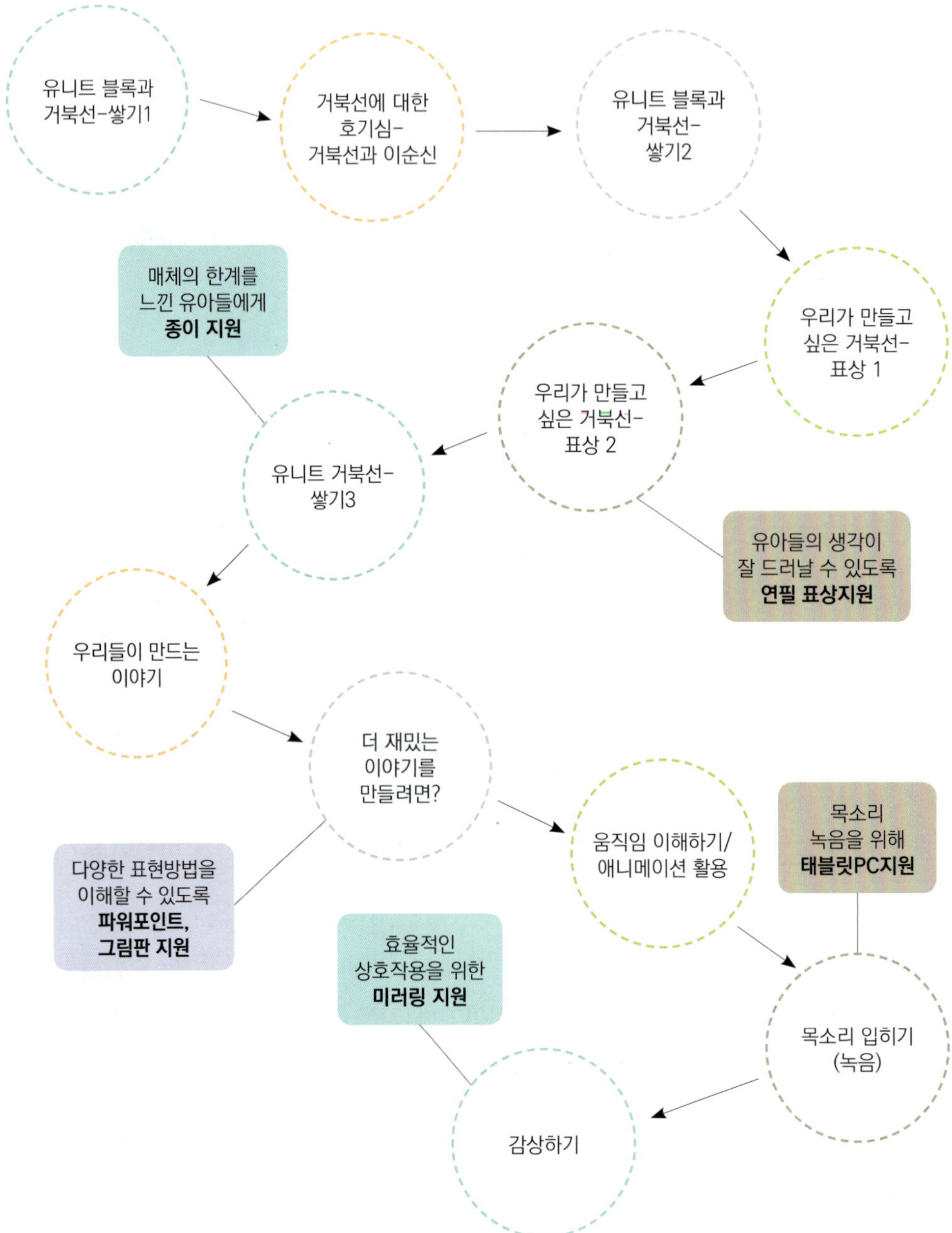
유니트 블록과 거북선-쌓기1
거북선에 대한 호기심-거북선과 이순신
유니트 블록과 거북선-쌓기2
우리가 만들고 싶은 거북선-표상 1
우리가 만들고 싶은 거북선-표상 2
유아들의 생각이 잘 드러날 수 있도록 연필 표상지원
매체의 한계를 느낀 유아들에게 종이 지원
유니트 거북선-쌓기3
우리들이 만드는 이야기
더 재밌는 이야기를 만들려면?
다양한 표현방법을 이해할 수 있도록 파워포인트, 그림판 지원
움직임 이해하기/애니메이션 활용
목소리 녹음을 위해 태블릿PC지원
효율적인 상호작용을 위한 미러링 지원
목소리 입히기(녹음)
감상하기

유니트 블록과 거북선 – 쌓기 1

영화 '명량'을 보고 온 유아가 유니트 블록을 사용하여 거북선을 만들기 시작한다. 친구들이 멋진 배를 만든다고 생각하며 호기심을 보이자 유아는 자신이 알고 있는 거북선에 대해 설명하였다.

"우리나라랑 일본이랑 싸웠을 때 탄 배야." 또래들은 거북선이 무엇인지 완벽히 이해하지는 못했지만 독특한 모습의 거북선에 관심을 갖고 함께 놀이하기 시작하였다.

거북선에 대한 호기심 – 거북선과 이순신

"거북선은 우리나라를 지키는 일을 하는 배야."

"일본하고 싸우려고 만든 배. 일본이 우리나라를 뺏으러 와서 지키려고."

"13개로 1000개인가 100개인가 하고 싸워서 우리가 이겼어."

"거북선 안은 어떻게 생겼을까 궁금해."

"대포가 있을 거야 / 화장실도/ 자는 곳도."

"이순신은 우리나라를 지켜준 사람이야."

"거북선을 만든 사람?" "우리나라 장군."

"그래서 활이랑 대포를 적에게 쏜 사람."

"전쟁에서 이긴 사람."

"우리나라를 빛낸 위인에 나와."

유니트 블록과 거북선 – 쌓기 2

거북선 만들기가 활발히 일어나자 교사는 놀이 공간에 거북선 사진들을 붙여주었고, 가시화된 사진과 그림들을 보면서 유아들의 구성물은 좀 더 배 모습을 띠게 되었다.

"배 모양은 앞이 뾰족해야 해."

"맞아. 배는 그런 모습이야."

"앞을 뾰족하게 하려면 세모블록이 필요해."

"세모 모양은 없는데?"

"블록을 이렇게 하면 세모가 돼!"

우리가 만들고 싶은 거북선 – 표상 1

"거북선 같지 않아."

"옆으로 노가 있어야 해."

"입에서 불이 나가야 해."

"먹으로 그리니까 진짜 거북선 같다."

"맞아. 진짜 옛날 그림 같다."

우리가 만들고 싶은 거북선 - 표상 2

유아들은 유니트 블록으로 거북선을 만드는 놀이를 하면서도 자신이 만들고 싶은 거북선 모양을 그리기 도구로 가시화하는 작업도 함께 일어났다. 블록으로 거북선을 만드는 경험이 쌓이고 놀이가 진행됨에 따라 유아들의 표상도 이전보다 더욱 정교하고 자세히 표현하는 모습을 볼 수 있었다.

"등에 뾰쪽한 게 있어야 그래야 적이 못 들어와."

"적을 피해 숨어 있어야 해."

- **교사의 지원:** 유아들에게 표상을 지원하는 이유는 말과 글로 주제를 표현하는 것보다 그리기로 가시화하는 것이 좀 더 쉽게 다가갈 수 있고, 또한 여러 번 표상하는 작업을 통해 유아들은 주제를 보다 더 자세히 생각하고 사고하는 과정을 이끌어 내고 그로 인해 대상을 더 잘 알게 되기 때문이다.

유니트 거북선 - 쌓기 3 〈매체의 한계점〉

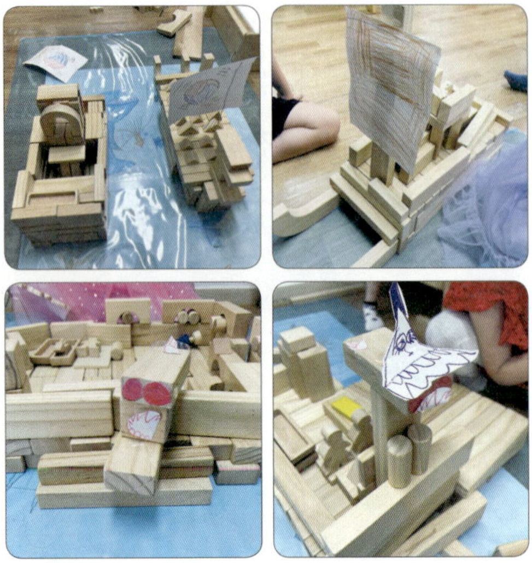

배를 만들던 유아들은 놀이의 극적인 효과를 주기 위해 놀이 공간 바닥을 바다로 표현하고, 거북선과 일본배의 구분을 위해 종이에 나라 국기를 그려서 붙여주거나 배의 돛을 종이에 그려서 블록에 붙여주었다. 블록의 한계점을 발견하고 적절한 매체인 종이를 찾아 그리고 오려서 붙이는 유능함을 보여주었다.

우리들이 만드는 이야기

"애들아, 무슨 놀이해?"

"일본배랑 거북선이랑 바다에서 만나서 싸우고 있어요."

"이순신이 거북선에 타고 있어요."

"거북선이 여기서 이리로 오고 있어요."

"여기서 전쟁이 일어나요."

"선생님~ 우리들이 만든 거북선과 일본배로 이야기를 만들어요."

거북선과 일본배가 등장하는 가상놀이가 '거북선' 이야기 짓기 놀이로 이어졌다. 블록으로 만들지 못하는 등장인물이나 배경은 그림으로 표현하기로 하였다.

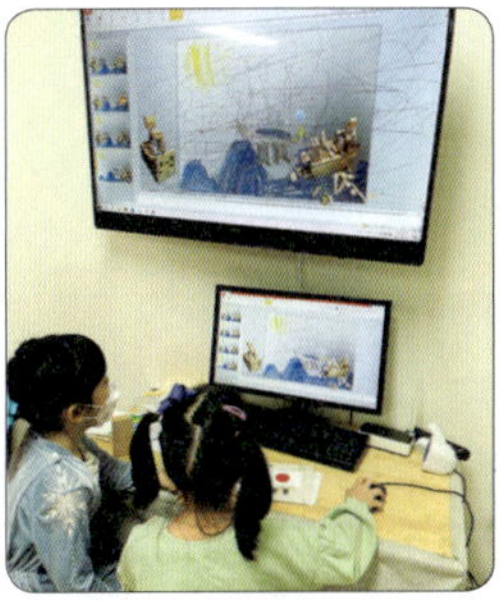

더 재밌는 이야기를 만들려면?

유아: 선생님. 이야기책을 더욱 재밌게 만들어요.

교사: 어떻게?

유아: 해적을 더 무섭게 만들어야 될 거 같아요.

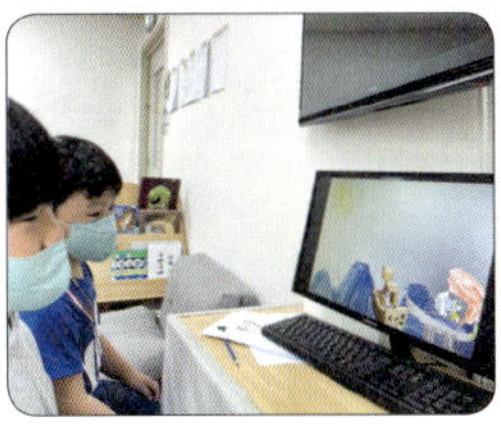

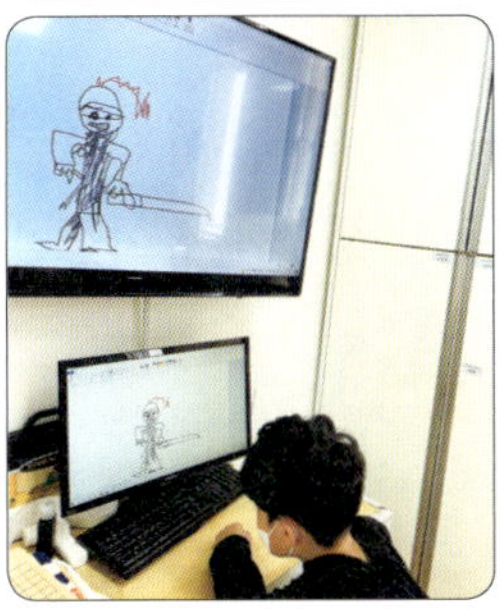

유아: 폭탄을 더 실감나게 만들어요.

교사: 폭탄을 어떻게 해야 실감날까?

유아: 폭탄이 터질 때 움직이면 좋겠어요.

유아: 맞아요. 배가 바다 위에서 움직이게 해요.

유아: 배가 왔다갔다 움직이면 재밌을 거 같아요.

유아: 이야기를 우리가 직접 말해주면 어떨까요?

유아: 우리가 이야기를 설명해주면 좋을 거 같아요.

- **교사의 지원:** 놀이의 주도권을 가지고 더욱더 적극적으로 그림 그리고 이야기를 만들 수 있도록 교사는 놀이시간에 컴퓨터를 유아들이 직접 작업할 수 있도록 지원하였다.
- **파워포인트(Power Piont) 애니메이션:** 유아들이 그린 그림이나 블록으로 만든 표상물을 오려 준비한 것을 파워포인트의 애니메이션 효과로 움직임을 줘서 생동감을 가질 수 있도록 하였다.
- **그림판:** 미디어를 적극적으로 활용하여 놀이의 즐거움이 더할 수 있도록 '그림판'에 유아들이 직접 배경이나 필요한 캐릭터를 그릴 수 있도록 지원하여 미디어의 순기능을 경험할 수 있도록 하였다.

움직임 이해하기 – 애니메이션 활용

유아가 만든 거북선 사진을 찍어서 컴퓨터에 저장하고 파워포인트에서 저장한 사진(일본배, 거북선)을 불러온다. 일본배와 거북선이 만났을 때 서로 만난 긴장감을 주기 위해 위아래로 움직일 수 있도록 애니메이션 효과를 주었다. 유아는 자신이 만든 것이 컴퓨터 속에서 움직인다는 게 신기한지 적극적으로 놀이하였다.

목소리 입히기(녹음)

보다 실감 나는 동화 구현을 위해 내용 장면마다 이야기를 짓고 그 내용에 유아들의 목소리를 입히기로 하였다. 자신들이 만든 동화에 목소리까지 녹음할 생각에 유아들은 기분 좋은 긴장감을 갖고 즐겁게 참여하였다.

- **교사의 지원:** 목소리 녹음을 위해 태블릿PC를 지원하였다. 마이크가 따로 없어도 태블릿PC의 녹음 기능을 활용하였다.

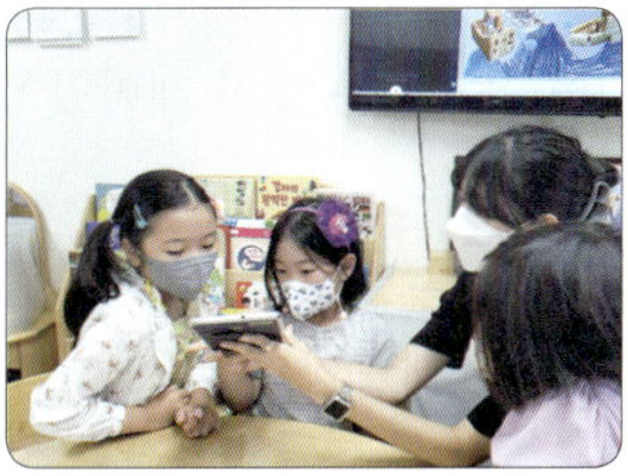
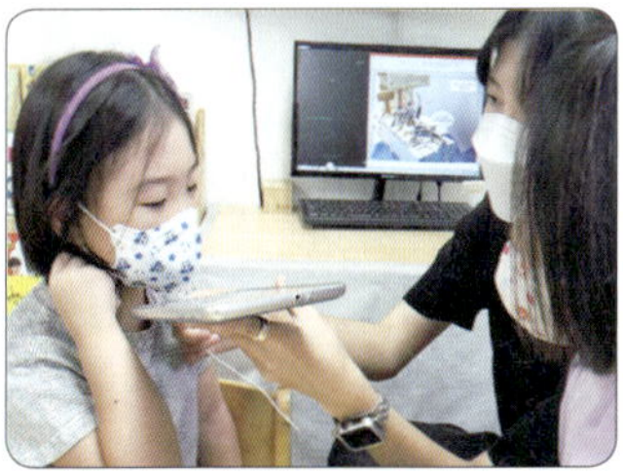
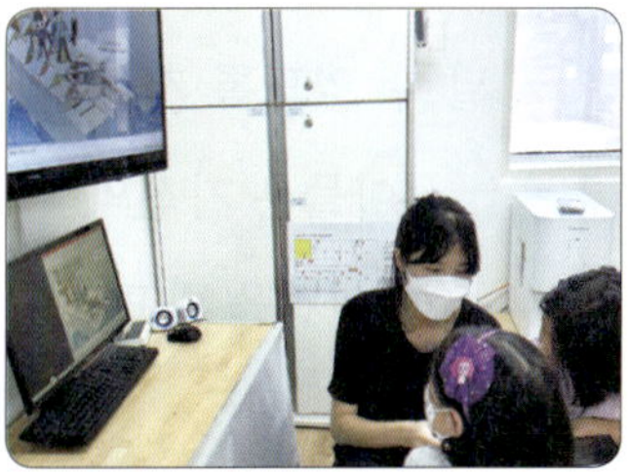

화면을 공유하면서 녹음된 내용을 확인하였다.

감상하기

유아들이 그동안 거북선을 블록으로 만들고 그림으로 표현하고 파워포인트로 움직이는 동화를 만들었던 것을 다 함께 감상하는 시간을 가져보았다. 다 함께 만들어 낸 공

동의 작품을 보며 만족감과 성취감을 느낄 수 있었던 시간이었다.

동생 반을 초대하여 다 함께 동화를 감상하였다. 친한 언니 오빠들이 그린 그림들과 목소리가 나오니 더욱 즐겁게 관람하는 모습이었다.

동생들 : 재미있었어요, 그림이 움직이는 것이 재미있어요. 신기해요.

〈미러링 지원〉

태블릿PC와 텔레비전을 미러링해서 유아들과의 상호작용하는 내용이 즉각적으로 텔레비전에 나타날 수 있도록 지원하였다.

유아들은 자신의 의견이 바로 가시화되자 더욱 열심히 의견을 발표하는 모습이었다.

앞으로의 놀이 예상:

- 거북선과 이순신 장군에 대한 관심이 우리나라를 빛낸 위인들에게 대한 존경심으로 이어져 다른 위인들의 업적과 생애 등을 찾아볼 것으로 예상한다.
- 한글 그림판에 그림 그리는 것을 즐기게 된 유아들은 다양한 패턴 무늬도 고안하여 편지지를 디자인하는 놀이가 일어날 것으로 기대한다.
- 블록으로 거북선과 같은 커다란 건축물을 만드는 것에 자신감이 생긴 유아들은 우리나라의 유명한 건축물을 블록으로 구성하는 놀이가 활발히 일어날 것으로 보인다.
- 동화의 내용이 어렵다는 동생들의 피드백으로 내용을 보다 쉽게 표현하여 동화를 수정하는 작업이 일어날 것으로 예상한다.
- 책 만들기 놀이를 즐기는 만 5세 교실에서 이젠 '종이' 매체에만 제한된 동화가 아닌 컴퓨터를 활용한 움직이는 동화 만들기가 활발히 일어날 것으로 기대한다.

우리들의 패션쇼

지원된 디지털 미디어 활용 : 태블릿PC, 스마트폰, 스톱모션, QR코드

만 5세

유아들은 종이로 접고 자르고 붙여서 무엇이든 만들어내는 유능함이 있다. 교실에 지원된 감정 인형의 옷 만들기 놀이도 패턴 색종이를 이용한 놀이로 시작되었다. 다양한 표정을 지닌 감정 인형들이 여러 상황 속에서 즐길 수 있는 옷 만들기 놀이는 어느새 '자신들이 입고 싶은 옷 만들기'로 이어지고 있었고, 미디어를 활용한 패션쇼 놀이까지 확장되었다. 종이 작업으로부터 시작된 유아들의 다양한 놀이 경험들이 의미롭게 이어지는 모습을 들여다보려 한다.

놀이의 흐름

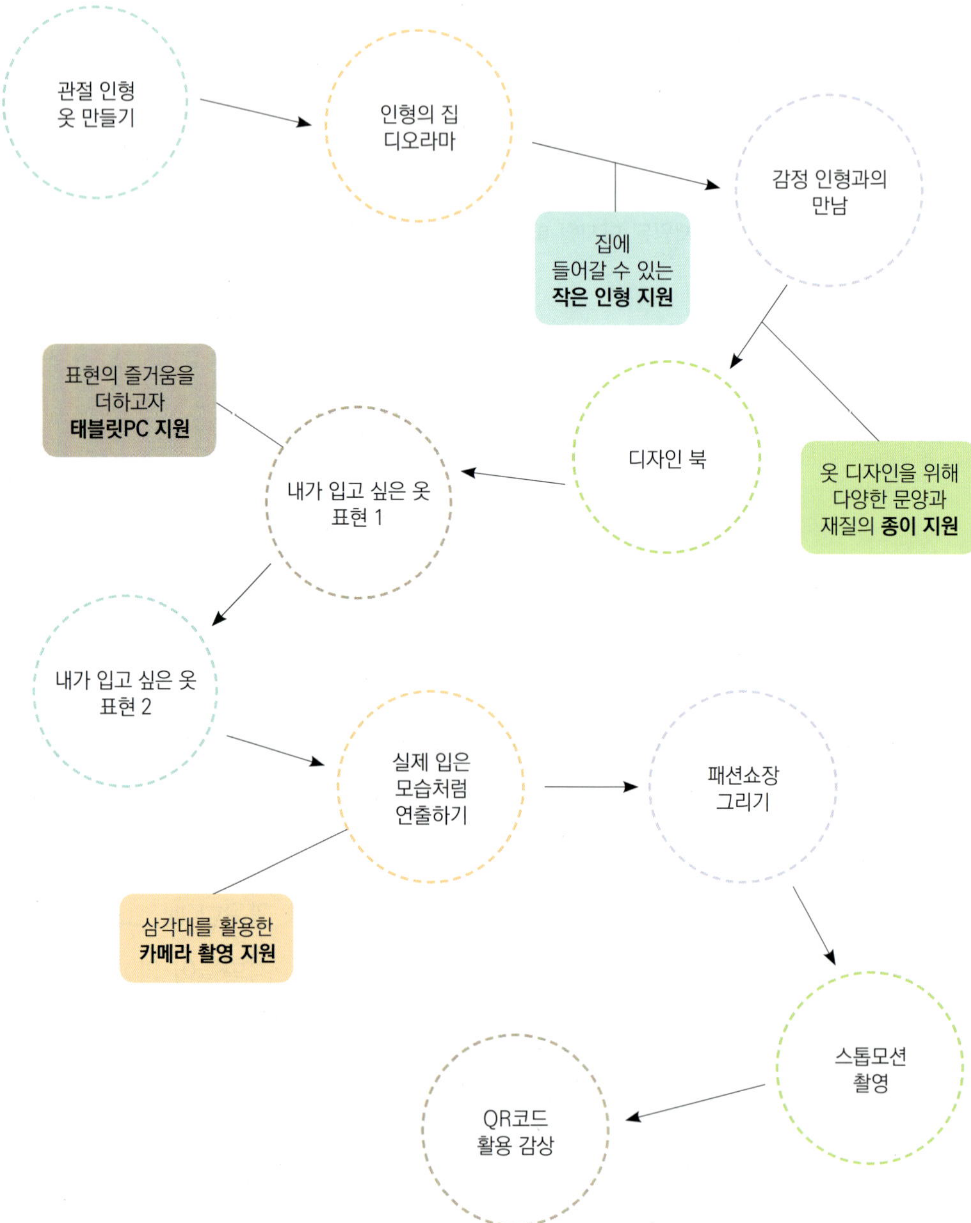
관절 인형
옷 만들기
인형의 집
디오라마
감정 인형과의
만남
집에
들어갈 수 있는
작은 인형 지원
디자인 북
옷 디자인을 위해
다양한 문양과
재질의 종이 지원
표현의 즐거움을
더하고자
태블릿PC 지원
내가 입고 싶은 옷
표현 1
내가 입고 싶은 옷
표현 2
실제 입은
모습처럼
연출하기
삼각대를 활용한
카메라 촬영 지원
패션쇼장
그리기
스톱모션
촬영
QR코드
활용 감상

관절 인형 옷 만들기

교실에 지원된 관절 인형은 관절마다 움직일 수 있는 인형으로 유아들의 호기심을 자극하였다. 나무로 된 목재 인형으로 따뜻한 느낌을 주는 관절 인형은 관절을 움직여 사람의 움직임을 이해하고 표현할 수 있는 놀이로도 활용 가능한 매체이기도 하다. 처음에 이 인형과 만난 유아들은 관절을 이리저리 움직여보다가 자연스럽게 옷을 만들어 입혀주는 모습을 보였다.

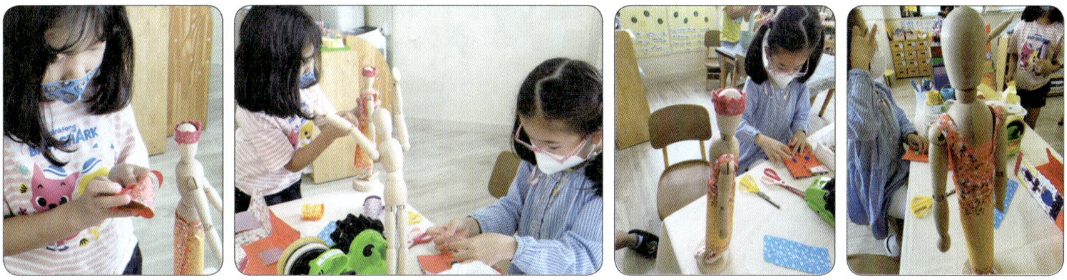

인형의 집 디오라마

인형의 옷을 만들어 입혀주던 유아들은 인형들이 들어가 살 수 있는 인형의 집을 만들고 싶어 하였다. 교실에 제공되어 있는 다양한 종이류로 입체물을 만들어 집을 만드는 유아들이다. 평면인 종이를 입체로 구성하기 위한 유아들의 다양한 방법들이 나타났다.

- **교사의 지원:** 유아들이 만든 종이 디오라마는 관절 인형이 들어가기엔 너무 작아서 어려움이 생기자, 종이집에 들어가기 용이한 작은 크기의 감정 인형을 지원해주었다.

감정 인형과의 만남

울고 웃고 찡그리고 화난 다양한 표정들을 지닌 감정 인형들이 지원되자 각각 다른 표정을 지닌 인형들의 감정을 살피며 나의 기분에 대해서도 생각해보는 유아들이다.

자신들이 만든 종이집에 쏙 들어갈 수 있는 아담한 크기의 감정 인형을 만난 유아들은 인형들에게 다양한 디자인의 옷을 만들어주기로 하였다.

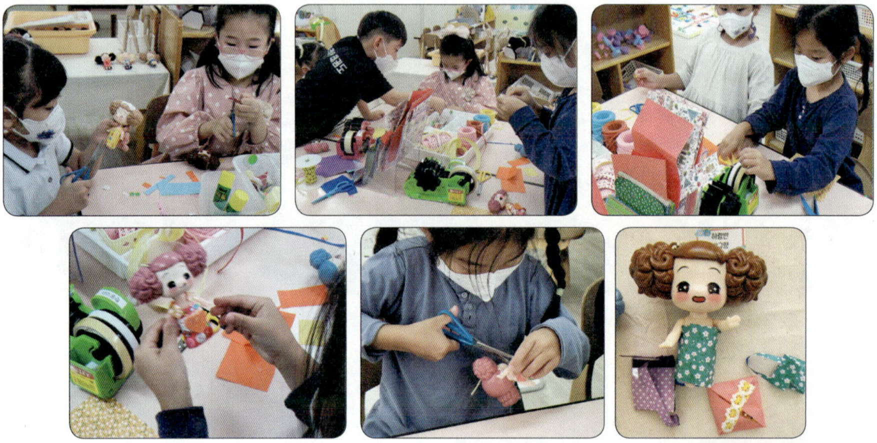

- **교사의 지원:** 유아들의 옷 만들기가 더욱 즐거운 놀이로 이어질 수 있도록 다양한 문양과 재질을 가진 색종이와 리본들을 지원하였다.

디자인 북

유아들은 감정 인형의 옷을 만들어주면서 옷에 대한 애정이 생겼고, 직접 완벽하게 만들지 못하는 아쉬움을 종이에 담아내면서 디자인 북을 고안하기 시작하였다. 자신의 감각을 그림으로 자유롭게 표현하는 모습이었다.

내가 입고 싶은 옷 표현 1

- **교사의 지원:** 여러 장의 종이를 묶어 '나만의 디자인 북'을 만들어 지원하자 각자의 디자인 북에 창의적인 표현력으로 옷 디자인하는 놀이가 활발히 일어났다. 유아들의 그리기 놀이가 좀 더 흥미롭게 진행될 수 있도록 태블릿PC를 제공해주었다.
- **태블릿PC:** 태블릿PC로 유아들 사진 찍은 것을 불러와서 주변을 없애고 얼굴만 오린다. 자신의 얼굴 밑 부분에 펜으로 옷을 디자인한다.

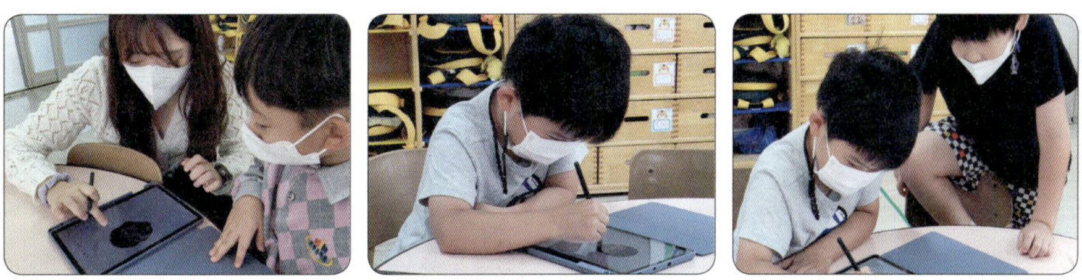

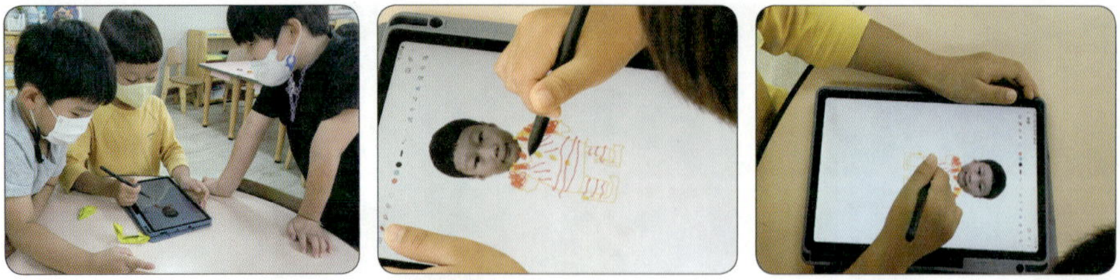

태블릿PC로 디자인하는 작업은 펜 하나로 선과 색을 표현할 수 있고 쉽게 수정할 수 있다는 장점 때문에 기존에 연필로 그리고 색연필이나 사인펜으로 색을 입히는 과정보다 즐겁게 참여하는 모습이었다.

내가 입고 싶은 옷 표현 2

태블릿PC로 '내가 입고 싶은 옷 그리는 놀이'와 함께 교실 한쪽에서는 색종이로 미니카접기 놀이가 한창 일어나고 있었다. 색종이 접기 놀이가 활발히 일어나면서 색종이로 옷을 접는 놀이로 이어졌다. 관절 인형에다 색종이로 옷 접은 것을 붙여주면서 '내가 입고 싶은 옷'을 색종이로 접거나 만드는 놀이가 시작되었다.

실제 입은 모습처럼 연출하기

- **교사의 지원:** 유아들이 만든 색종이 옷은 현실에서는 입기 어려운 색과 모양을 지닌 멋진 옷들이었다. 현실에서는 입지 못하지만 예쁜 옷(드레스)을 입고 싶은 유아들의 마음이 잘 표현되어 있었다. 비록 색종이 옷이지만 실제로 입은 느낌을 줄 수 있도록 거리감을 활용하여 촬영하기로 하였다. 삼각대와 스마트폰을 지원하여 직접 촬영해보는 경험을 하였다.

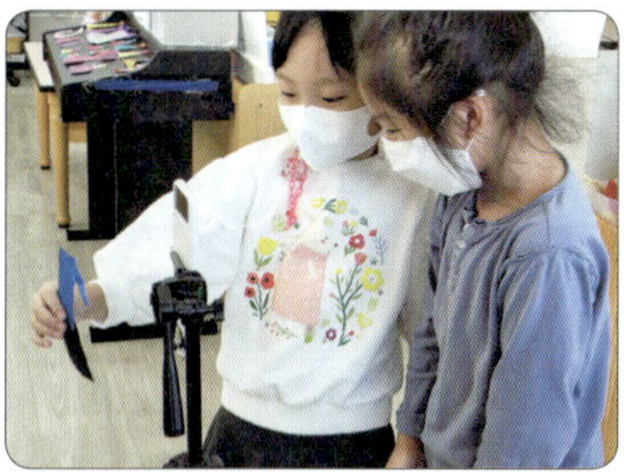
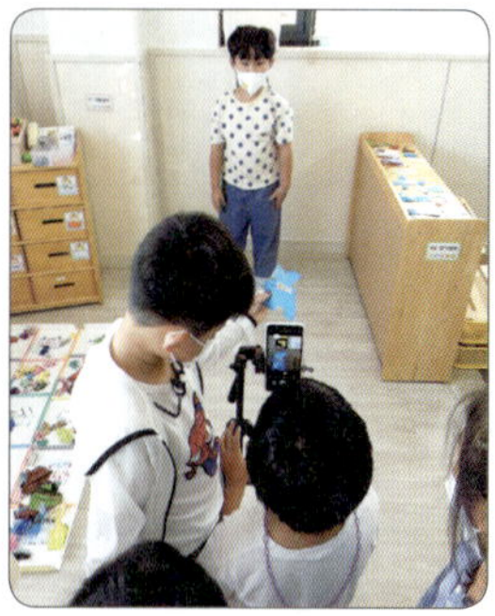
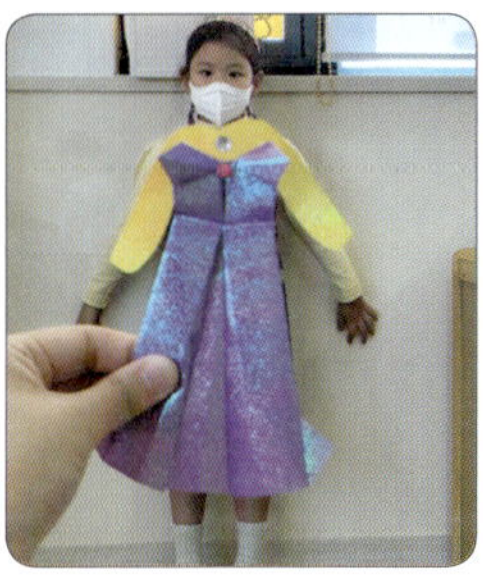
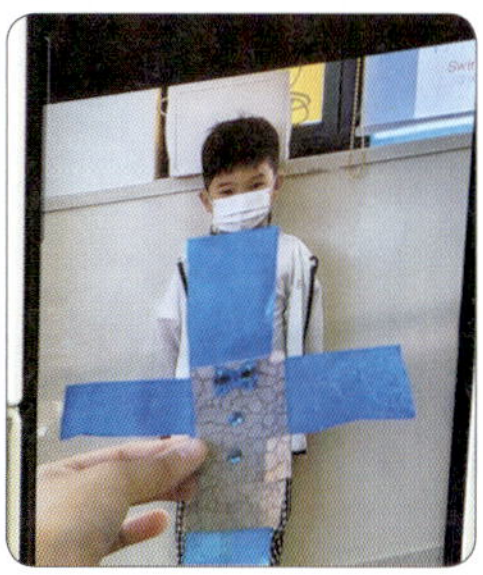
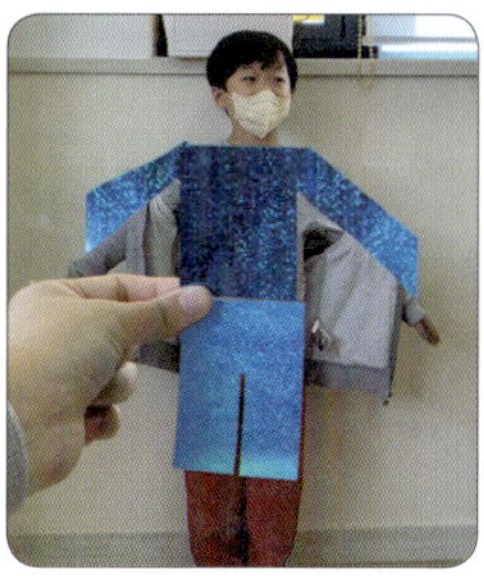
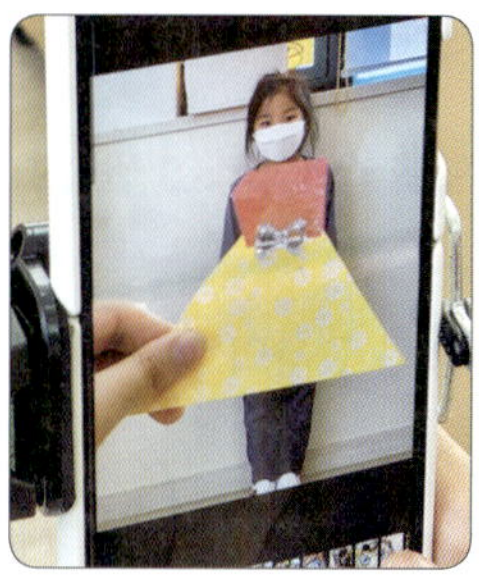

삼각대를 세워놓고 한 친구가 옷을 잡고 있으면 또 다른 유아가 사진 촬영을 한다. 놀이의 주도권을 유아들에게 주니 처음에는 모델과 옷의 위치가 맞지 않아 어려움을 겪었으나 곧 거리감을 이해하고 위치를 잘 맞추어 촬영할 수 있었다. 유아들은 스스로 만들어낸 성과물에 만족감을 드러내었다.

패션쇼장 그리기

자신의 얼굴과 옷이 합쳐진 하나의 모습이 완성되자 유아들은 친구들이 만든 옷을 다 함께 감상할 수 있는 패션쇼를 떠올리게 되었다. 교사는 유아들에게 패션쇼를 할 수 있는 배경을 그려볼 것을 제안하였다.

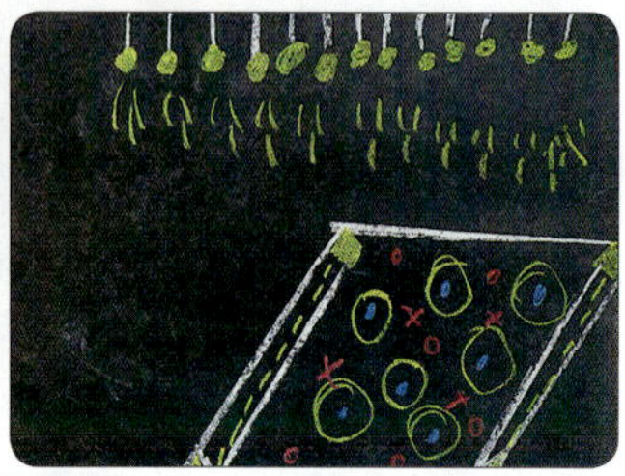

스톱모션 촬영

- **교사의 지원:** 멋지게 그린 패션쇼장 위에서 유아들 모습이 자연스럽게 움직일 수 있도록 스톱모션 촬영을 지원하였다.
- **스톱모션:** 책상 위에 패션쇼장 그림을 올려놓는다. 삼각대 설치하고 스톱모션으로 한 장면씩 촬영한다. 유아들의 그림이 천천히 움직일 수 있도록 속도를 정한다.

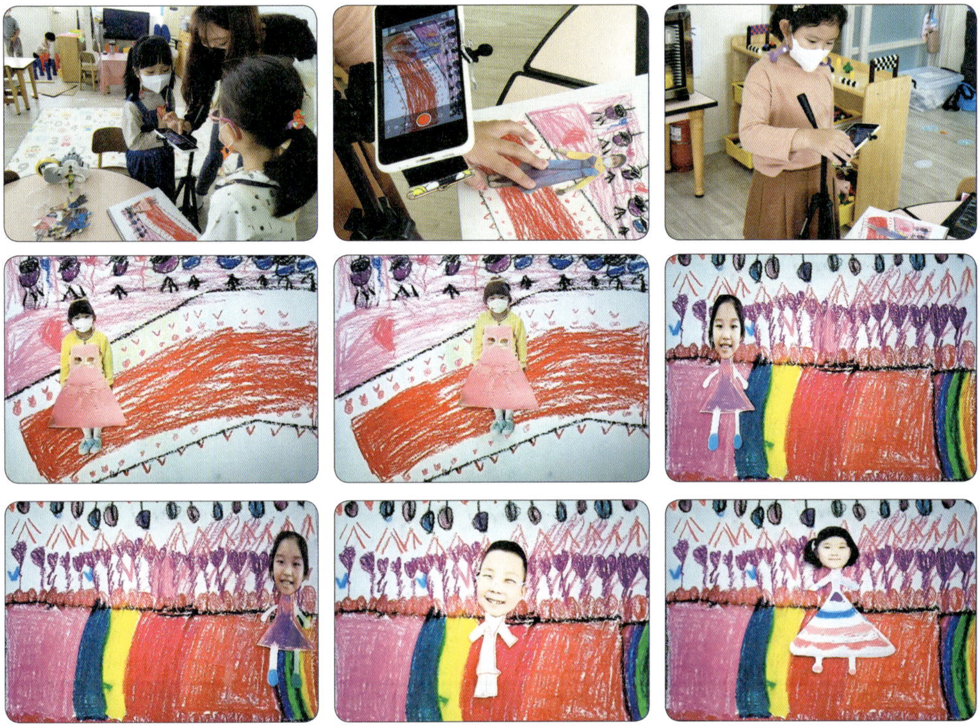

QR코드 활용 감상

- **교사의 지원:** 유아들의 패션쇼 스톱모션 영상을 놀이시간에도 자유롭게 공유할 수 있기 위해 QR코드를 제작하였다.
- **QR코드:** QR코드를 스마트폰으로 사진 촬영하면 동영상이 구현되는 것으로 '네이버 QR코드' 만들기에서 쉽게 QR코드를 만들 수 있다.

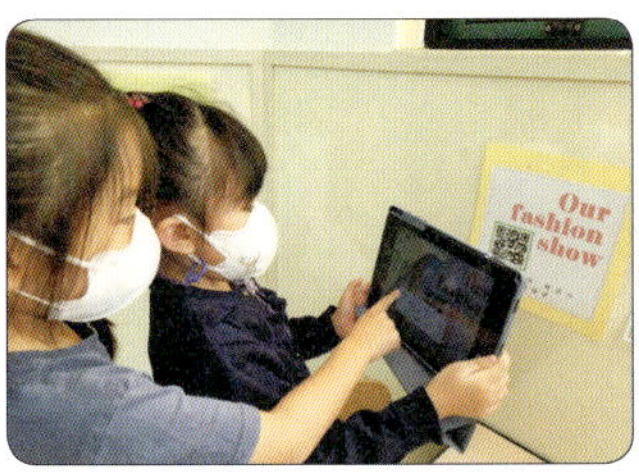

너무 재밌다.

좀 웃기기도 해.

또 보자.

앞으로의 놀이 예상:

- 인형 옷 만들기 놀이에 즐거움을 느낀 유아들이 '종이'로 만드는 것에서 '천'을 이용해 옷을 디자인하는 놀이로 이어질 것으로 예상한다.
- 스톱모션 앱을 이용해 움직이는 영상 만들기 놀이가 발현될 것으로 예상한다. 인형을 이용해 움직이는 동화나 인형극을 만들 것으로 기대한다.
- 디자인 북을 만들며 그리고 꾸미는 놀이에 흥미를 갖게 된 유아들은 색깔과 모양의 조합을 생각하며 그리기 놀이가 활발히 일어날 것으로 예상한다.
- 우리 반의 패션쇼 영상 QR코드를 다른 반에도 소개해줘서 놀이의 공유가 일어날 것으로 예상한다.
- 종이로 디오라마 만드는 놀이가 더욱 확장되어 상자를 이용한 디오라마 만들기 놀이가 이어질 것으로 기대한다.

재활용품 로봇! 생명을 얻다!

지원된 디지털 미디어 활용 : 코딩 로봇, 스톱모션, 스마트폰, 노트북

만 5세

'코딩 로봇' 특성화 수업 후 로봇에 대한 호기심이 생긴 유아들은 로봇을 직접 만들고 싶어 했고, 지원된 재활용품으로 상상을 더해 로봇가족을 만들었다. 사람과 로봇을 비교하며 같고 다름을 이해할 수 있었으며 만든 로봇에게 편지를 쓰는 놀이를 통해 다양한 감정들을 나눌 수 있었다. 만든 로봇이 실제로 움직였으면 좋겠다는 유아들의 의견으로 스톱모션을 활용한 디지털 놀이를 지원하였고 유아들이 만든 로봇 이야기를 더해 움직임이 있는 동화가 완성되었다. 비정형화된 매체들을 이용한 창의적 만들기와 미디어 활용으로 새롭고 흥미로운 놀이 경험이 되었길 기대해본다.

놀이의 흐름

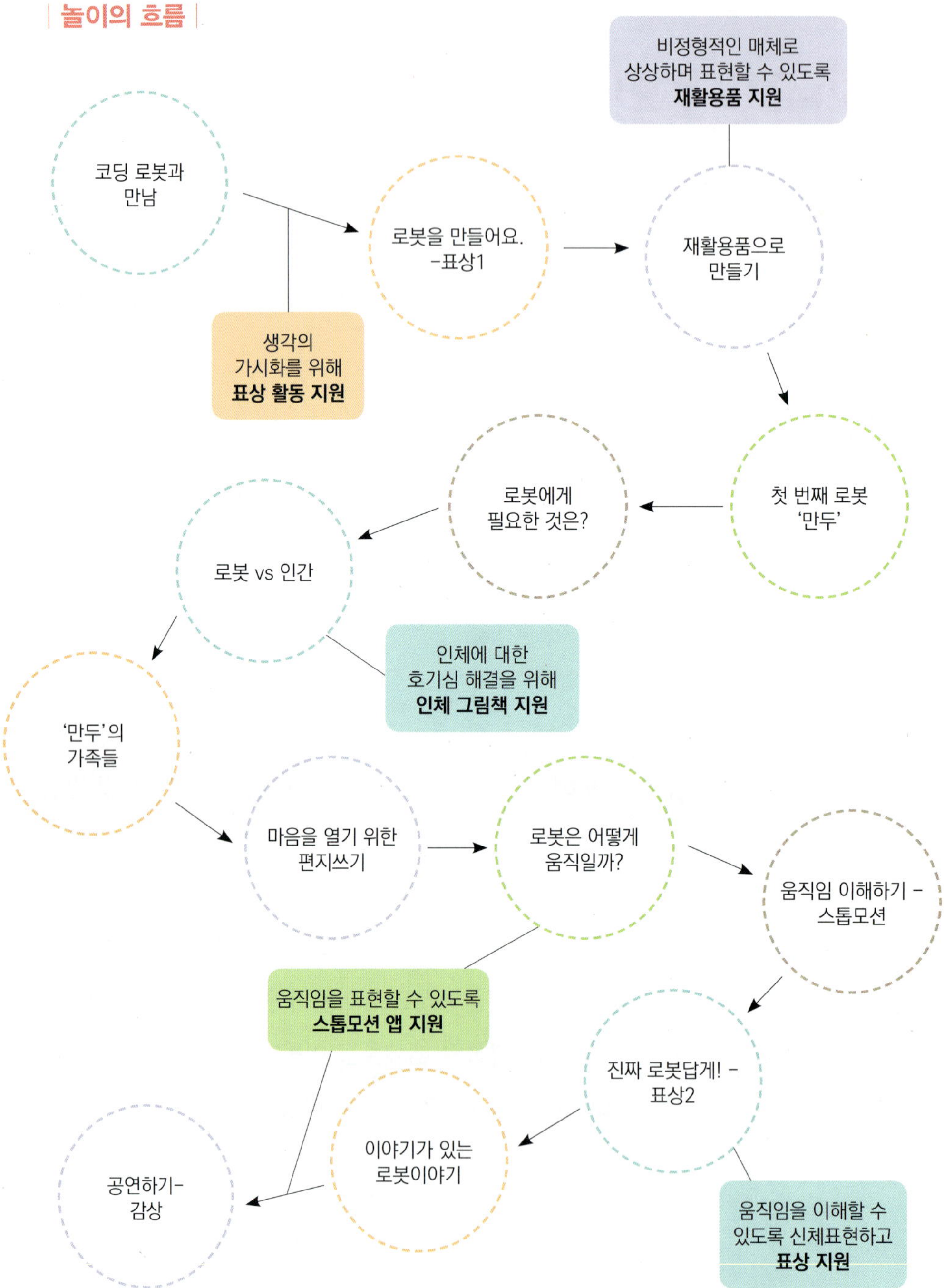

코딩 로봇과 만남
생각의 가시화를 위해 **표상 활동 지원**
로봇을 만들어요. -표상1
재활용품으로 만들기
비정형적인 매체로 상상하며 표현할 수 있도록 **재활용품 지원**
첫 번째 로봇 '만두'
로봇에게 필요한 것은?
로봇 vs 인간
인체에 대한 호기심 해결을 위해 **인체 그림책 지원**
'만두'의 가족들
마음을 열기 위한 편지쓰기
로봇은 어떻게 움직일까?
움직임을 표현할 수 있도록 **스톱모션 앱 지원**
움직임 이해하기 - 스톱모션
진짜 로봇답게! - 표상2
움직임을 이해할 수 있도록 신체표현하고 **표상 지원**
이야기가 있는 로봇이야기
공연하기-감상

코딩 로봇과의 만남

특성화 수업 활동으로 만난 '코딩 로봇,'
유아들은 코딩 로봇을 조작하며 흥미를 보인다.

"사람처럼 팔, 다리가 있어요. 표정이 바뀌어요."

"작은데 귀엽다." "마구 움직여~"

"놀이시간에도 로봇 놀이하고 싶은데?"

"우리도 로봇을 만들 수 있어요?"

"그럼 우리 한번 만들어 볼까?"

로봇을 만들어요. -표상 1

〈로봇 1차 표상〉

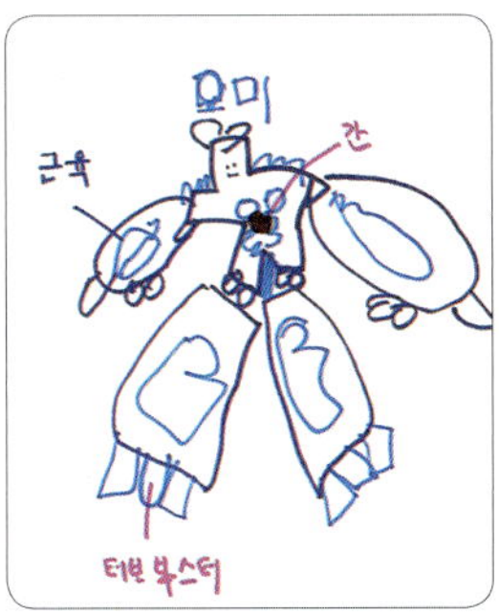

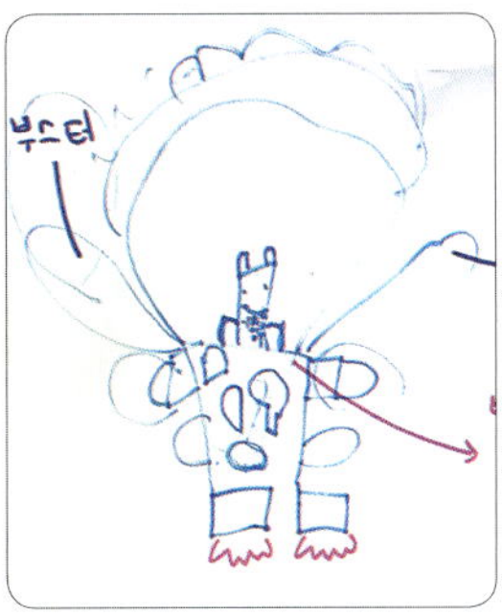

"어떤 로봇을 만들고 싶어?"

"밥을 많이 먹는 로봇이요."

"우리처럼 똑같이 생긴 로봇이요."

"말을 잘 듣는 로봇이요."

- **교사의 지원:** 유아들에게 그림 그리기 즉, 표상하기 활동을 지원하는 이유는 그림을 그리기 위해 자신의 생각을 다시 한번 정리하는 과정이 의미롭고 또한, 언어적 기록보다 그림으로 가시화된 기록이 유아들의 생각들을 더 잘 드러낼 수 있기 때문이다.

재활용품으로 만들기

"블록으로 만들까?"

"블록은 금방 무너지잖아."

"그럼 흙은?"

"로봇에 흙이 다 묻을 거야."

"요구르트 병이요."

"플라스틱 통이요."

"상자요."

다양한 생각들을 나누며 고민 끝에 재활용품과 상자를 활용하여 로봇을 만들기로 하였다. 넓은 상자를 자르고 테이프로 붙여서 다리를, 요구르트 병을 합쳐서 팔을 표현하고 그 밖에 필요한 것이 있다면 재활용품 함에서 찾아 로봇의 뼈대(다리, 몸통, 팔, 머리)를 완성하였다.

- **교사의 지원:** 재활용품을 지원하는 이유는 비정형화된 재료들을 이용해 상상하고 창의적으로 표현할 수 있도록 돕기 위함이다.

첫 번째 로봇 '만두'

케이크 상자로는 로봇의 머리를 표현하고 로봇의 표정은 그림으로 그려 넣어주고 색깔이 없는 것이 아쉬워 다양한 색지를 가져와 붙여 준다. 자꾸만 떨어지는 팔, 다리는 테이프로 꽁꽁 감싸며 서로의 의견을 반영하면서 첫 번째 로봇 '만두'가 탄생되었다.

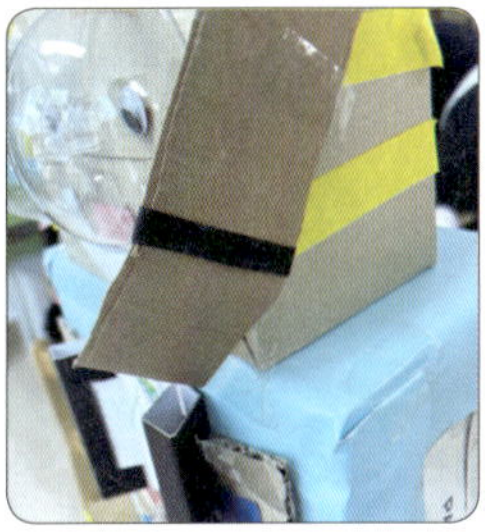

로봇의 외부에도 관심을 가진 유아들은 종이 상자와 색테이프, 휴지심, 플라스틱 음료수병 등을 활용하여 안경, 가방, 핸드폰, 이름표 등을 만드는 놀이 모습을 보였다.

로봇에게 필요한 것은?

"로봇도 심장이 있을까?"

"로봇은 사람이 아닌데 심장이 있어?"

"움직이려면 심장이 있어야 해."

"뇌도 필요해."

"건전지가 있어야지."

"로봇이 움직이려면 힘이 필요하지."

"로봇은 에너지가 필요해."

유아들은 종이 상자를 가지고 와서 하트를 그려 넣어주며, 2개의 심장을 만들어 주었다.

로봇 vs 인간

로봇을 움직이는 힘은 로봇의 뇌와 에너지(건전지)라는 이야기와 함께 지구를 살리는 캠페인으로 함께한 폐건전지함에서 '건전지'에 아이디어를 얻어 "건전지를 붙여주고 싶

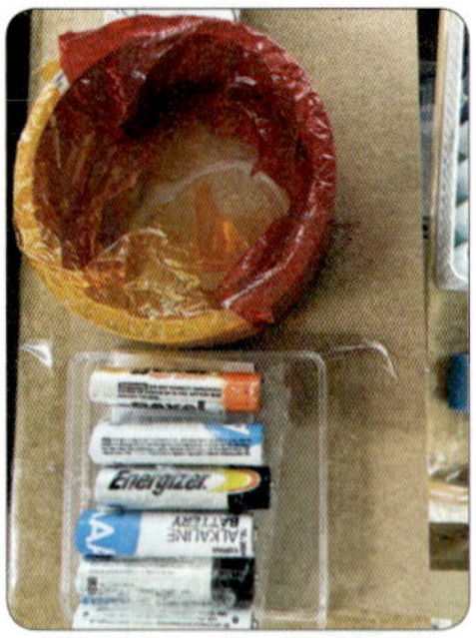

어요. 그러면 움직이지 않을까요?"라며 로봇이 움직이기를 소망하는 마음을 담아 건전지를 붙여주었다.

- **교사의 지원:** 환경을 지키기 위한 노력은 환경을 지켜야 하는 이유에 대한 필요성을 인지함과 동시에 생활 속에서 실천하는 것에서부터 시작된다. 쓸모없는 재활용품들과 폐건전지를 놀잇감으로 재해석하는 과정을 통해 버려지는 것들을 다시 되돌아보고 재사용할 수 있는 시선과 관점을 갖게 된다.

"시간이 지나면 로봇은 쉽게 부서지지만 사람은 늙어요."

"로봇은 충전하는데 사람은 음식을 먹어요. 전원을 끄면 잠을 자요."

"로봇은 사람이 움직여요."

"로봇은 고장나면 고칠 수 있어요."

"사람은 아프면 병원에 가요. 로봇이 고장 나면 수리센터로 가고 사람은 병원에 가요. 같은 점은 둘 다 사람이 고쳐줘요."

- **교사의 지원:** 인간과 로봇의 몸속을 궁금해하는 유아들에게 인체그림책을 지원하였더니 로봇의 몸속을 상상하는 것뿐만 아니라 우리 몸속의 다양한 기관들에게도 흥미와 관심을 보이는 모습이었다.

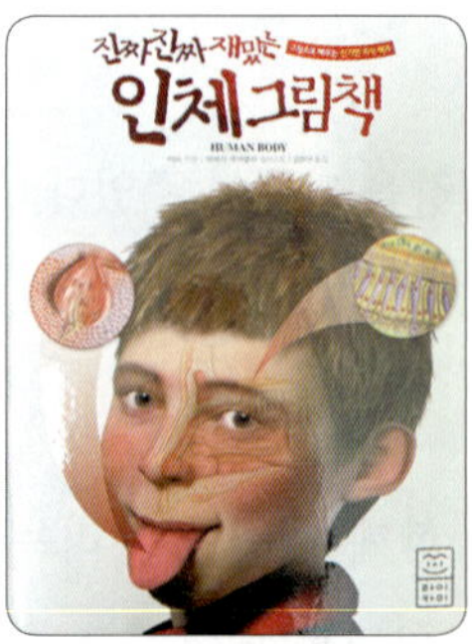

유아들은 우리 몸속의 기관들과 연계하여 심장, 뼈, 폐, 간, 대장, 피 등을 모방하여 다양한 재활용품으로 만들기도 하고, 표현하기 어려운 것들은 그림으로 그려 세부적인 표현을 하였다. 특별히 얼굴을 만들며 표정에 변화를 주고자 의견을 준 유아들이 웃는 표정, 화난 표정 등 도화지를 겹쳐서 여러 가지 로봇의 표정에도 관심을 보이고 자유롭게 표현하였다.

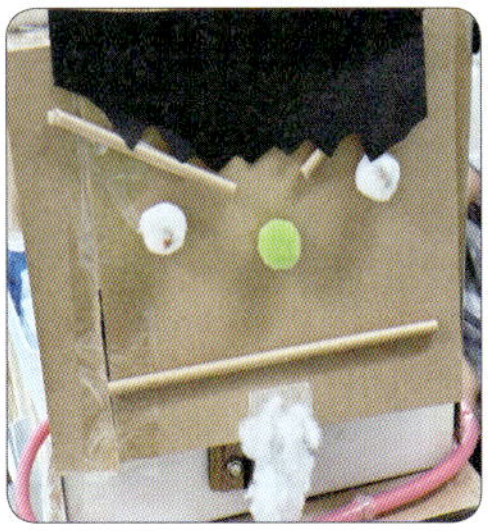
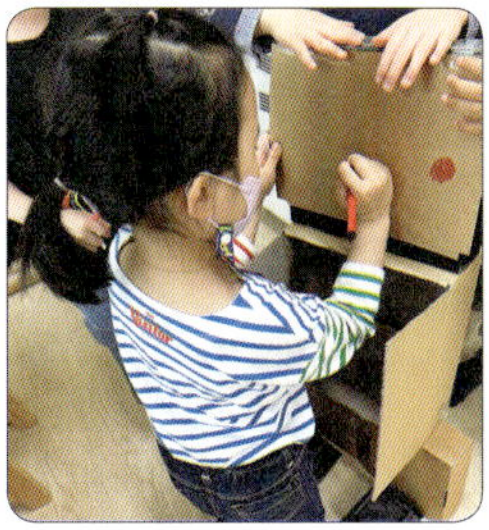
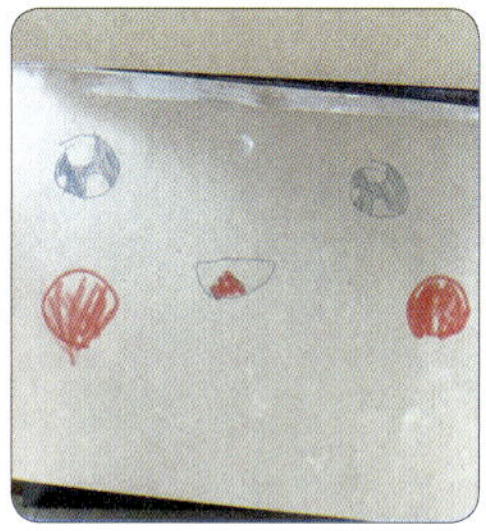

‘만두’의 가족들

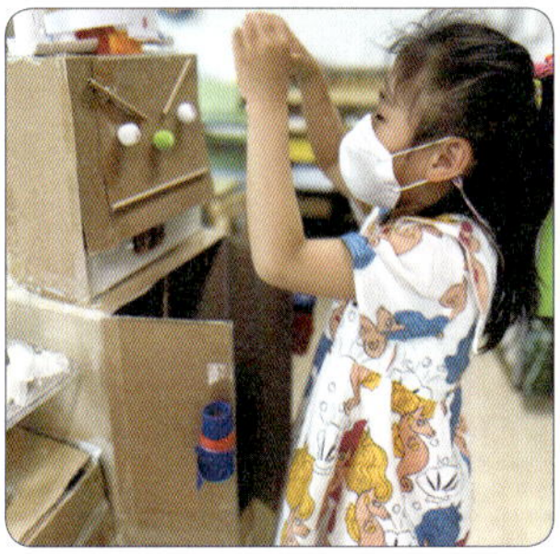

이렇게 로봇에 필요한 외부, 내부를 재활용품을 활용해 만들어보며 모습이 갖춰지자 유아들은 로봇의 이름도 붙여주었다. 제일 먼저 만든 로봇은 여자 친구가, 두 번째로 만든 로봇은 남자 친구가 되었으면 좋겠다는 의견도 반영하여 여자와 남자 로봇이 되었다.

“둘이 결혼하면, 아기 로봇이 생겨요?”
“우리 아기 로봇도 만들어줘요!”
“여자 로봇은 요미, 아기 로봇은 보미라고 이름 정해줘요.”

마음을 열기 위한 편지쓰기

유아들이 로봇을 입체적으로 만들어보며 나의 감정을 드러내고 타인의 감정을 공감해주고 싶어 하는 욕구가 나타났다. 플라스틱 통에 편지함과 편지지, 편지봉투를 지원해주어 내가 가지고 있는 긍정적인 감정과 부정적인 감정을 로봇 '요미, 만두, 보미'에게 투영하여 전달할 수 있도록 '비밀의 장소' 공간을 마련하였다. 그곳에서 요미와 해보고 싶은 것, 하고 싶은 말들을 적어 감정과 마음을 글과 그림으로 쓰는 놀이로 이어졌다.

로봇은 어떻게 움직일까?

"로봇은 어떻게 움직일까?"

"로봇은 철로 만들어져서 딱딱하게 움직여."

"맞아. 천천히 움직여야 해."

"사람처럼 움직이진 않아."

"우리가 만든 요미는 어떻게 움직여야 하지?"

- **교사의 지원:** 유아들은 자신들이 만든 로봇을 움직이고 싶어 하였고, 교사는 상자 로봇이 움직이는 효과를 만들어낼 수 있는 '스톱모션'이라는 애플리케이션을 소개해 주기로 하였다.
- **스톱모션(Stop Motion Studio) :** 스톱모션은 영화 촬영 시 프레임과 프레임의 사이에 물리적으로 피사체 자체 내지는 피사체의 동작을 변화시킴으로써 마치 그 대상의 최종적인 이미지가 다른 대상으로 갑자기 변화하거나 움직이는 듯한 효과를 내는 시각효과를 말한다.
- **촬영방법 :** 1. 스마트 기기 앱스토어에서 스톱모션 애플리케이션을 다운받는다.
  2. 영상물을 준비한다.
  3. 영상물의 움직임을 한 장씩 스톱모션 앱으로 촬영한다.

움직임 이해하기(스톱모션)

로봇 뒤에서 다리 하나를 잡고 왔다갔다 움직임을 표현할 때마다 스톱모션으로 촬영하였다. 스톱모션으로 구현되는 로봇의 움직임은 미세하지만 살아 움직이는 듯한 연출을 해주었다. 스톱모션 활용으로 유아들의 놀이 흥미는 더욱 높아졌다.

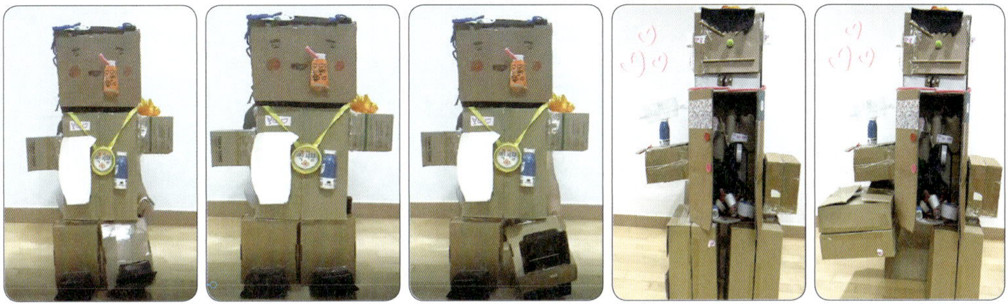

"선생님… 로봇이 어떻게 움직여요?"

"와 신기하다."

"재밌다."

"근데… 발이 움직일 때 뒤에 손이 보이는데?"

"선생님이 발을 움직이나봐~"

진짜 로봇답게! – 표상 2

교사: 진짜 로봇처럼 움직이려면 팔다리가 어때야 할까?

유아: 쫄깃 쫄깃 해야 해요

유아: 스프링이 필요해요.

유아: 철사나 전깃줄 같은 움직이는 것이 필요해요.

유아: 작은 인형을 만들어서 실과 나무막대기로 이용해서 움직여요.

교사: 마리오네트?

유아: 맞아요. 그거요. 그렇게 만들어요.

- **교사의 지원:** 교사는 유아들이 로봇의 움직임을 표현하기 위해서는 먼저, 사람의 움직임을 이해해야 함을 알고 종이에 우리들의 신체 움직임을 가시화할 수 있도록 지원하였다. 더불어 그림을 그리면서 친구들의 움직임을 관찰하거나 직접 나의 몸을 움직여보면서 동작 간의 연계성과 역동성을 이해할 수 있었다.

〈로봇 2차 표상〉

- **교사의 지원:** 로봇의 2차 표상을 마치고 움직이는 로봇을 만들기 위해 다시 한번 로봇 만들기를 제안하였다. 유아들은 기존의 상자보다는 움직임이 쉬운 매체들을 원했고 교사는 유아들이 선택하는 매체들을 지원해주었다.

"살을 은박지로 붙이자." "구부릴 수 있는 건 뭘로 만들 수 있을까?"

"실, 나무젓가락?" "우리가 토이 박물관에서 봤던 로봇들은 전기줄로 움직였어~"

유아들은 상자보다 움직임을 표현하기 용이한 매체인 철사, 은박지 등을 이용한 새로운 로봇을 만들었다. 완성된 마리오네트 로봇은 전기가 없어서 아쉬웠지만 유아들은 직접 만든 로봇을 코딩 로봇과 함께 움직여보았다.

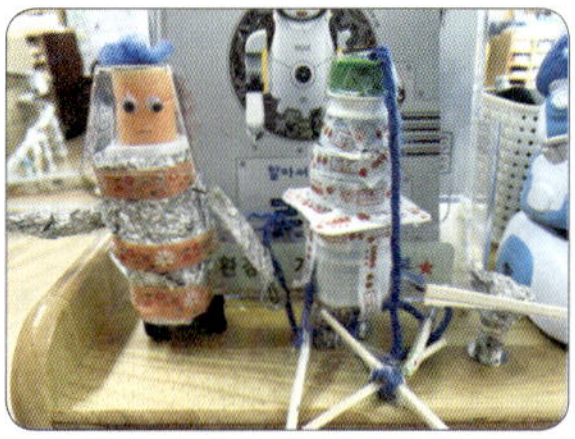

이야기가 있는 로봇 이야기

"진짜처럼 움직이는 로봇 이야기를 만들자."

"지난번 상자 로봇보다 잘 움직여."

"무슨 이야기로 만들까?"

움직임이 보다 용이해진 로봇들과 스톱모션으로 보다 실감나는 동화 만들기가 시작되었다.

"로봇이 아름다운 지구로 놀러 왔다고 하자."

"지구의 여러 동물들을 만났다고 하면 어때?"

"그런 다음 우주로 다시 돌아가는 거야."

"맞아. 자기 집으로 돌아가는 거지."

"우주는 정말 아름다울 거 같아."

공연하기(감상하기) – 스톱모션

"진짜 우리가 만든 로봇이 움직인다."

"하나씩 움직이는 것이 힘들었어."

"힘들었지만 재밌었지~"

"진짜 움직이는 거 같으니까 재밌다."

"이야기가 너무 짧아."

앞으로의 놀이 예상:

- 스톱모션으로 만든 이야기가 너무 짧다는 유아들의 의견으로 우주로 돌아간 로봇의 다음 이야기를 만들 것으로 예상한다.
- 은박지와 요구르트병, 줄을 이용해 상자보다는 움직임이 쉽게 만들었지만, 관절이 움직이지 않는 것을 아쉬워하는 유아들을 중심으로 새로운 매체(와이어, 모루) 등을 이용한 새로운 로봇 만들기가 시작될 것으로 기대한다.

멋진 건축물과 만나다

지원된 디지털 미디어활용: 구글 어스, 구글 아트앤컬쳐, 빔프로젝터, 태블릿PC

만 5세

추석 명절을 맞이하여 우리 나라에 대한 이야기를 나누던 중 건축 문화재에 관심을 가진 유아들을 중심으로 유니트와 바이오 블록으로 쌓기놀이가 시작되었다. 블록의 특성상 잘 무너지고 쌓기 어려운 부분은 또래 간의 생각 모으기를 통해 방법을 찾아가며 구성하였고, 탑 쌓기에 흥미를 보인 유아들은 구글 어스를 통해 세계 여러 나라의 건축물을 찾아보고 또래와 협동하여 여러 다양한 건축물들을 구성하는 놀이로 이어졌다. 이와 같은 놀이 과정을 통해 협력과 협동의 의미로움을 알게 될 뿐 아니라 건축의 심미적인 아름다움도 경험할 수 있기를 기대한다.

놀이의 흐름

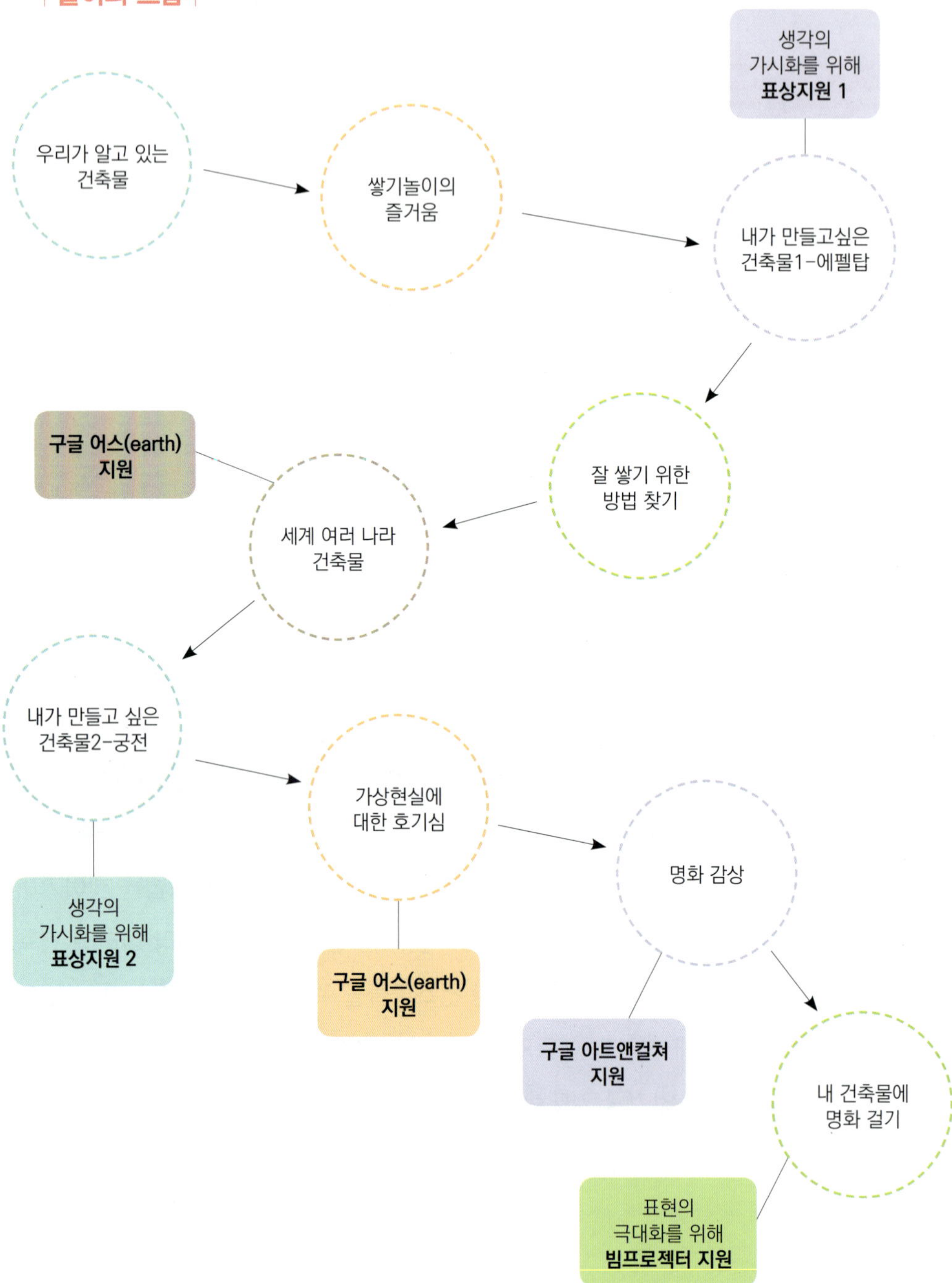
생각의 가시화를 위해 **표상지원 1**
우리가 알고 있는 건축물
쌓기놀이의 즐거움
내가 만들고싶은 건축물1-에펠탑
잘 쌓기 위한 방법 찾기
구글 어스(earth) 지원
세계 여러 나라 건축물
내가 만들고 싶은 건축물2-궁전
생각의 가시화를 위해 **표상지원 2**
가상현실에 대한 호기심
구글 어스(earth) 지원
명화 감상
구글 아트앤컬쳐 지원
내 건축물에 명화 걸기
표현의 극대화를 위해 **빔프로젝터 지원**

우리가 알고 있는 건축물

교사: 추석 때 선생님은 캠핑장에 다녀왔는데 거기서 탑같이 돌이 쌓여 있었어.

유아: 다보탑!

유아: 예전에 10원짜리 동전에서 본 적 있어요.

교사: 그렇게 멋진 건축물이었어.

교사: 너희들이 알고 있는 멋진 건축물들이 있니?

유아: 다보탑!

유아: 선생님 다른 나라 말해도 돼요?

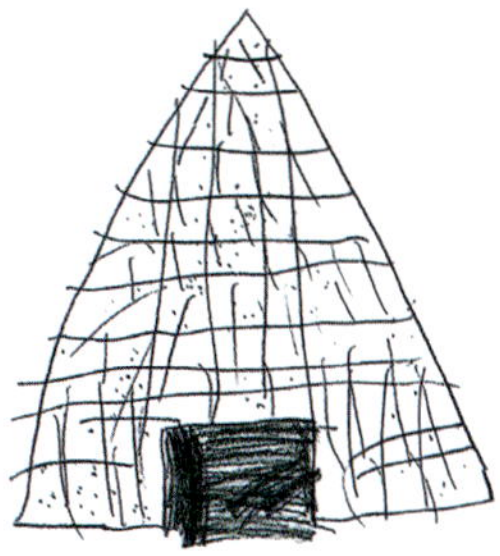

교사: 어디?

유아: 파리의 에펠탑!

유아: 긴 다리 영종대교, 인천대교!

유아: 왕의 무덤 피라미드!

유아: 석가탑! 불국사에 가면 있어요.

교사: 블록으로 우리가 알고 있는 건축물들을 만들어보자.

쌓기놀이의 즐거움

블록쌓기놀이의 매력은 쌓고 부수고 또 새롭게 만들고 내가 원하는 모양과 공간을 자유롭게 구성할 수 있다는 것, 더불어 친구들과 함께 놀이하는 것의 즐거움에 있을 것이다.

내가 만들고 싶은 건축물 1 – 에펠탑

- **교사의 지원:** 유아들이 만들고 싶은 건축물을 가시화할 수 있도록 연필 표상을 지원하였다. 연필 표상을 지원하는 이유는 대상을 세밀하게 표현하는 도구로 색연필보다 낫고, 무엇보다 검정색으로만 제공하면 색보다 모양에 더욱 몰입하여 표현할 수 있기 때문이다.

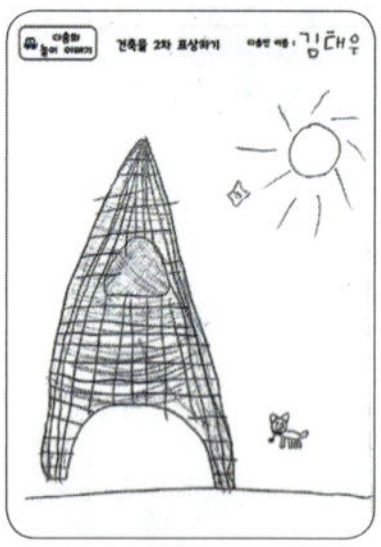

잘 쌓기 위한 방법 찾기

"긴 블록을 양쪽에 세워야 해."

"양쪽 블록을 맞붙여야 해~"

"오~ 세워졌어!"

"밑에 쓰러질 것 같은데?"

"밑에를 블록으로 받치자."

세계 여러 나라 건축물[구글 어스(earth) 지원]

교사: 오늘은 인공위성으로 보는 것으로 지도를 볼 거예요. 우리가 있는 곳부터 찾아볼까?

유아: 와… 왜 이렇게 작게 보여요?. 우리 유치원 앞이다.

유아: 우리 집에도 가봐요.

교사: 자… 이제 검색창에 쳐볼게… 에펠탑.

유아: 주변에 나무도 있어요. 공원도 있고.

교사: 이젠 타지마할을 찾아볼까?

유아: 타지마할은 인도에 있어요. 초록색밖에 안 보여요.

유아: 동그라미 모양밖에 안 보여. 위에 고깔 모양이 있어요.

유아: 너무 예쁘다. 옛날 왕비의 무덤인가보다.

유아: 3층으로 올라가봐요.

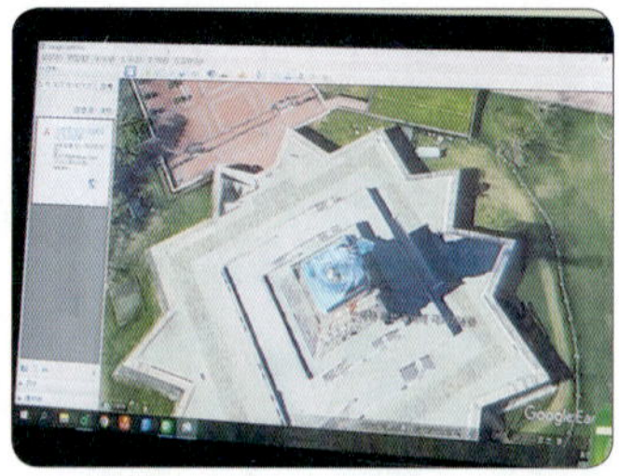

유아: 사람들이 많다. 계단으로 이루어져 있네.

교사: 다음은 오페라하우스 찾아보자.

유아: 배 모양 같기도 하다. 영화관이네.

교사: 만리장성도 찾아보자.

유아: 엄청 길다. 이거 왜 이렇게 길어요?

유아: 다 돌로 되어 있어요.

유아: 구멍은 대포 구멍 아녜요?

- **구글 어스(Google Earth):** 구글에서 지원하는 애플리케이션으로 인공위성을 통해 전 세계 여러 곳의 장소, 건축물들을 사진으로 만날 수 있다. 보안상의 문제로 스마트폰으로는 지원이 안 된다. 화면이 지구 밖으로 줌아웃(Zoom Out)되었다가 다시 줌인(Zoom In)되는 것이 유아들의 흥미를 이끌기에 충분하다.

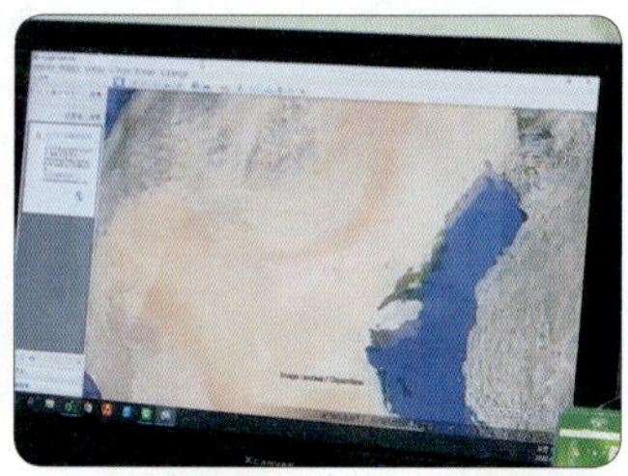

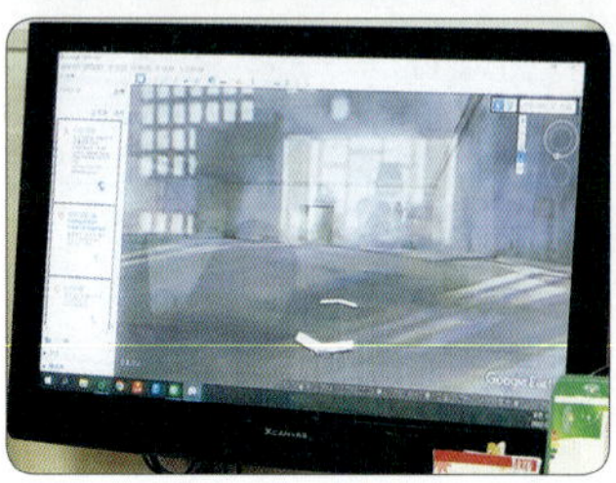

"진짜 재밌다."
"직접 가지 않아도 볼 수 있어."
"맞아. 비행기타고 엄청 가야 해!"
"또 다른 곳도 찾아보자."
"이번엔 어디로 가볼까?"

성당

피라미드

내가 만들고 싶은 건축물 2 – 궁전

다보탑과 석가탑이라고 말하며 블록을 높게 탑 모양으로 쌓았던 유아들이 구글 어스로 세계 여러 나라의 건축물을 보게 되면서 구성하는 건축물에도 다양한 변화가 생겼다.

유아들은 구조물의 비례와 좌우대칭이 명확하고 조화롭게 구성된 알함브라 궁전에 매력을 느끼게 되면서 또래와 협력하며 궁전을 만들기 시작하였다.

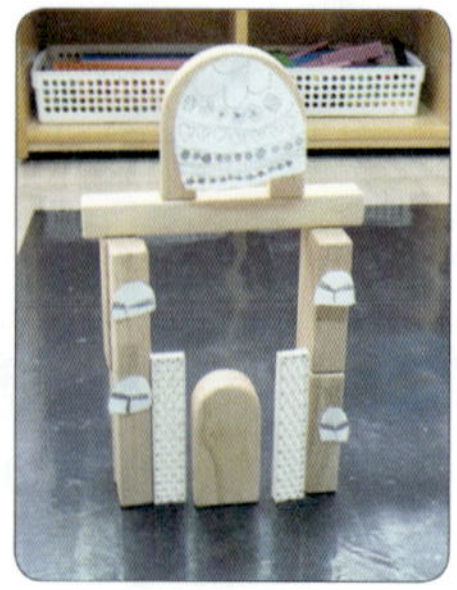

가상 현실에 대한 호기심[구글 어스(earth) 지원]

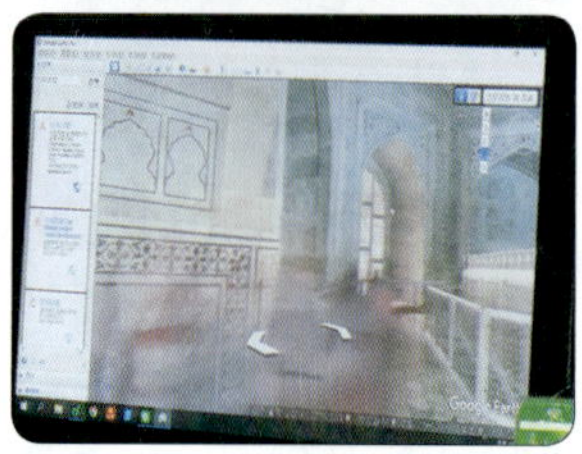

구글 어스로 건축물을 탐색하다가 우연히 그 건물 안으로 들어갔다. 유아들은 처음 보는 광경에 신기해하였다.

"우리 또 한번 건물 안으로 들어가봐요."
"맞아요. 아까처럼 건물 안으로 들어가요~"
"우리가 들어갈 수 있는 건물을 만들어요."
"예전에 엄마랑 미술관 갔었는데."
"우리가 만든 건물에 명화를 걸고 싶다."

명화 감상(구글 아트앤컬쳐)

- **교사의 지원:** 자신의 건축물에 명화를 걸고 싶다는 유아들의 의견으로 직접 미술관에 가서 볼 수 없지만 교실에서도 명화를 볼 수 있는 구글 아트앤컬쳐 앱을 소개해주었다.
- **구글 아트앤컬쳐(google art & culture):** 구글에서 서비스하는 것으로 전 세계의 미술품이나 화가, 조형물, 문화 등을 검색할 수 있을 뿐 아니라 증강현실로 내가 있는 공간에서 명화를 감상할 수 있다.

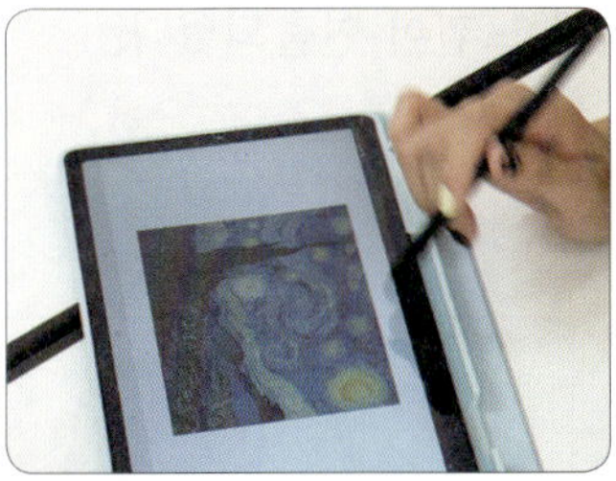

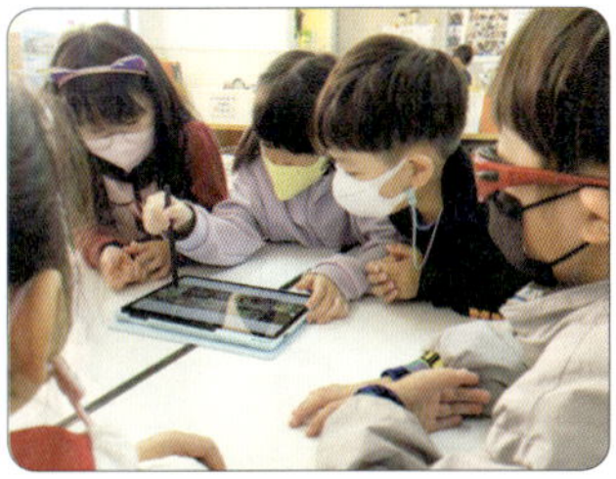

"어? 이것은 지난 번에 미술 시간에 본 그림 같다."

"어? 이 그림은 우리 유치원 2층에서 본 그림이야."

"이거는 내가 좋아하는 그림이야."

"이것 어디서 많이 봤는데?"

내 건축물에 명화 걸기(빔프로젝터 지원)

- **교사의 지원:** 자신이 만든 건축물에 명화를 걸고 싶다는 유아들의 의견을 반영해 교사는 빔프로젝터를 지원하여 스크린에 유아들의 건축물 사진을 띄워주기로 하였다.
- **빔프로젝터:** 컴퓨터를 연결하여 그림이나 영상을 스크린에 크게 띄울 수 있는 기기

태블릿PC로 구글 아트앤컬쳐 앱을 이용해 자신이 좋아하는 명화를 고른 유아들은 빔프로젝터로 띄워진 자신의 건축물 앞에서 멋진 포즈를 뽐냈다. 교사는 스크린 영상과 태블릿PC 사진을 함께 캡처하였

더니 진짜 건축물에 명화가 걸린 느낌이 연출되었다.

앞으로의 놀이 예상:

- 구글 아트앤컬쳐 앱으로 유명한 화가의 작품을 증강현실로 만나면서 명화에 대한 호기심이 생겨서 물감으로 명화 그리기 놀이가 이어질 것으로 예상한다.
- 구글 어스 앱으로 세계 여러 나라의 건축물을 찾아보고 블록으로 만드는 놀이가 더욱 확장될 것으로 기대한다. 유니트 블록이 아닌 카프라 블록, 바이오 블록 등 다양한 쌓기 매체로 건축물을 구성하는 놀이가 일어날 것으로 예상한다.
- 유아들의 놀이에 집중도를 높이고 또래 간의 상호작용이 더욱 더 활발히 일어날 수 있도록 빔 프로젝터를 자주 활용할 것으로 보인다.
- 구글 어스 앱을 통해 세계 여러 나라에 대한 다양한 관심이 생겨 또 다른 놀이가 발현될 것으로 예상한다.

부루마블 보드게임으로 만나는 세계 여러 나라

지원된 디지털 미디어 활용 : 구글 어스, 미러링, 태블릿PC

만 5세

수에 대한 관심이 많아지고 또래와 게임하는 것을 즐기는 만 5세 유아들에게 '부루마블 보드게임'을 지원하면 놀이 과정을 통해 '세계 여러 나라'에 대한 호기심이 생겨날 것으로 보인다. 또한, '세계 여러 나라'에 대한 호기심은 그 나라의 언어, 건축물, 문화 등 다양한 분야에 대해서 좀 더 알고 싶은 놀이 욕구가 생길 것으로 기대되는데 그때마다 다양한 미디어 활용으로 유아들의 놀이가 즐겁게 이어질 수 있도록 도울 예정이다. 디지털 시대를 살아갈 유아들에게 이와 같은 놀이 과정은 미디어를 이해하는 데 도움이 될 것으로 기대된다.

놀이의 흐름

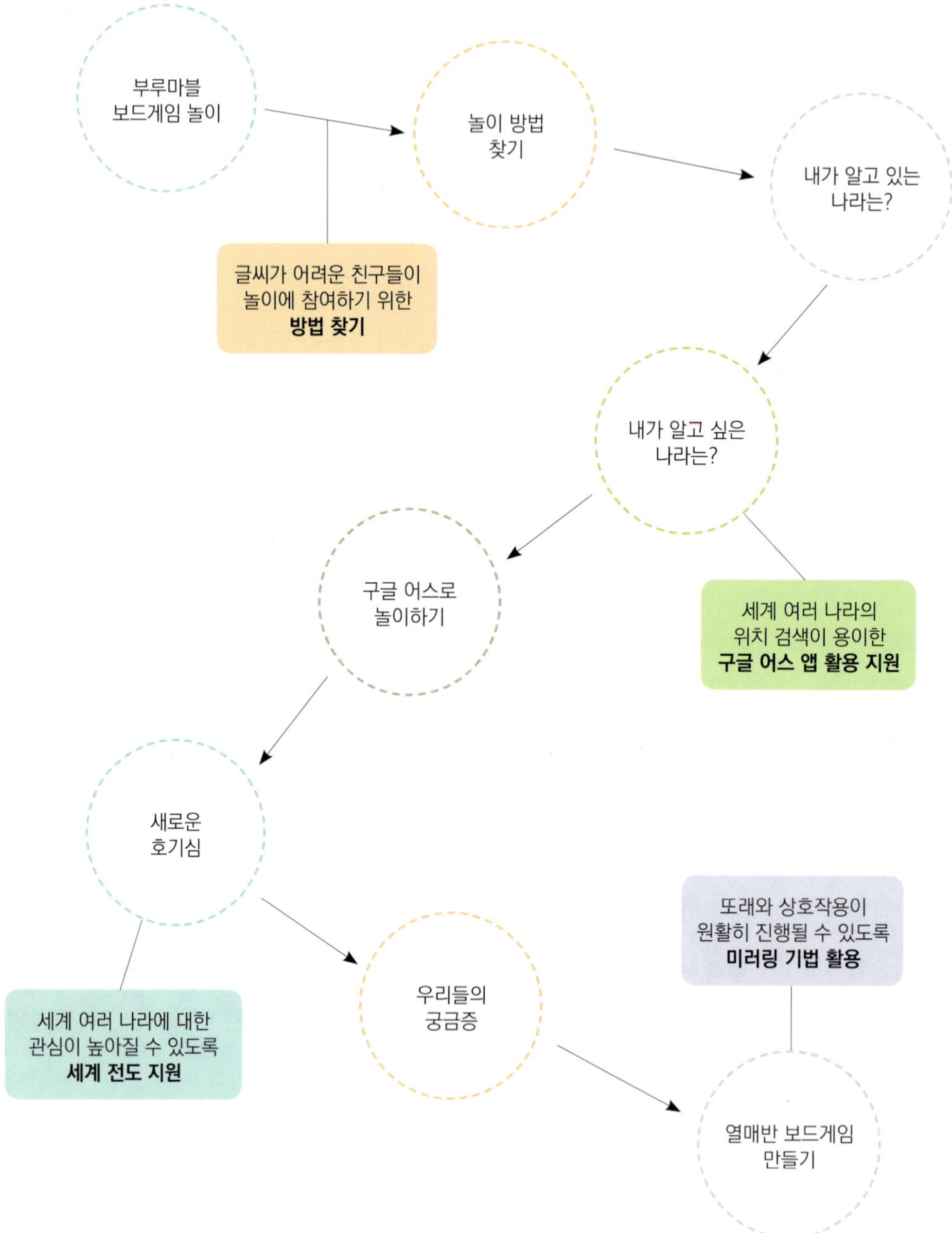
부루마블
보드게임 놀이
글씨가 어려운 친구들이
놀이에 참여하기 위한
방법 찾기
놀이 방법
찾기
내가 알고 있는
나라는?
내가 알고 싶은
나라는?
세계 여러 나라의
위치 검색이 용이한
구글 어스 앱 활용 지원
구글 어스로
놀이하기
새로운
호기심
세계 여러 나라에 대한
관심이 높아질 수 있도록
세계 전도 지원
우리들의
궁금증
또래와 상호작용이
원활히 진행될 수 있도록
미러링 기법 활용
열매반 보드게임
만들기

부루마블 보드게임 놀이

만 5세 유아들에게 수조작 놀잇감으로 부루마블 보드게임을 지원하였다. 주사위를 굴리고 나라 카드를 사면서 자연스럽게 셈하기에 노출될 수 있고 자연스럽게 세계 여러 나라에 대한 관심이 생기길 기대하였다.

"난 잘 모르는데."
"내가 알려줄게."
"나 8 나왔다."
"1, 2, 3, 4, 5, 6, 7, 8 ~~ 10만원이네."
"10만원~ 줘야 해."
"어떻게? 10만원이 뭐야?"

교사: 부루마블 게임 해보니까 어때?
유아: 카드 찾는 게 어려웠어요.
유아: 주사위 던지는 것이 재미있었어요.
유아: 비행기(말판)를 옮기는 것이 재미있었어요.
유아: 친구들과 재미있게 놀 수 있어서 좋아요
유아: 돈을 받는 게 재미있어요.

- **교사의 지원:** 아직 글을 잘 읽지 못하는 친구들도 놀이에 적극적으로 참여할 수 있는 방법을 '공유하기 시간'을 통해 나누었고, 많은 생각 끝에 '나라 카드를 살 수 있는 돈(숫자)의 표시'로 구별해서 나라 카드 읽는 방법을 찾아냈다.

놀이 방법 찾기

〈방법 찾기 1- 돈을 세거나 글 읽는 것이 어려움〉

교사: 돈을 세거나 글자를 읽는 부분 등에 어려움이 있을 때는 어떻게 해결하면 좋을까?

유아: 은행 친구의 도움을 받거나 선생님한테 물어봐요.

유아: 돈에 적힌 글자를 봐요.

유아: 분홍색 돈이 제일 비싼 돈이에요.

유아: 나라에 만원이라고 쓰여 있으면 만원이라고 쓰여 있는 돈을 줘요.

〈방법 찾기 2 - 황금열쇠나 우주여행권은 뭐지?〉

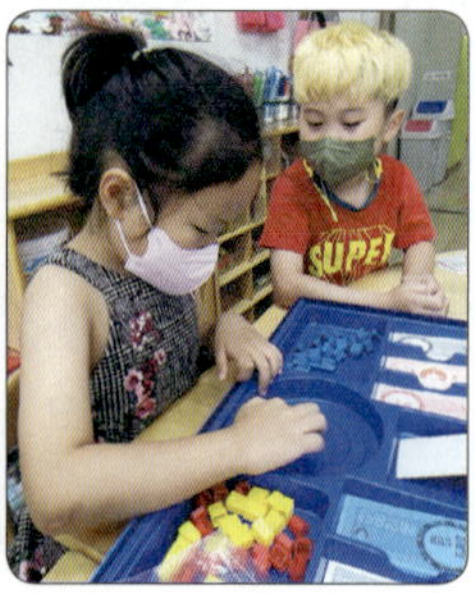

유아: 황금열쇠 칸에 도착하면 뽑아야 해요.

유아: 우주여행권에 걸리면 가고 싶은 곳으로 가는 거예요.

유아: 대한민국이 좋아요. 제일 땅이 비싸서 부자 돼요.

내가 알고 있는 나라는?

부루마블 보드게임 놀이에 더욱 몰입하고 세계 여러 나라에 대한 관심을 높일 수 있도록 외국에 여행 다녀온 경험이나 평소에 하던 게임을 통해 알고 있는 국가 내용을 이야기 나눠 보았다.

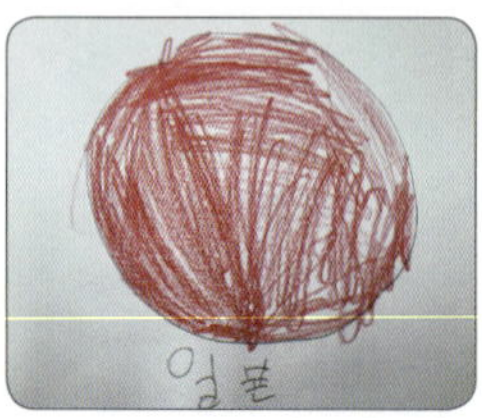

"전 일본 알아요, 가본 적 있어요."

"저는 일본에서 태어났어요. 일본 국기는 가운데 동그라미 한 개잖아요."

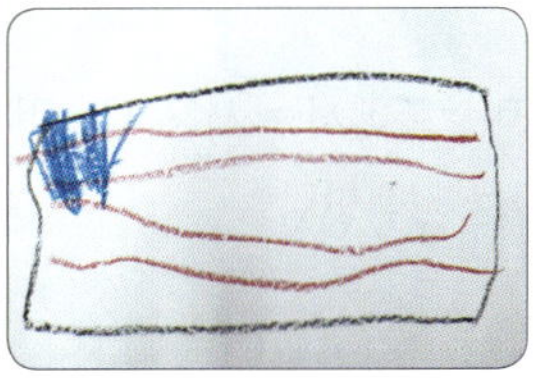

난 미국 국기를 그릴 거예요.
가보고 싶은 나라예요.

난 베트남 국기가 좋아요.
그리기 쉬워요.

내가 알고 싶은 나라는?

유아: 저는 미국이 궁금한데요. 왜 미국 사람들은 영어로 말하는지 궁금해요.

유아: 저는 일본 사람은 어떻게 말할지 궁금해요.

유아: 난 아프리카는 왜 더울지 궁금해요.

유아: 로마에는 우리처럼 큰 집이 있는지 궁금해요.

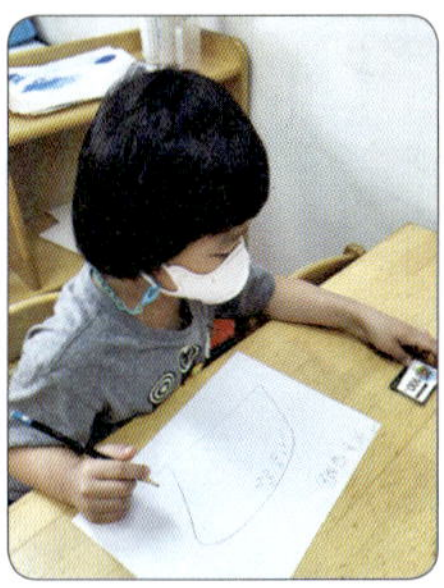
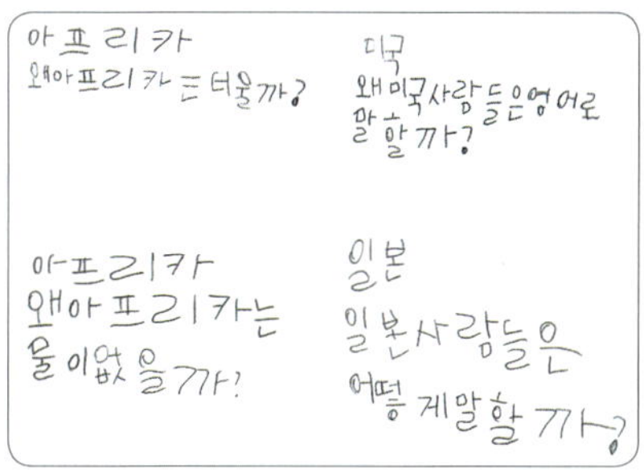

- **교사의 지원:** 세계 여러 나라에 대한 호기심과 궁금증이 커져가는 유아들을 위해 구글 어스 앱을 지원하고자 한다. 단순히 인터넷을 통한 지식의 습득이 아닌, 구글 어스를 통한 놀이 지원은 내가 알고 싶고, 보고 싶은 나라나 건물들(건축물)이 지구 속의 한 부분으로 이미지화되기 때문에 시각적으로 놀이의 몰입을 도울 뿐만 아니라 알고 싶은 궁금증을 유추해볼 수 있는 생각거리를 줄 수 있을 것으로 기대된다.

- **구글 어스(earth):** 구글에서 제공하는 것으로 2005년부터 배포된 전 세계의 모습을 위성 사진으로 볼 수 있는 프리웨어 서비스이다.
- **사용방법 :** 1. 구글 어스 앱을 다운로드한다. 스마트폰에서는 사용 제한이 있다.
  2. 원하는 나라의 지형이나 건축물들을 검색한다.

구글 어스로 놀이하기

교사: 너희들은 지구를 뭐라고 생각해?

유아: 우리가 살고 있는 곳 / 우리가 사는 세계 / 동그라미

교사: 너희들 지구 본 적 있니?

유아: TV에서 봤어요. / 핸드폰으로 봤어요.

교사: 지구를 보는 방법이 있어. 이렇게 검색을 할 수 있어(구글 earth).

유아: 우리가 컴퓨터로 하는 거예요?

교사: 응. 어디를 보고 싶어?

유아: 미국요! (구글 earth로 검색한다.)

유아: 와… 신기하다.

유아: '우리 나라' 지나간다. 여러 나라들이 있어.

유아: 작게 나눠지고 있어.

유아: 선생님, 큰 땅으로 가봐요.

유아: 저기 동물원이 보여요, 한번 가봐요./ 악어가 있나 봐요.

유아: 우리나라도 예쁘다.

유아: 서울로 가자.

유아: 어린이 박물관이다. 여기 가봤는데?

유아: 미국에도 가보자.

유아: 미국엔 자유의 여신상이 있어.

유아: 미국에 가려면 비행기를 타야 해.

유아: 여기 바다다. 오사카!

유아: 예쁘다.

유아: 재밌다. 신기하고 떨려.

유아: 컴퓨터를 이용해 검색하는 게 재밌어.

유아: 앉아서 여러 나라를 보는 게 재밌어.

유아: 여행하는 기분이야.

유아: 앉아서 볼 수 있는 게 제일 좋아.

유아: 우리 일본 찾아보자.

유아: 일본은 이렇게 생겼구나. 어~대한민국 지나간다.

유아: 아프리카도 가보자. 이집트도.

유아: 어떻게 이집트로 가지?

유아: (조작하다가 이집트로 이동) 어떻게 했지?

유아: 아프리카에서 이집트로 왔어.

새로운 호기심 – 대륙과 나라

유아: 선생님 아프리카가 엄청 커요. 아프리카 안에 이집트가 있어요.

유아: 아프리카는 나라가 아닌가?

유아: 여기 아시아라고 크게 쓰여 있어. 아시아 안에 일본도 있어.

교사: 맞아. 지도 중에서 초록색 큰 땅들이 나누어진 모습들이 보이니?

유아: 네 그거 나라잖아요.

교사: 이렇게 크게 나누어진 땅을 대륙이라고 해.

- **교사의 지원:** 세계 여러 나라의 대륙과 나라의 위치에 대한 호기심이 생긴 유아들에게 커다란 세계 전도를 제공해 교실 바닥에 지원해주어 더욱 적극적인 탐색이 이루어질 수 있도록 지원하였다.

우리들의 궁금증 – 왜 그럴까?

교사: 지난 번에 어떤 친구가 아프리카는 왜 더 운지 궁금하다고 하더라.

유아: 햇빛이 가까워서 그래요.

유아: 해랑 나라랑 가까워서... 책에서 보았는데 그랬어요.

유아: 아프리카는 원래 더운 거 아니에요?

유아: 맨날 더운 건 겨울이 없기 때문 아니에요?

유아: 여름만 있어서 얼굴이 새까맣게 탄 거예요.

눈이 없어서 더운 거예요.

햇빛이 강해서 그래요.

물이 말라서 더워요.

햇빛이 강해서 더운 거예요.

태양이 더 크게 보이고 가까이에 있어서 더운 거예요.

열매반 보드게임 만들기

유아: 돈 세는 거는 아직도 어려워.

유아: 색깔도 찾기 힘들고 얼마를 줘야 하는지 모르겠어.

교사: 그럼 우리가 쉽게 게임을 하기 위해서는 어떻게 하면 될까?

유아: 직접 쉽게 만들어요.

유아: 카드도 직접 만들어요.

유아: 게임판도 만들어요.

〈나라카드 만들기〉

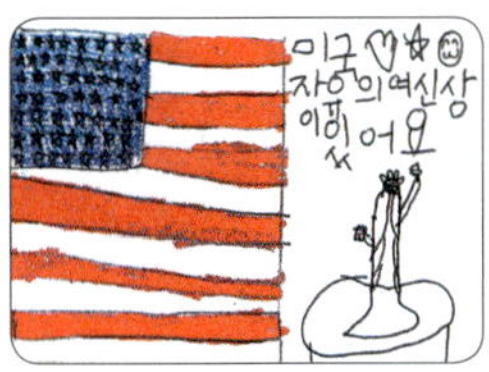

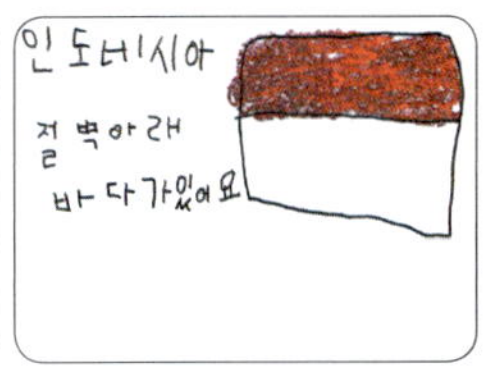

〈우리나라 카드 만들기〉 – 미러링(Mirroring)

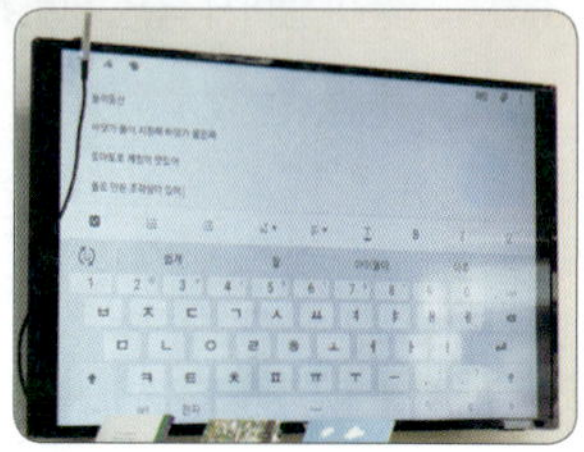

교사: 우리나라 카드를 만들어야 하는데 우리나라 카드에는 어떤 것을 적을 수 있을까?

유아: 비가 엄청 온다는 거.

유아: 포켓몬빵이 있다는 거.

유아: 김이 맛있다.

유아: 롯데월드…서울랜드…

유아: 태안 바다는 멋지다는 것.

- **교사의 지원:** 유아들과 공유하기 시간에 서로의 생각이 잘 섞일 수 있도록 태블릿PC를 텔레비전과 미러링해서 유아들의 이야기들을 화면에 바로 보일 수 있도록 하였다. 또래의 이야기들을 시각적으로 바로 확인 가능함으로써 더욱 효과적으로 이야기를 나눌 수 있었다.
- **미러링(mirroring):** 특정한 기기나 위치에 있는 데이터나 화면 등을 동시에 다른 기기나 위치에 복제하여 데이터를 보호하거나 성능을 향상하며 사용자 활용을 높이는 기법

〈주사위 만들기〉

종이로 작업하는 것을 좋아하는 유아들에게 모양자를 지원하였더니 네모를 오려 붙여서 주사위를 만들었다.

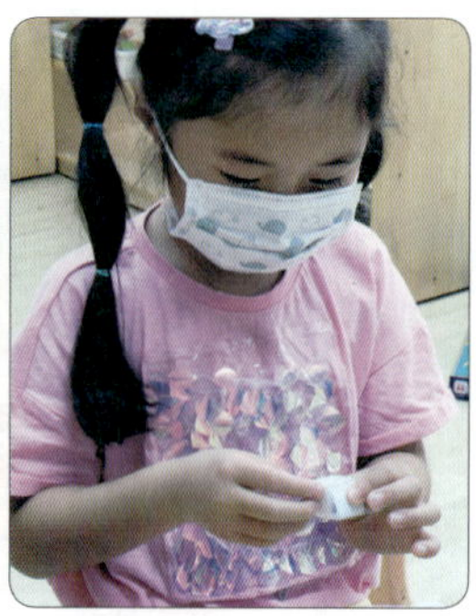

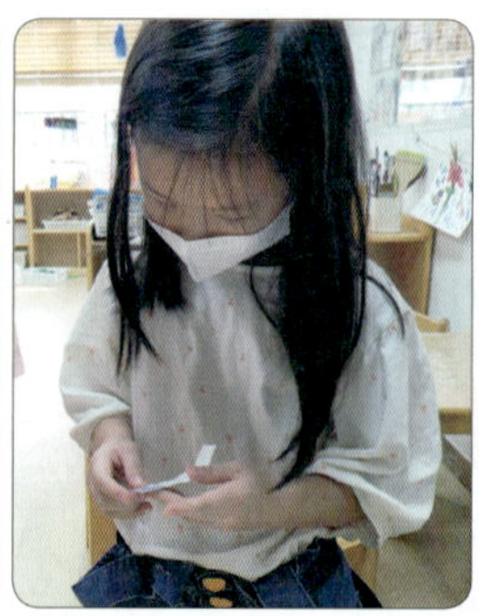

〈그 밖에 필요한 것 만들기〉

교사: 미국은 얼마로 하면 좋을까?

유아: 3만원이요, 3천원이요!

유아: 오십만원이요!, 오천원이요.

교사: 더 필요한 거 있을까?

유아: 게임판에 열쇠카드가 없어요. 만들고 싶어요.

〈우리가 만든 보드게임으로 놀이해요〉

"대한민국이 나오면 사야지. 6이야. 6번 가야지."

"내 차례!"

"열쇠 나왔어~ 여기 돈!"

"다음은 내 차례야!"

"아싸!"

교사: 우리가 부루마블 게임도 만들고 놀이해봤는데 어땠어?

유아: 주사위 만드는 것이 어려웠지만 나라카드 만들고 구글 어스로 놀이한 게 재밌었어요.

유아: 맞아...구글 어스가 재밌었어.

유아: 주사위 던지면서 친구랑 같이 놀이하는 것이 재밌었어요.

유아: 나라카드 뽑는 것이 재밌었어요.

유아: 나라카드 만드는 것이 재밌었어요.

같이 노는 게 재밌었어요.

주사위 굴리는 게 재밌었어요.

나라카드 만드는 게 재밌었어요.

앞으로의 놀이 예상 :

- 앞으로도 구글 어스로 세계 여러 나라에 또다른 관심(예: 건축물, 음식, 문화 등)을 찾아 보며 주제 놀이가 지속적으로 이어질 것으로 기대한다.
- 세계 여러 나라 기후에 대한 또래 간의 상호작용이 '환경에 대한 관심'으로 이어질 것으로 기대한다.
- 블록으로 세계 여러 나라의 유명한 건축물을 설계하고 구성할 것으로 예상한다.
- 세계 여러 나라의 친구들에 대한 관심으로 편지쓰기 놀이가 이어질 것으로 예상한다.
- 세계 여러 나라 유명한 화가의 작품을 감상하고 물감으로 표현놀이를 하면서 색놀이로 놀이가 확장될 것으로 기대한다.

참고문헌

강숙현, 김정아, 김희정, 윤숙희, 이은희 (2016). **놀이지도.** 서울: 학지사.

고 선 (2022). 개방적 놀이재료(Loose Parts)기반 어린이집 2세반 영아의 놀이 양상과 교육적 의미. 중앙대학교 대학원 교육학 박사학위논문.

교육부 (2020). **교사를 위한 놀이지원 연수자료.** 공공누리 제4유형. 세종: 교육부.

교육부 (2021a). **디지털 기반 놀이환경 현장지원자료.** 세종: 교육부.

교육부 (2021b). **유아와 함께 하는 인공지능 교육 교사지원자료.** 인천: 교육부.

교육부, 보건복지부 (2019). **개정 누리과정 해설서.** 세종: 교육부, 보건복지부.

권순우, 김영익, 정은, 팽재숙 (2017). **특수교육학개론.** 서울: 창지사.

김민영 (2019). 신체활동이 영아의 운동능력과 놀이성에 미치는 영향. 한국방송통신대학교 대학원 석사학위논문.

김성현 (2015). 인지놀이에 기반한 유아 정서 · 사회적 유능감 프로그램 개발 및 효과. 중앙대학교 대학원 교육학 박사학위논문.

김 연 (2010). 한국 최초의 숲유치원에서의 자유놀이가 유아의 창의성에 미치는 영향: 인천대학교 숲유치원을 중심으로. 인천대학교 교육대학원 석사학위논문.

김은영, 최혜윤 (2020). **유아교육에서의 디지털 미디어 활용.** 서울: 창지사.

김현수 (2022). 유아의 인지발달이 유아놀이 상호작용 변화에 미치는 영향. 창원대학교 자율연구_**인문사회21, 13**(5), 745-760.

김현자, 이상희, 이 영, 김반재, 이현주 (2021). **영유아 놀이지도.** 서울: 동문사.

김효정, 엄세나 (2021). **놀이이론과 실제.** 고양: 공동체.

민정서 (2021). **유아교육학과 놀이이론과 실제.** 서울: 신지원.

박은혜 (2021). 유아교육에서의 원격수업, (미래)교육의 방향성 탐색. **한국어린이미디어학회 학술대회 자료집**, 13-32.

박재국, 강대옥, 김영미 (2011). **유아교육기관 중심 통합교육.** 고양: 서현사.

박찬옥, 구수연, 임옥임 (2011). **영아-교사 상호작용의 이론과 실제.** 파주: 정민사.

배정인 (2015). 어머니의 심리적 건강과 모-아 수면의 질이 영아의 사회정서발달에 미치는 영향: 모-아 애착과 상호작용의 매개효과. 중앙대학교 대학원 박사학위논문.

보건복지가족부 (2008). **교육프로그램 총론.** 서울: 육아정책개발센터.

보건복지부(2020). **제4차 표준보육과정 해설서.** 세종: 보건복지부

성민경 (2021). 영유아의 발달을 지원하는 부모-자녀 놀이상호작용 척도의 개발 및 타당화 연구. 명지대학교 대학원 아동학 박사학위논문.

손귀옥 (2022). 유아교사의 놀이실행역량 관련 변인 분석: 놀이성, 놀이신념, 놀이교수효능감의 관계를 중심으로. 동의대학교 대학원 교육학 박사학위논문.

신윤승, 신혜원 (2022). **놀이지도.** 고양: 파워북.

어린이집 안전공제회, 한국교육진흥원 (2018). 장애아 통합교육 컨설팅 매뉴얼. 서울: 한국보육진흥원.

엄은정 (2021). 영유아 놀잇감 관련 연구 동향 분석. 중앙대학교 교육대학원 교육학과 유아교육전공 석사학위논문.

엄희경 (2021). 창의적 놀이 지원을 위한 교사교육 프로그램 개발 및 효과검증: 창의성 기법을 중심으로. 수원대학교 대학원 박사학위논문.

에듀케어 아카데미 (2019). **장애아 교육과정.** 안양: 에듀케어 아카데미.

유구종, 강병재, 박선희 (2020). **유아교육에서의 교수학습 및 교육공학.** 서울: 창지사.

이경미 (2021). 기본 운동기술 활용한 실외 신체활동이 만 2세 영아의 신체발달 및 정서조절 능력에 미치는 영향. 중앙대학교 교육대학원 석사학위논문.

이소현 (2009). **유아특수교육.** 서울: 학지사.

이숙재 (2021). **영유아 놀이 이론과 실제**(제5판). 서울: 창지사.

이은영 (2021). 유아교육기관의 전문성 지원환경이 유아교사의 디지털 놀이지원역량에 미치는 영향: 유아교사의 놀이권리인식과 디지털 놀이에 대한 지각된 유용성의 매개효과를 중심으로. 안양대학교 대학원 교육학 박사학위논문.

이진숙, 이희란, 이효정 (2020). **장애아 통합교육.** 고양: 어가.

임부연, 김성숙, 류미향, 이정금, 정경수, 김현령, 유은정 (2018). **심미수업 놀이중심 유아교육과정.** 파주: 양서원.

임해진 (2019). 만 2세 영아를 위한 감각기반 신체 운동프로그램 개발 및 효과. 중앙대학교 대학원 박사학위논문.

전인옥, 안명옥 (2020). **영아 발달 놀이지원 활동 지침서.** 서울: 한국방송통신대학교출판문화원.

정옥분 (2016). **영아발달.** 서울: 학지사

조형숙, 박은주, 강현경, 김태인, 배정호 (2015). **유아발달.** 서울: 학지사.

지성애, 채영란, 심금호, 박희숙, 박유영 (2012). **놀이지도.** 파주: 정민사.

한경애 (2007). **놀이의 달인 호모루덴스.** 서울: 그린비.

한국교육진흥원(2010). 장애 교육 운영의 실제.

홍선호 (2018). 영유아기의 뇌발달과 언어교육. **춘계통합학술대회 자료집,** 1-11.

Erickson, E. (1963/1950). *Childhood and society.* New York: Norton.

Freud, S. (1961). *Beyond the Pleasure Principle.* New York: Norton.

Hughes, F. P. (1995). 김수영, 허선자 역 (1997). **유아의 놀이와 발달.** 서울: 창지사.

Parten, M. B. (1933). Social play among preschool children. *Journal of Abnormal and Social Psychology, 28,* 136-147.

Piaget, J. (1962). *Play, Dreams and Imitation in Childhood.* New York: W.W.Norton.

Sandall, S., Schwartz, I., & Joshep, G. (2002). A building blocks model for effective instruction in inclusive early childhood settings, *Young Exceptional Children, 4*(3), 3-9.

Smilansky, S. (1968). *The effects of sociodramatic play on disadvantaged preschool children.* New York: Wiley.

Vygotsky, L. S. (1976). Play and its role in the mental development of the child, In J. S. Bruner, A. Jolly, & K. Sylva (Eds.). *Play: It's role in development and evolution* (pp. 537-554). New York: Basic Books, Inc.

Watson, J. S., & Ramey, C. T. (1972). Reactions to response contingent stimulation in early infancy. *Merrill-Palmer Quarterly, 18*, 219-227.

저자소개

장 은 미
이화여자대학교 유아교육학과 석사
협성대학교 사회복지학과 박사
현 협성대학교 사회복지대학원 교수
　CPLSA(아이놀이사랑나눔협의회) 공동대표

임 수 영
강남대학교 유아교육학과 졸업
전 초롱유치원 원장
현 신동아유치원 원장
　CPLSA(아이놀이사랑나눔협의회) 공동대표

김 현 지
성균관대학교 교육대학원 교육학과 석사
현 CPLSA(아이놀이사랑나눔협의회) 수석연구원

이 진 숙
동국대학교 행정대학원 사회복지학과 석사
협성대학교 일반대학원 아동보육학과 박사 수료
현 고양시립소나무어린이집 원장

송 주 희
협성대학교 사회복지대학원 사회복지학과 석사
협성대학교 일반대학원 아동보육학과 박사과정
현 고양시립원흥어린이집 원장

이 효 정

성균관대학교 교육대학원 유아교육학과 석사

협성대학교 일반대학원 아동보육학과 박사

현 고양시립대화소망어린이집 원장

이 주 은

협성대학교 일반대학원 아동보육학과 석사

현 고양시립장미어린이집 원장

하 영 아

협성대학교 사회복지대학원 아동보육학과 석사

협성대학교 일반대학원 아동보육학과 박사 수료

현 놀이 협력교사

〈 연구 협력 교사 〉

고양시립 소나무어린이집 : 이선화, 김미선, 김지선, 신성영, 안지수, 우재희, 이승현, 이희진, 정경림, 정민주, 정아정

고양시립 원흥어린이집 : 이민정, 최소정

고양시립 대화소망어린이집 : 박현정, 이가람, 이서라

고양시립 장미어린이집 : 김민지, 최샛별

초롱유치원 : 문영인, 조민영

디지털 미디어를 활용한 **놀이지도**

1판 1쇄 발행 2023년 3월 5일
1판 2쇄 발행 2025년 1월 30일

지 은 이 | 장은미 · 임수영 · 김현지 · 이진숙 · 송주희 · 이효정 · 이주은 · 하영아
발 행 인 | 박철용
발 행 처 | 양서원
주 소 | 경기도 파주시 직지길 522 파주출판도시
전 화 | 031-955-8000(代)
팩 스 | 031-955-8005
홈페이지 | www.yswpub.co.kr
이 메 일 | yswgroup@naver.com
출판등록 | 1987년 11월 24일 제406-2003-037호

ISBN 978-89-994-1360-5

정가 21,000원